追求卓越之路

從農村到學術殿堂

陳文村 著

國立清華大學出版社

中央研究院李遠哲院長推薦序

　　日前清華大學陳文村前校長邀請我為他的自傳寫推薦序。2005 年我曾擔任清華大學校長遴選委員會召集人，因此對他的學經歷非常熟悉，也對他提出的治校理念與推動校務構想印象深刻。他得到委員會的推薦並獲教育部聘任，2006 年 2 月就職清華大學校長，對清華大學的發展作了很大的貢獻，我很樂意寫這篇推薦序，略述我所知的一些事。

　　1972 年春天，我應清華大學徐賢修校長之邀，向芝加哥大學請假一學期，回到清華大學化學系擔任客座教授，當時台灣的大學學術環境非常不理想。陳文村憑著一股為家鄉的情懷，1976 年於柏克萊加州大學獲得博士學位後即回台任教。幾十年來陳文村在艱困的環境中，找到自己的定位，為學術研究、高等教育、產業發展做出積極、傑出的貢獻，受到學術界、產業界的肯定，也擔任過清華大學的校長，他的自傳詳述這段追求卓越的學術生涯路程，值得好好閱讀。

　　我在美國大學任教期間，要回國為台灣的科學與教育服務，這個心情一直是很強烈的，尤其是 1993 年我的好友張昭鼎教授（當時擔任中央研究院原子與分子科學研究所籌備處主任、清華大學化學系教授）去世之後，覺得該是回家的時候了。

　　1994 年我辭卸柏克萊加州大學的教職，回國接任中央研究院院長。那時候我看得很清楚，一個學術機構，包括中央研究院及研究型大學，要發展得好，必須建立很好的制度，要有優秀的人才，以及要有充足的研究經費。因此除了改善中研院的制度外，接任院長第一年 11 月，我與一些朋友募資創立了「傑出人才發展基金會」，為延聘海外優秀人才、並獎勵國內學術表現傑出的學者，設立「傑出人才講座」，迄今快 30

年。陳校長於基金會成立初期即獲頒「傑出人才講座」（1995年度），是學術表現極為傑出的學者。

　　為了增加研究型大學經費，我當時擔任行政院的首席科技顧問，認為大學要分類（研究型、教學型等），促成行政院組織了「高等教育宏觀規劃委員會」。我們那時要求教育部每年撥五十億、五年兩百五十億元給研究型大學，把它們提升到世界最高的水準。我跟當時行政院游錫堃院長討論此事時，他說此事既然這麼重要，何不每年一百億、五年五百億。我們要對游院長的遠見表示最大的敬意，促成了五年五百億計畫（即「邁向頂尖大學計畫」）。

　　陳校長主持清華大學四年校務，執行五年五百億計畫，大刀闊斧從學術卓越、高品質教學、妥善規劃校務、強化校務經營體質、積極籌措經費等面向推動清華大學校務，展現其教育創新的長才。執行兩年後，清華大學獲得教育部考評審議委員會的高度肯定，後三年較第一梯次的前兩年每年增加兩億元補助經費，是所有獲選大學中，每位師生獲最高補助的大學。

　　前些時，在一個場合，台積電前董事長劉德音向我表示：台灣教育改革非常成功，台積電靠大學教育出來的優質人才，方能突破技術、領先全球。這都靠陳校長等學者留學回國後在大學埋首耕耘，為學術、科技厚植基礎，為產業、社會作育人才。

　　陳校長生長於二戰後困頓的農村，憑藉個人的才能及積極進取的任事態度，踏入學術殿堂，一步一腳印，無私奉獻。他追求卓越的歷程，足為下一代年輕人努力的榜樣！

李遠哲 於中央研究院
2024.8.21

聯發科技蔡明介董事長引言

　　很高興見到陳文村校長的自傳：《追求卓越之路——從農村到學術殿堂》。尤其我和陳文村校長一樣，都是出身於農村，更是心有所感。我們成長時期的共同記憶，是農村的大片稻田與甘蔗園，並且親身經歷台灣由農業轉型到電子資訊科技的蛻變。過去五十年，我都在半導體 IC 設計產業，而陳校長則在資訊領域進行研發，投身於教育界，進入學術殿堂，更積極參與科技政策，貢獻良多。在這本書中，可以看見陳校長一如往常的認真，詳實的記錄數十年來的軌跡。記錄詳實、引用數據，像寫論文一樣的嚴謹，但又兼顧行文敘事的流暢，完全是陳校長一貫的做事認真態度。本書不但章節脈絡分明，整體規劃極佳，撰寫的細節都很出色。

　　在陳校長近五十年的學術生涯歷程中，最讓人印象深刻的是，他的開創性，常成為重要領域早期投入的關鍵人物，協助奠定台灣科技教育與制度的基礎。陳校長在美國柏克萊加州大學獲得 EECS 博士學位後，選擇回到母校清華大學貢獻。在清華大學，協助草創時期的計算機管理決策研究所（計管所），與李家同教授以兩人之力支撐教學，而計管所後來成為資訊工程系所的前身。而後協助創立電機資訊學院，更擔任校長，對清華大學的影響，相當深遠。在學術上，於計算機領域、軟體工程、網路方面的投入，也是成績斐然。1983 年即使用剛出現的乙太網路，協助建立台灣最早的計算機區域網路，而後更是積極活躍於 IEEE 國際學術社群中，獲得 IEEE Fellow、IEEE Life Fellow、IEEE 計算機學會 Technical Achievement Award、IEEE 計算機學會 Taylor L. Booth Education Award 等重要獎項。而在協助政府工作上，協助教育部、經濟

部與國科會,建立教學研究與產業發展的基礎。像是當初在教育部顧問室推動的「超大型積體電路與系統設計教育改進計畫」、協助經濟部籌組「技術審查委員會」,在國科會主持「電信國家型科技計畫」、「智慧電子國家型科技計畫」等。這些對於台灣於 2000 年前後的高科技人才培育、與現在的教學發展有深遠的影響,並為接下來二十年的資通訊與半導體產業,奠下良好的基礎。

而特別值得一提的是,陳文村校長這些成就,都是四、五十餘年來,在台灣貢獻,一步一腳印累積出來的成績。因我也親身參與台灣數十年來的科技產業發展歷程,深知在早年資源缺乏的環境下,要建立起這些成績,得要比在歐美先進國家,耗費更多的心力和努力,才能有所成就。陳校長當年一畢業就選擇回台灣,在當時的艱困環境中,建立清華大學資訊領域的研究基礎,為後續的學子們開拓一個適合發展科技產業的沃土,培育人才,助力讓台灣的資通訊與半導體 IC 產業成長。而陳校長也在這本土的環境中,建立起國際級的聲望,實屬難能可貴。

清華大學校訓是「自強不息,厚德載物」,陳文村校長的學術生涯,可說是確實履行了校訓的精神:在各種工作上,兢兢業業、自強不息的履行職責;而更積極的建立起各種典範與制度,讓師生有所依循,如同厚德載物般,承載起人才培育與學術研發的重任。有著清華的特色,以教育與研究卓越為第一優先,單純而有特色,凡事實事求是,對數字、數據有著極深的理解與掌握。也不過分依賴外來力量,專注而積極的投注心力,精益求精。這也是清華校長給外界的印象,樸實而有深度。陳校長很好的展現了這樣的特質。

我與陳校長認識多年,是經由產學合作,與智慧電子國家型科技計畫,合作多年。很高興從這本書,能更全面且深入的看到陳校長的努力成績。陳校長作為一個學者,不但專心致力於教育工作,並和產學有著良好的互動。陳校長的風格、做事努力、誠信為人,清華大學在電資領域,能成為台灣及國際知名的學府,陳校長有著相當重要的貢獻,值

聯發科技蔡明介董事長引言

得清華大學師生與受益的學界、業界的許多感謝。這本書，也是台灣近五十年科技發展的重要紀錄，非常精彩，值得年輕學子、學者與教育界、產業界人士閱讀，以深入了解前輩努力的足跡，更可做為青年學子學習的典範。希望能有更多的人，以陳校長為學習榜樣，有著開放心胸、積極進取的精神、並兼負執行力、與當責的精神，全力以赴、追求卓越，為整個社會帶來更多正面的影響力。

蔡明介 於聯發科技
2024.8.21

國立清華大學高為元校長推薦序

　　我回台任職兩年多，深深感受到清華大學這百年名校的獨特校風，「包容，公平，多元」的核心價值，理工人文社科的綜合傳統與廣泛的校友網。在少子化及科技的衝擊下，國際高等教育的激烈競爭中，如何創建一座符合未來社會需求的綜合性研究大學是當下社會的重要任務。陳文村校長成長的經歷及治校的理念給予我相當多啟發。

　　如眾人所見，現在的清華大學是跨領域學習的先鋒、大學財務經營的標竿、大學投入社會永續發展的先行者，這一切都是陳校長高瞻遠矚，為清華打下堅實基礎而得以達成。

　　陳校長在任內成立全國大學的第一個秘書處，除了原有的議事、法規與幕僚等功能，再加上校務規劃、校友聯繫、公共事務、國際事務、財務規劃等業務，展現校務經營的積極與務實；此外，設立校務發展諮詢委員會，向社會賢達、傑出校友或具學術聲望的專家學者諮詢校務發展建議，幫助清華人不論是腳步或視野都大大跨出校園，促進清華與外界溝通，提升社會認同感。

　　頂尖大學永遠都需要最優秀人才，陳校長任內通過了彈性薪資制度，用以遴聘及獎勵優秀的教師，另外還設置傑出產學合作獎、傑出導師獎，為克盡職責、成就優異的老師喝采。

　　當前的台灣高等教育面臨全球競爭、資源不足的困境，所幸有陳校長的遠見，讓清華大學擁有良好的體質來迎接挑戰。

我從陳校長的這本新書裡也注意到專注與自律造就大業的力量。他在農村長大，從勤於農耕的父母身上體會到「一分耕耘，一分收穫」的道理，所以儘管身邊總有些天縱英才的同學，看似不花太多力氣就能拿到好成績，他卻總能將心思集中在自己想做的事情，並且完成目標。

　　這本《追求卓越之路──從農村到學術殿堂》不僅是陳校長的自傳，更記錄了清華重要的發展史，身處於瞬息萬變、紛雜喧囂世界的我們，更可以陳校長穩健踏實的領袖風範為標竿，一步一腳印踏出屬於自己的康莊大道。

高為元 於國立清華大學
2024.8.14

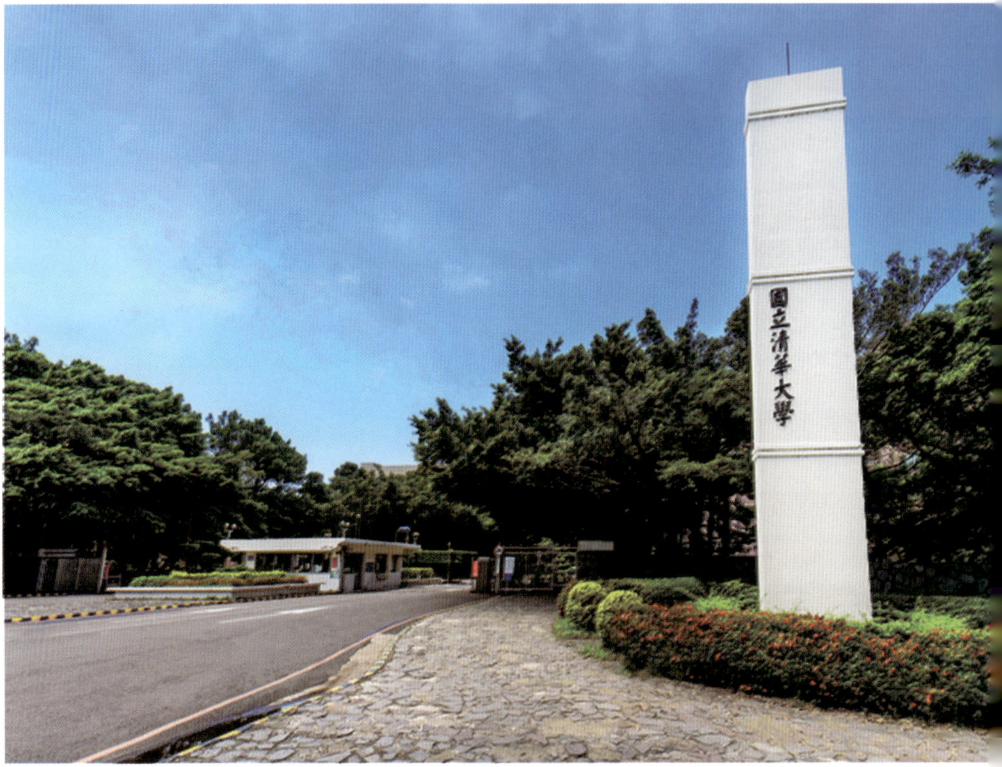
國立清華大學

作者序

　　2010年2月我卸下清華大學校長重任，休假一年，即有整理1976年回國任教後的學術生涯之構想。但當時還有許多學界、產業界任務待完成，就將此構想耽擱了下來。2021年9月19日是我赴美留學柏克萊加州大學五十週年的日子，我在臉書社群網路發表感言，之後，陸續完成二十多篇學術生涯貼文，引起許多迴響，而有動筆寫下一生經歷的想法。2022年底，在清華大學校園，巧遇簡禎富副校長，他提及清華大學出版社可協助出版，因而促成本書的誕生。

　　在我1970年大學畢業之際，台灣還是一農業社會，基礎建設落後，醫療照護、生活水準不高。我於書中寫下第二次世界大戰後、國民政府接收台灣不久的鄉下童年時代，成長於純樸而寧靜的農村；到外地求學的中學少年時代，開闊了農村以外的視野。之後，我就讀清華大學核子工程系，發現自己的潛力與求學問的自信。

　　1971年赴美留學，驚嘆美國的富裕與進步的基礎建設，以及多元、自由、民主的社會文化。在柏克萊加州大學，我找到興趣所在；當時計算機科學、半導體科技蓄勢待發，我毅然轉讀電機工程與計算機科學系。柏克萊加大樹立了學術典範，我體驗了美國進步的社會文化，短短四年半的留學日子，卻深深影響我一生的學術生涯。

　　1976年得到博士學位後，我回清華任教，校園學生刊物《清華雙週刊》做了我回母校任教的報導，特別提及我放棄美國高薪工作。當時柏克萊加大畢業生的確大多選擇留在美國工作，事實是，我沒經過太多考量，也沒找美國的工作，在家人的祝福下，接受清華大學的聘書，回到當時學術資源匱乏的台灣學界任職。如果真要解釋我回國任教的原因，

可以說，因為我是鄉下農村長大的，對自己來自的地方有多一份的感情與眷念吧。

我選擇回台或許失去在美國能發揮所長的工作機會，但人生際遇很難預料。初任教職時，適值有遠見的政府官員、專家學者，引領台灣朝高科技產業發展，引進半導體技術，推動資訊工業；大幅擴充大學重點系所，以培育產業所需人才。我很慶幸得以參與台灣高等教育、產業的轉型與成長。

在台灣早期高教與學術環境極艱困的情況下，我即致力於資通訊教學、研究，做拓荒的工作。從 1980 年代開始，個人電腦、網際網路、全球資訊網、行動通訊相繼問世，並普及到社會各個層面。我躬逢資通訊科技高速發展的年代，很慶幸以計算機（資訊）科學的背景，能依自己的興趣，找到具未來性的研究領域，以貢獻所學。四十餘年來，發表三百多篇學術論文，很榮幸受到國內外重要獎項的肯定，培育近兩百位碩、博士生，為產業、社會作育人才。

除了教學、研究，因緣際會，我陸續擔任十多年行政工作，包括研究所所長、教育部顧問室主任、成立電機資訊學院並擔任首屆院長。以一個農家出身的子弟，我萬沒想到，有朝一日，被遴選為母校清華大學校長，為台灣的高等教育奉獻心力。在台灣的產業轉型為技術密集、高科技產業過程中，我主持經濟部與國科會之技術審查委員會，輔導民間企業開發主導性及關鍵性技術；在台灣發展資通訊、半導體產業，並成為具國際舉足輕重地位的過程中，擔任經濟部科技顧問及行政院科技顧問，主持國科會智慧電子國家型科技計畫，三十多年來為產業貢獻一己之力。歷經四十多年國人的努力，欣見台灣高等教育長足進步，台灣已然成為資通訊、半導體產業的世界重鎮。唯高教仍需政府、企業、社會的資源挹注及學界的努力，才能躋身國際一流之林。

寫這本書一年多以來，我發現我們這一輩出生在多麼不一樣的年代，經歷長達 38 年的戒嚴時期，也親眼見證台灣全面自由民主；成長

於貧困的農業社會，亦身歷千載難逢、發展高科技經濟的機遇。從本書或能一窺台灣高等教育的發展脈絡、高科技產業的萌芽與崛起、社會的轉型與進步。我在人生中面臨許多抉擇與挑戰，總能抱著寬厚包容、積極任事、盡人事聽天命的待人處世態度，但求盡心盡力、一步一腳印、無私奉獻，相信老天會作最佳的安排。我從農村到學術殿堂的追求卓越歷程，或可傳遞給下一代年輕人，作為他們人生努力的參考。

最後，我要感謝在人生道路上的朋友與貴人的鼓勵及協助，特別感謝家人七十多年來無怨無悔的慈愛及相扶相持，並感謝學界先進、清華同仁及校友接受採訪，讓本書更為完整。我也感謝清華中文系吳淑敏校友的編輯、採訪整理記要及清華大學出版社、外文系劉立葳校友的執行編輯、出版安排，讓本書順利問世。

陳文村 於國立清華大學
2024.8.23

目錄

中央研究院李遠哲院長推薦序　　　　　　　　i

聯發科技蔡明介董事長引言　　　　　　　　iii

國立清華大學高為元校長推薦序　　　　　　vi

作者序　　　　　　　　　　　　　　　　　ix

第一章　鄉下的童少年　　　　　　　　　　1

第二章　清華與柏克萊加大的求學年代　　　25

第三章　初任教職　　　　　　　　　　　　71

第四章　拓展教育與產業視野　　　　　　107

第五章 成立電機資訊學院　　　　　　139

第六章 就任國立清華大學校長　　　　171

第七章 落實治校構想　　　　　　　　207

第八章 規劃長遠校務發展　　　　　　263

第九章 主持智慧電子國家型科技計畫　311

第十章 回歸教學研究　　　　　　　　339

第十一章 學術生涯之回顧與省思　　　375

附錄：陳文村大事年表、榮譽　　　　391

編後語：訪談記要　　　　　　　　　399

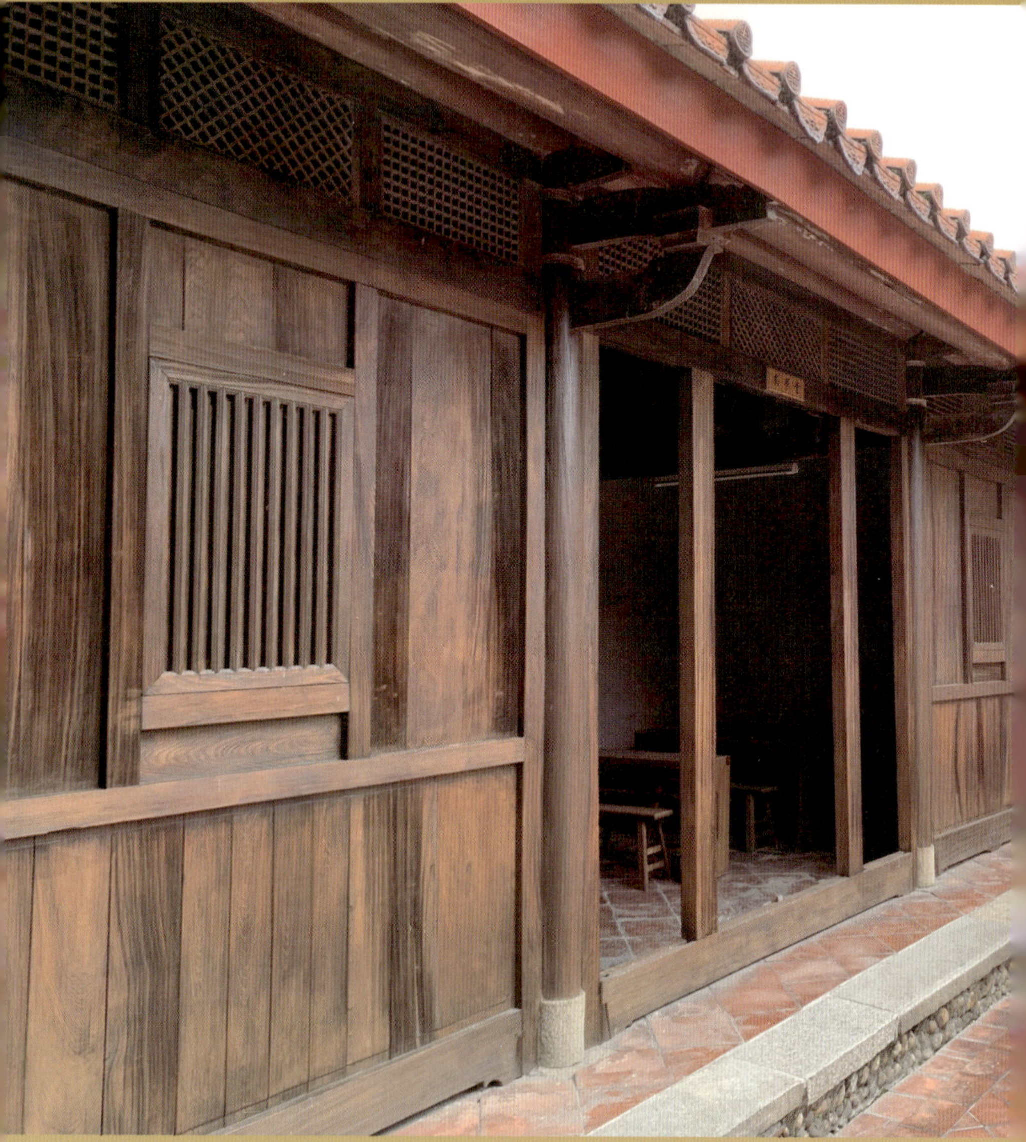

第一章

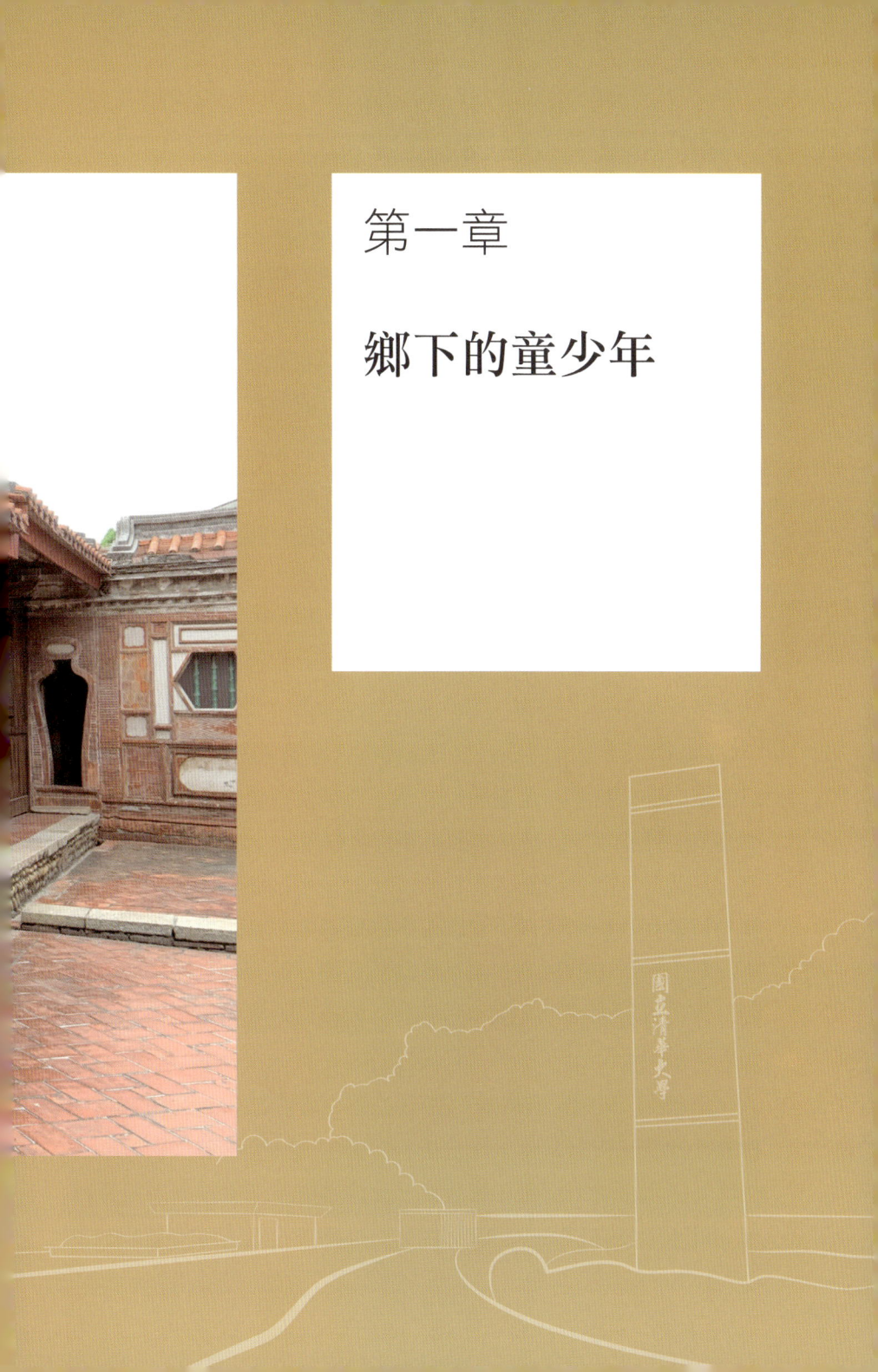

鄉下的童少年

1948 年,第二次世界大戰剛結束,台灣脫離日本統治,國民政府接收台灣不到三年,中國內戰方酣,之後,國民政府撤退到台灣,那是一個動盪不安的年代。這一年,我出生於現今台中市大肚區永順里(原台中縣大肚鄉永順村)的鄉下農村家庭。

　　懂事以後,曾聽過長輩提及躲美軍轟炸鄰近的大肚紙廠的情形。村裡還保有防空洞,偶有防空演習,成為村民掩護的地方,大多時候則是兒時捉迷藏的處所。撤退來台的國民政府軍人長年駐紮村裡的廟宇——崁仔頂永順宮,沒有軍事任務,一天只吃兩餐,有很多空閒時間,時逗村裡小孩、玩在一起。猶記得小學時參加「反共抗俄」的遊行;1958 年發生金門八二三砲戰後,也看到撤退來台的金門居民被安置在大肚鄉公所。除此之外,童年不覺世局之變化,農村環境相對寧靜、純樸。

　　父親陳清凉、母親林惜分別出生於民國前 7 年、6 年(1905 年、1906 年),出生、成長於日治時代,世代務農。父親無學歷,但念過書、認得字,可看簡短文章;母親沒認識幾個字,但心算很強,出外賣菜、採購,全靠心算做買賣。

　　我偶而聽過父母親提及日治時代的日子,成年後,才較了解父母親成長的社會狀況。當時日本的統治者,基本上以「經濟台灣,壯大本土」的政策和南進戰略的心態,在台灣發展稻米、甘蔗、林木等經濟作物,農村的教育、醫療、交通相對落後,農民的生活很困苦。

　　父母親於 1926 年結婚,生下大哥、二哥之後,大姊週歲時即送人撫養,可見當時生活之清苦。家中七位兄姊都出生於日治時代,僅兩位哥哥受過小學教育,五位姊姊在二戰後受過補習教育。母親生我時已四十三歲,我與五姊相差八歲,可說是多出來

的么兒。當時台灣遭到國共內戰牽連，為支援內戰，大量民生物資運往中國大陸，造成物價飛漲，舊台幣貶值，民生凋蔽，生活相當刻苦。以當時貧窮的鄉下環境，養兒育女不易，父母親無暇多照顧這么兒，我稱不上是家裡的寵兒。但現在還清晰記得，母親時常為我燉煮補品；五歲那一年，父親趁遠赴台中市區辦事，買給我期待已久的玩具手槍，父親那天晚歸，隔天我一早醒來，看見床頭的玩具手槍，還刻上我的名字，興奮不已。

全家居住在五間茅草屋頂土磚房，其中有一間神明廳，擺設神像與祖先牌位兼作會客的地方，神明廳很寬敞，另擺一穀倉及飯桌，此外，還有一間是廚房。我出生前後大哥、二哥相繼結婚，各有獨自的一間房間，我與未出嫁的姊姊跟父母親擠在另一房間，內有一通舖、一紅眠床及一台縫紉機。母親、姊姊們及兩位嫂嫂都會裁縫，全家大小大多靠這台縫紉機縫製衣服。晚飯後，全家常聚在這房間，閒聊家事、農事、村裡親友大小事。家務、農事總是由母親決定，全家和樂，不記得有過爭吵，她是真正的一家之主。

父親主導農田耕作，諸如稻作之育秧苗、犁田、插秧、灌溉、施肥、除草、收割，及種植西瓜、香瓜之整地、播種、灌溉、施肥、花蕊交配、採收等工作之分派。農忙時，早上天一亮，一家人即下田工作，傍晚天黑才回家，真的是「日出而作，日落而息」的寫照。

父親還習得祖傳醫治毒蛇咬傷秘方，此秘方歷代傳承，父親已是第四代傳人，遠近馳名。每年7月至9月是台灣毒蛇出沒季節，也是下田工作、被毒蛇咬傷的高峰期，幾乎每星期都會有農人前來求助。父親觀察傷口，即能判定是被眼鏡蛇、青竹絲或龜

殼花等不同毒蛇的咬傷,再對症下藥,父親醫治蛇毒咬傷純義務、不收費。記得有一農人被毒蛇咬傷,遠道而來,當時大腿已腫脹;父親割破他的褲管,檢查傷口,取出毒牙,用米酒消毒,再給幾天份的草藥。幾天後,農人蛇傷痊癒,感激得送來一隻雞及一袋白米,做為謝禮。

我出生後,母親已不下農田耕作,但擁有大肚溪堤岸邊的一畦菜圃,母親天天到菜圃種菜、除草、採收。採收的蔬菜除了家用,大多一早用扁擔挑著滿滿的菜籃到大肚市集(村民稱「街仔」,是店家聚集的地方)賣,中午回程順便挑回在市集買的魚肉、雜糧和日用品。母親整天為家裡大小事忙進忙出,做事有條理,待人友善,不多話,受親友、鄰里村民的信任與尊敬。

村民的重心:永順宮

我家緊鄰崁仔頂永順宮。永順宮建立於 1885 年,供奉牛埔五府千歲王爺,其淵源溯至雍正 2 年(1724 年),福建漳州陳姓先民渡海來台,為求航行平安,迎請王爺隨行,順利登岸後,來台定居。[1]

永順宮是村民的重心,活動大多與祭祀有關,如五府王爺生日、迎媽祖、初一十五求平安、普渡、謝平安等等。王爺生日及迎媽祖是較隆重的節慶,村民會在廟埕搭戲台,演歌仔戲或布袋戲,家家準備豐盛的供奉牲禮,傍晚大拜拜後,晚上家家宴請親友,成為鄉下親友社交往來的主要活動,小孩特別期待這些熱鬧的日子。

[註 1] 永順宮資料參考中央研究院人文社會科學研究中心文化資源地理資訊系統。

永順宮廟埕是村裡小孩玩耍的地方，諸如捉迷藏、玩紙牌、玩彈珠……。廟前有棵大榕樹，小孩爬上爬下，也是大人乘涼聊天的地方。廟埕之外有一彎清澈小溪，是婦女洗衣服、小孩戲水、還有水牛消暑的地方。從廟埕朝西、沿著田埂小路，不到十分鐘路程，就可到達大肚溪堤岸。站在堤岸上，可觀覽滾滾溪流，遙望溪水入海，傍晚時觀看落日西下。這是我童年成長的鄉下環境，也是我記憶猶新的童年景象。

就讀大肚國民小學

1954年我滿六歲，是就讀小學的年紀，母親覺得我很「瘦小」，打算等「長大點」、晚一年才讓我入學。當時鄉下，不乏晚一、兩年才就讀小學或輟學在家的小孩，9月初開學日，我沒入學。還記得，開學第三個星期某一天傍晚，大肚國小陳貽楚老師騎著腳踏車到村裡，說服村裡的父母們讓已屆學齡小孩就學，母親隔天才帶著我上小學。

由於二戰後台灣推行六年國民小學義務教育，當時我就讀的大肚國民小學校本部容不下轄區內學童，因此永順村、磺溪村等村落的國小一、二年級學童，被安置在磺溪村的文昌廟上課。

清光緒年間，磺溪士紳有感於文教風氣不盛，籌建文昌廟，並在廟中開設「磺溪書院」。此書院於光緒16年（1890年）竣工，招收現今之大肚、龍井、烏日三區子弟，授予啟蒙教育。爾後於日治時代（1899年）成立大肚公學校（現今大肚國民小學），學校成立之初即以磺溪書院充當校舍，至1938年才搬遷至大肚山腳下的現址。磺溪書院是台中市現存唯一書院，也是富於建築裝

飾的書院，市府曾於 1980 年代聘請建築學者漢寶德教授勘察研究，並動工修復，被內政部列為國家三級古蹟。[2]

文昌廟內的教室非常簡陋，只有黑板、講台、課桌椅及一台風琴，沒有圖書室、體育設施、遊樂區。一年級時，我有三、四十位同學，由陳貽楚老師擔任導師，他是師範學校畢業生，很有教學熱忱，普受同學喜愛。二年級上、下學期分別由近退休年齡的兩位老師擔任導師，其中有一位老師在下課時間，時常找學生替他捶背。

我一年級上、下學期成績分別排名全班第二、第六名，導師評語：「聰明、體弱多病」；二年級成績排名第四、第五名。當時永順村裡村民大多務農，沒受過多少教育，對子女的期望是：小學畢業後，多一份人手幫助農忙。我父母親較關心的是我的健

磺溪書院是台中市現存唯一書院，為國家三級古蹟。

[註 2] 磺溪書院資料取自維基網頁。

康、人格的養成，父母親知道我學業成績優秀、「很會讀冊」，自然非常高興，但也沒有寄予過高的期望。我就在磺溪書院，沒有父母、兄姊的學業督導及同儕切磋之下，完成兩年的啟蒙教育。

升上三年級後，搬回大肚國小校本部上課，三年級總共有6班，每班大約有50位學童。在校本部，我認識不同出身背景的同學，如公務員、商人、軍人、醫生、工人的子弟，也可接觸到年紀較大的同學。在校本部有許多圖書、體育設施資源，可參加晨會、演講比賽、運動會、校外遠足等群體活動，學習生活更為豐富。

國小三、四年級，我的學業總成績並不特別亮眼，大約排名在前三分之一。學科中，我的數理較強，算術特別突出，記得月考成績常拿滿分，此外很喜歡美術、音樂課，我的繪畫作品曾被張貼在佈告欄表揚。當時小學很少依學童的天分，給予特殊輔導。我的體育較差，最怕賽跑，總是落後，四年級以後，就不再參加全校運動會的賽跑競賽。我常跟村裡小孩到河邊戲水，三、四年級時已學會游泳，常到國小旁的大肚紙廠福利新村游泳池戲水、游泳。

編入升學輔導班

升上五年級後，學校徵詢家長的同意，將有意繼續升學的學生編入輔導班；我那一個年級三百多位學生當中，約有一百二十位打算升學，學校分編成三個班。記得有一位一、二年級同班同學功課很好，一直保持全班第一名，卻因家境清寒，選擇不升學。貧窮不知埋沒了多少人才！

記得當時教育政策，沒有要求小學常態分班，但不准學校放學後開輔導課。日常課業之後，學校將三個輔導班合併成一大班，在校園西北角的大教室上兩小時的輔導課程。此教室較隱密，以避開督學的查訪。事實上，五、六年級兩年裡，督學不曾到校查訪過。

　　三個輔導班由四位老師分別負責算術、國語、史地、公民等課後輔導，在課後輔導時段花很多時間練習測驗卷。我的測驗成績一直很好，尤其算術一科，只有一次沒達滿分。那次考題特別難，我只錯了一題，拿 98.5 分，其他同學沒人超過 90 分，算術老師對我特別刮目相看。

　　六年小學中，放學後，不需父母的督促，我都會自動自發寫完課後作業。起初家裡沒有電燈，只有煤油燈，我通常在天黑之前，完成當天的課後作業。在我三年級那一年家裡才裝電燈，一個房間懸掛一盞電燈泡；當時台灣電力公司沒裝電表，以燈泡數計費。猶記得剛裝上電燈時，仰望著明亮的燈泡，興奮了好幾天。家裡沒有書房，神明廳的神明桌或睡房的縫紉機就是我的書桌。直到六年級，父親利用 1959 年「八七水災」、從大肚溪上游漂來的木材，找木工做了一個矮桌子，放在睡房的通舖上，這就成為我的書桌，我盤坐在矮書桌旁寫作業。

　　八七水災是 1959 年 8 月 7 日至 9 日發生於台灣中南部的嚴重水災，因颱風帶來山區豪大雨，7 日晚上大肚溪沿線溪水高漲。猶記得 8 日一早即聽到村民奔相走告，溪水沖破了大肚溪堤防！父母親當下決定全家大小涉水、投靠地勢較高的大肚山腳下親戚家，暫住幾天。所幸家裡積水只約一台尺高，兩天後即消退。記得有幾位村民 7 日晚上住宿在大肚溪沙坡地的工寮，看管農作

物,來不及逃離,不幸被洪水沖走。

小學六年,我都走路上、下學,鄉下小孩大多赤腳上學,只有冬天時才穿球鞋。一、二年級大約花二十分鐘到達文昌廟上課,升上三年級後,大約花三十分鐘的路程到達國小校本部。沿途認識很多不同年齡、不同背景的同學,也結交了不少朋友,度過非常愉快的童年。

當年小學的畢業生中,學業成績第一名者獲縣長獎,第二名議長獎,第三名鄉長獎,我獲頒優等獎,應是三百多位畢業生中前十名。當時台中縣海線最好的省立中學是彰化中學(台灣中部以鐵路支線區分鄉鎮,大甲、清水、大肚屬海線,台中、豐原為山線),其次是清水中學、大甲中學。因為省立中學考試都排在同一天,如果報考彰化中學沒考上,就只能再考縣立高中或私立高中。輔導班老師認為我考上清水中學應沒問題,但彰化中學則沒有十分把握,所以老師建議父親,讓我報考省立清水中學初中部。

大肚國民小學 1960 年畢業生合照。

我聽從老師的建議，報考清水中學初中部，當年在一千五百多位考生中，共錄取 500 名，我順利被錄取，名列第 47 名，成為家中第一個上中學的孩子。

就讀省立清水中學初中部

　　1960 年 9 月，我入學讀省立清水中學初中部。清水中學設有高中部及初中部，男女合校，學生高達二千多人。清水中學當時正在興建大禮堂、科學館，在我初中二年級下學期落成。後來我得知，曾任香港科技大學校長的中央研究院朱經武院士曾就讀清水中學初中部及高中部共六年，為傑出校友。

　　初中一年級新生，按照入學錄取名次採 S 型編班（即常態分班），男生 7 班、女生 3 班，共 10 班。由於學生來自各鄉鎮，大多下課後各自搭車回家，已記不得多少同班同學名字、面貌。但記得清水人的閩南語帶泉州口音，不同於大肚人漳州口音，因此我說話時常被取笑、糾正。以後我才知 18 世紀中到 19 世紀末的台灣社會（即清治時期）常發生「漳泉械鬥」的歷史。

　　上課時，我清晨 6 點以前就得起床，約 6 點半出門，通常我會順道到同村陳慶榮或同屆同學陳冠英家，一同走路到大肚車站搭火車。陳慶榮也是就讀清水中學初中部，高我一屆，後來他給我很好的升高中建議。火車大約 7 點 10 分左右出發，途經龍井、沙鹿，約 20 分鐘到達清水車站，再走十幾分鐘，趕上晨會、第一堂課。如逢學校有考試，我會請早起準備早餐的嫂嫂，5 點以前叫醒我，在早餐之前先複習考試範圍的課業。

　　上了初中，我已能分擔家裡的農事。放學後，約下午 5 點到

家,我跟國小畢業後、沒再升學的兩位侄兒輪流「放牛吃草」,通常牛啃路邊草。牽牛啃草時,我會帶一本書,邊走邊看,有時我也會吹笛子或洞簫。想起那段日子,腦中還浮現日落西斜、童子吹笛,富有詩意的農村景象。

例假日、寒暑假,我跟著家人下農田工作,學會了插秧、跪在秧田除草、割稻、曬穀,及春秋兩季稻作間,西瓜、香瓜之播種、花蕊交配、採收。其中除草很辛苦,跪在灌水的秧田中,拔除新長出來的雜草,塞在泥土中,一季稻作須除三次草。幾年後,引進除草劑,才免除辛苦的除草工作。大約暑假開始,播種西瓜、香瓜,8月中採收後,9月初為秋季稻作整地。忙完之後,就是9月學校開學的時候了。寒假較閒,但偶而種番茄、蘿蔔等蔬菜類作物,也有農忙的時候。

清水是台中縣海線最大的鄉鎮,漢人來此地開發已有三百多年歷史。日治時期,清水成為政商中心,相當繁華。1935年新竹—台中大地震後,都市更新,開發為一個有棋盤式街道的繁華鄉鎮。下課後,利用等火車班次的空檔,我常跟同學逛街,尤其愛逛位於清水鎮中心的書店。

忘情於文學書籍

小學時,跟一群同學非常迷漫畫書,如〈諸葛四郎〉、〈地球先鋒號〉。初一時,起初到書店是為了看出租的漫畫書,很快就被書架上的其他書籍所吸引。初中三年,我飽讀了古今中外的文學書籍,包括《水滸傳》、《紅樓夢》、《基督山恩仇記》、《約翰克利斯朵夫》、《老人與海》、《傲慢與偏見》等等。在這段

初中的日子裡，養成日後讀課外書的習慣。

我的學業成績名次都在前段，值得一提的是，二年級參加數學比賽，得到全校第一名，我非常高興，也感到非常意外。當時學校沒有特殊才能或資優生培育計畫，我沒有經過老師特別輔導，竟獲得此榮譽肯定，從此對數學特別有信心。

在清水中學初中二年級時，參加數學比賽名列全校第一的獎狀。

升上三年級，按學業成績排名，我被編入資優班，男學生有兩班、女學生一班，學校指派最好的老師加強輔導，以升高中為目的。當時清水中學有直升保送高中的制度，成績優秀的同學有機會保送高中部。

三年級時，同學已有升高中的心理準備與壓力。清水中學高中部升大學的表現不差，但中部最好的高中是省立台中第一中學（簡稱：台中一中）高中部，我衡量自己的實力，決定以考取台中一中高中部為優先。我沒上補習班，很有計畫地安排升高中考試各科的複習時程，另外，到書局買了不少升高中參考書、模擬

第一章　鄉下的童少年

考卷，反覆練習。三年級下學期時，我很有信心可考上台中一中。

　　1963年初中畢業，名列全校第32名，可直升保送本校高中部，但我放棄直升保送的機會，報考台中聯考。早先一年，同村的陳慶榮也放棄直升保送，就讀台北工專（現今台北科技大學）土木工程科，我追隨其後，另報考台北工專土木工程科。當時台北工專是全國最出名的五年專科學校，比明星高中更難考上，聽說有學生放棄明星高中，選擇就讀台北工專。

省立清水中學初中部1963年畢業甲班師生在剛落成的大禮堂前合照，禮堂正面有孔子與弟子農山言志聖跡浮雕。

13

到台北工專應試前一天,我跟同村的清水中學同學陳冠英坐了五、六小時的火車,第一次上台北,借住陳冠英姊姊在三重的家。還記得應試當天下著毛毛雨,一早六點左右,我們兩人坐三輪車,因雨遮擋住視線,只知路上行人、車輛煩雜熙攘,經過台北橋到達台北工專試場。應試還算順利,考完隔天我們相偕到圓山動物園一遊。在那個年代,很少有人買得起照相機,在動物園中,拗不過一位攝影師傅的推銷,我們花了9元拍了張合照,他答應一星期內寄照片給我們。一星期後,沒收到照片,經寫信一催再催,我們終於收到曝光過度的瑕疵合照。

　　當時有四位清水中學同學報考台中聯考,結果只有我以高分考上台中一中高中部,同時我也錄取台北工專土木工程科。陳慶榮為我分析,讀高中可有更多元發展的機會,建議我選擇台中一中。台中一中先放榜,我聽從陳慶榮的建議,決定就讀台中一中高中部。

　　我是全大肚鄉第一位考上台中一中的子弟,父母親非常高興,對我寄予厚望,母親曾對我說:「你能往上念到那裡,家人再苦也會支持你。」我的家人最高學歷僅小學畢業,在當時不富裕的農村,母親的想法充滿慈愛與鼓勵。

第一次離家

　　海線學生到山線的台中念書,搭公路局車子只需四十分鐘,不知甚麼原因,公路局卻規定海線學生不能買學生月票搭車,因此,海線學生只能買台鐵月票,搭火車通學。如此一來,我須搭海線火車先南下到烏日站,再轉山線,才能到達台中站,一趟車

程需一個多小時。因此海線學生極少通學到台中念書，也就不選擇台中的學校報考、就讀。考上台中一中後，我跟父母親商量，選擇住宿在台中，省下通學時間。

1963年9月，我十五歲，第一次離家，到台灣中部最大的城市求學。父母親非常贊成我住宿在學校附近，可專心念書。父親託家住台中的三舅公（祖母的三弟），安排我在台中一中附近租屋住宿。

開學前，父親帶我拜訪三舅公，他是台灣鐵路局的員工，家住台中火車站後方、位於復興路上的台鐵日式宿舍，三代同堂。他跟我家很親近，常利用暑假帶著兒孫，來鄉下探訪，到田裡摘新鮮的西瓜、香瓜。高中三年他待我如親生孫輩子女，讓我感覺在台中有一個溫暖的家。

三舅公與父親帶我到台中一中大門前的尊賢街八號租屋處安頓，租屋處離正校門很近，走路只需幾分鐘；這是一棟台鐵宿舍，屋主是三舅公乾女兒的兒子，他是台鐵司機。屋主將空出來的三間榻榻米房間，出租給六位台中一中學生及一位中國醫藥學院（中國醫學大學前身）醫學生。除了醫學生單獨住一間房間外，每位台中一中學生有一個半榻榻米空間，可容身睡覺及擺一張書桌；我已習慣睡通鋪及矮書桌，很滿意能擁有屬於自己的讀書空間。另外三餐包伙，由屋主太太（我叫她嫂嫂）掌廚，有人照料我的三餐，三舅公與父親非常放心。

台中一中百年輝煌歷史

根據台中一中校史，日治時期，台灣中部仕紳林烈堂、林熊

徵、林獻堂、辜顯榮、蔡蓮舫等人熱心教育，為了喚醒台灣人民意識及文化覺醒，經由林烈堂捐土地一萬五千坪，加上其他創校委員奔走勸募，於1915年創立中學，即台中一中的肇始，也是台灣人在日治時期第一間可以就讀的中學。台中一中創立紀念碑文首句：「吾臺人初無中學，有則自本校始」，台中一中正是第一所培育台灣青年的學校。一百多年來，培育了許多各行各業的優秀校友，我很高興能在這所有輝煌歷史的中學就讀。

台中一中高中一年級新生共約750位男生，學生來自中部各縣市（含當時台中市、台中縣、南投縣、苗栗縣、彰化縣、雲林縣），都是各地方最優秀的學生。報到後，按照錄取名次S型常態編成15班，我被編入14班，班上共50位學生，高一、高二同班。大概因為大部分同學是台中在地人，或遠地來求學、住宿在校園附近，14班同學有較多時間互動，至今我仍記得大部分同學的姓名與面貌，其中幾位同學還成為深交的朋友。升高三後，因大學聯考理工、醫農、人文商管分組，同學才被拆散到不同班級；我自認理工較強，被編入理工組4班。因高三準備聯考，較沒時間跟同學互動，只跟幾位鄰座的同學較熟，熟識的同學相對較少。

高一那一年14班的教室在紅樓二樓，二年級時，搬到新落成的麗澤樓一樓。高三被編入4班後，我又回到紅樓二樓上課。紅樓是走進校門、迎面很醒目的第一代建築，在1917年落成。很可惜1969年新校長上任，為了擴建校舍，逐步拆除紅樓。近年來校友稱紅樓為台中一中的精神堡壘，發起「把一中紅樓蓋回來」的募款計畫。

自由學風，學習自律

　　台中一中相較於清水中學，學風自由，學生不須剃光頭、可理平頭，較新潮的學生將頭戴的船型帽變形，教官也不太管。晨會時，對教務主任的「訓話」不同意，學生還敢發噓聲，這讓我耳目一新。當時黃金鰲校長治校原則是：「學生第一，老師至上」，重視 Liberal Education，他稱之為「自由教育」，認為除了課業外，高中生更需要課外學藝活動來充實學習生活。學校利用每星期週會，邀請學有專精或文史學界的大師到校演講，讓我留下深刻印象。

　　校園緊鄰雙十路上的孔廟、台中體育館、棒球場、游泳池，也鄰近名勝台中公園。我常利用假日跟同學到台中公園遊玩、划船。到體育館、棒球場、游泳池，則可觀看全國性比賽。記得在棒球場看過旅日棒球名將王貞治表演賽，在游泳池觀看美國水上芭蕾舞團表演。觀看王貞治表演賽不需門票，觀看水上芭蕾舞團表演則須花錢買入場券，我們一群窮學生買不起門票，所幸游泳池是露天的，我們攀爬在游泳池外的樹上，可遠遠地觀看游泳池內表演。

　　在台中住宿，下課後，不似初中時期須幫助農事，除了功課，擁有許多空下來的時間。我常到台中市鬧區逛書店，到中華路看電影，有時一天看兩、三場電影。這些外來的刺激與見識，讓我心智成長了不少，但也讓我不能專心於功課。高一結束時，我的學業成績中等，沒有突出表現。考上台中一中的學生家庭大多有較高的社經地位，家長望子成龍，約有三分之二同學參加補習班課後輔導。以我一個鄉下來的小孩，身旁沒有父母、兄姊、親友

的關注與指點,只能靠自己的自覺與努力,相對不易跟他們競爭。

升上高二,我發憤圖強,以不負父母親的期望。我仍如初中時期,沒參加補習,到書店買了參考書,以幫助複習課本。另調整作息,規劃念書進度,每天六點起床,複習英文、背單字。我認識到:我不是天才型的學生,只有一分努力,才有一分收穫。在高二兩學期中,我的成績大幅提升,均名列全班第五名。同學中,有幾位記憶力好、理解力強,讀書非常輕鬆,有位同學文筆好、出口成章。在人才濟濟的同學中,對我來說,很難拼到榜首。看了台灣大學陳維昭校長的回憶錄,他以台中一中全校第一名畢業,我想,他應是天才型的學生。

高二春假,與同學三天兩夜同遊,從台中竹仔坑、經南投國姓,徒步到日月潭,搭帳篷夜宿山林,在日月潭合影,從左到右:戴萬成、簡金川、周濟、林崇義、林進二、陳文村、陳俊杰、杜博仁、劉坤益、喬大年、李京華。

父母的身教與關愛

　　高中寒暑假，我回大肚鄉下老家，一如以往，跟父母、兄姊、侄兒女投入農忙。由於政府實施「肥料換穀」政策，農民的穀子必須以低於市場價格計價去換政府統一銷售的肥料，等於變相加稅，甚至是剝削。[3] 農民僅依靠稻作收成，很難改善經濟困境。因此，家裡在春秋兩季稻作之間，種植西瓜、香瓜，如果天候佳，收成好，家裡可增加收入。另外，我念初中、高中那幾年，家人在大肚溪的沙坡地種了蘆筍，有幾年價格很好，家裡經濟因此大幅改善。

　　母親持家有方，一有農民拋售農地消息，母親即籌錢，增購農田。如錢不夠，先舉債，等農作物收成後再還債。到了1960年代，家裡已有田產達一甲五分多地（約4,500坪），父母親從佃農成為自耕農，家裡雖不富裕，還算小康。

　　高二時（1964年），父母親將居住的茅草屋頂土磚房改建為二樓紅磚房，是當時村裡第一棟紅磚房。我還記得房子改建前，母親拿把尺，丈量地基，估算需要多少磚塊、多少包水泥，以推估需多少建造費用。母親認不了幾個字，全靠心算，她的推估總是八九不離十。

　　父母親對我不曾說教，只有身教：樸實、勤奮、耐勞、誠實、正直、友善。我求學自動自發，十五歲離鄉背井、遠赴台中住宿在外，全靠自己打理生活雜事，從沒讓父母親操心。大概是年少鄉愁，有次在家書中提及身心較消極，父母親遠從大肚鄉下，趕

[註3] 政府對農民沒有特別眷顧，不似軍公教子女，農家子弟就學須繳交全額學費，早期不乏繳不起學費而輟學者，我從小學到大學都繳全額學費。

到我住宿的地方探望，我當時看到母親關心、慈愛的面孔，不禁潸然淚下，至今回憶起來，仍歷歷在目。

考上清華大學核子工程系

升上高三後，一切以升大學為重。我如以往，沒上補習班，買了理工組聯考科目的參考書、歷屆考題、模擬測驗考卷，擬好自己複習時程，規劃各科目複習二至三遍不等。也調好作息，早上6點起床，中午回住宿處，午飯後小睡，晚上到學校為學生準備的溫習教室再繼續念書。我按照計畫複習各科目、練習考題，聯考前，我很有信心可考上理想志願，甚至是理工組聯考排名第一的台大物理系。

選填聯考志願時，我沒有長輩的引導，師長很少給學生有幫助的意見。當時台灣沒有高科技產業，大學理工科畢業生出路很有限，事實上，我對未來的志向沒有具體的定見。我填了當時三所國立大學（台灣大學、清華大學、交通大學），以及省立成功大學的理工科系，共22個志願，沒考慮私立大學科系。我的前兩個志願順著當時聯考排名填寫，為台大物理系、台大化學系。高三那一年，就讀清華大學核子工程系的台中一中學長黃龍彥，來校遊說，表示核能可提供幾百年的能源，能解決石油能源危機，核工系很有未來性。因此，我將清華大學核工系列為第三志願，其他志願大致參考歷年聯考排名填寫。

我的高中數學、化學成績一向很好，考前我對這兩科很有把握，預計都可拿90分以上的高分。1966年7月初大專聯考舉行，沒想到臨考場，在化學科最後一題20分的化學方程式計算題，

第一章　鄉下的童少年

我一直找不出計算錯誤所在，得不到合理的化學方程式，急得當場手心直冒冷汗；其餘科目則大致沒有意外。考完後，我非常沮喪，已有來年重考的心理準備。

經一個多月等待放榜的煎熬，我從收音機廣播中聽到自己的名字，得知錄取清華大學核子工程系。現在資訊發達，很難想像當時鄉下只能靠廣播唱名得知榜單，隔天我就收到清華大學寄來的入學通知單。我非常高興能考上滿意的大學，父母親、家人非

省立台中第一中學高中部14班（應為52、53學年度）1966年畢業留影。

常欣慰,以我為榮,我是村裡第一位考上大學的子弟,而且考上的是當時少數幾所國立大學中的清華大學。

此時我剛滿十八歲,在貧困、樸實的鄉下度過童年,在清水、台中求學,才開始接觸鄉村以外的世界,開闊了視野,但本質還是深受鄉下生活的影響:刻苦耐勞,深信一分耕耘,才有一分收穫。平時父母、兄姊農忙,我學會了凡事不假他人,自己打理,懂得自我規劃學校功課、生活作息。我一直覺得我深受父母親的影響,尤其在我身上可找到很多母親做人處事的影子。另外,我養成喜歡廣涉書籍的習慣,豐富了我的人生,一生受用不盡。

1966年8月底,我到清華大學參加新生訓練,隨後,清華僱巴士將男新生送到成功嶺,接受八星期的大專學生暑期軍事集訓。結束後,我回到大肚老家(成功嶺就在大肚山上),母親按照習俗,帶我到永順宮、文昌廟(我小學啟蒙之處)及附近的廟宇拜拜,感謝神明保佑,祈求上大學平安。1966年11月初,我對未來滿懷希望、充滿期待,隻身搭火車北上。大肚車站是小站,只能搭普通車,費時三個多鐘頭,來到遠在新竹的國立清華大學,開啟四年的大學生活。

第一章　鄉下的童少年

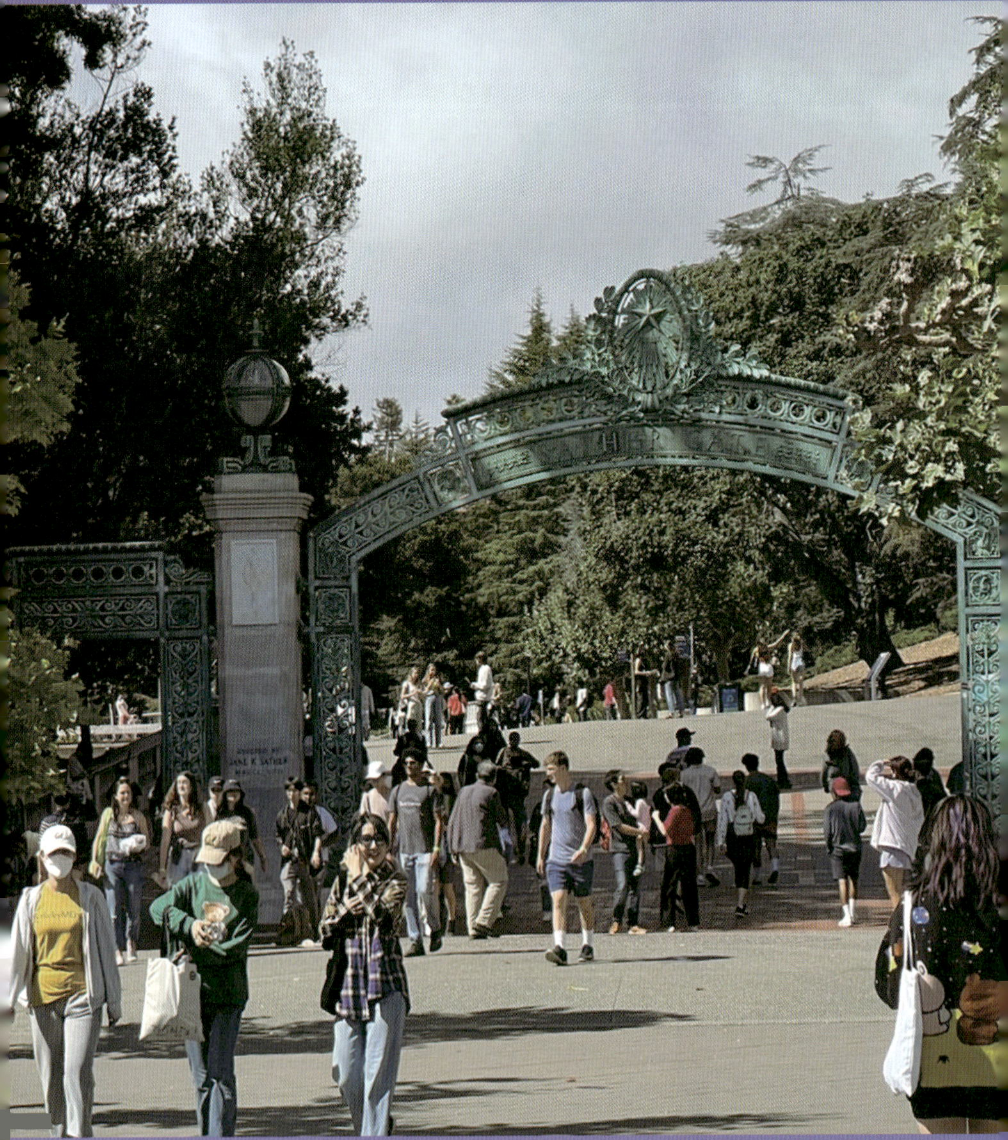

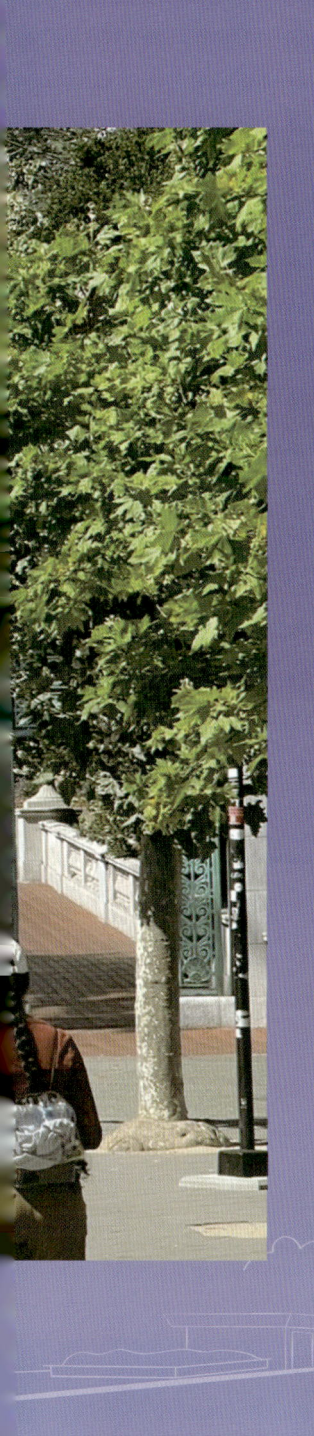

第二章

清華與柏克萊加大的求學年代

清華大學淵源自清末 1911 年以庚子賠款在北京清華園成立的「清華學堂」，1928 年正式改名為「國立清華大學」。國共內戰後，於 1956 年由梅貽琦校長籌備，在新竹復校。雖稱復校，實為重新創立一所大學，成立之初，只設原子科學研究所，建造原子爐，以培育核子科學與工程人才，1964 年成立大學部。

1962 年梅校長病逝，由陳可忠教務長續任校長，他是清華復校籌備處主任。當時學校主管，包括陳校長、朱樹恭教務長、洪同訓導長兼總務長，張齡佳圖書館館長兼體育組組長，都是北京清華大學校友。因此校園建設、校園氛圍大多以北京清華大學為藍圖，如校園有一大草坪，又如教師招待所取名甲所、乙所、丙所，學生宿舍取名為華齋、明齋、平齋。連林間小道，一如北京清華，鋪上煤渣。學生早上在大草坪晨會之後，由張齡佳教授帶領，跑操場一圈，做體操、再做深呼吸，保持北京清華時代重視體育的傳統。[1]

就讀國立清華大學

我在 1966 年入學清華大學，當時大學部共有核子工程、數學、物理、化學等四個學系，我是核子工程系第三屆學生。全校教師不到一百位，大學生約三百多位。師生全都住在校園內，核工系一年級四十多位男同學住進新落成的新齋（現已改建），四人住一間房間，班上只有一位女同學王穗華，我們叫她「核花」，住進女生宿舍靜齋。學生在校朝夕相處，有很多見面機會，幾乎

[註 1] 張齡佳教授曾在中國大陸保持十項全能冠軍達二十年之久，並有傳奇的一生，參見清華圖書館網頁：〈張齡佳館長－清華文武兼具的基石〉。

第二章　清華與柏克萊加大的求學年代

可認識全校所有同學。

　　1960年代除了原子爐教學、研究實驗室外,清華校園開發限於北校區,有各學系系館,包括核工館、數學館、物理館及化學館,圖書館在面向光復路之行政大樓二樓,在我大三那一年(1968年)才搬到新落成、較寬敞的紅樓圖書館。學生活動中心在成功湖畔的幾間一層樓房子,位於現在大禮堂的原址,旁邊有籃球場、排球場、網球場等體育設施,成功湖上可划船。全校性的集會則借用隔壁聯合工業研究所(工業技術研究院之前身)的光明新村大禮堂。當時校園可以說是地處偏僻,沿校園北邊的光復路,還可見到稻田。

核工系同班同學梨山旅遊合照,左起:曾文章、陳文村、夏德鈺、陳明真、郭德惠、王穗華、顧浪波、陳貴明。

核工系同學大多來自各縣市明星高中，如建國中學、北一女、台中一中、嘉義中學、台南一中、高雄中學、師大附中、新竹中學，有幾位同學以大學聯考第一志願考上核工系，同學中人才濟濟。有幾位成為我的好友，如顧浪波，他是我台中一中的同班同學，保送直升核工系，見識廣博，愛看課外書，學業成績優異，是我學習的榜樣。

學業的挑戰

　　1960 年代台灣的高等教育水準，遠遠落後於先進國家。大學中，學有專精的學者，尤其在理工領域，可說是鳳毛麟角。即使在三所國立大學：台大、清華、交大中，有博士學位的教師仍佔

與同學吳典奮（左）在成功湖划船，我也在清華學會單槳划船。

少數，我在大學時期的任課老師大多屬講師職級。有幾位老師教得特別好，如大二教高等微積分的劉慰儂講師及大三教應用電子學的唐明道教授。

大學一年級時，我修微積分、普通物理、工程圖學，還有國文、英文及其他通識課：中國近代史、國父思想。入學之初，即聽到學校功課很重，老師「當」得很兇，學生壓力很大，耳聞前兩屆學長中有休學、重考者。我花很多心力在功課上，嘗試去適應微積分及普通物理的英文教科書。現在翻出大一使用過的微積分、物理教科書，上面滿滿是查英漢字典的痕跡。這一年來的努力增強了我閱讀英文專業教科書的能力。

核工系與化學系合班上微積分課，上學期在九十多位修課同學中，我拿了最高分的成績。下學期期末考，幾題積分計算題，我寫出積分式子，但時間不夠，沒得到最後答案，被打零分。曾跟任課老師爭取，我已寫出正確積分式子，表示觀念正確，其他只是運算技巧，希望老師至少應給一半分數。然老師堅持打零分，結果下學期我的微積分成績遠遠落後平均。我對數學一向非常有自信，本打算升大二時，轉到數學系；經此打擊，我取消了轉系的念頭。

核工系與物理系合班上普通物理課，任課老師雖指定了教科書，但特別準備了講義，除了取材於教科書外，另從《費曼物理學講義》(*The Feynman Lectures on Physics*)擷取許多內容。大一上學期第一次考試，我只拿了 25 分，九十多位修課同學中，我的成績名列倒數第三。記得有一天傍晚時分，我正上體育課，教務處註冊組派一位職員前來通知我，當天是普通物理課退選的最後一天；我自尊心很強，當場拒絕退選。我沒考好的原因是，

不知入學前,應先買本簡易微積分(Quick Calculus),熟悉微積分概念,才較容易思考大學物理的問題。得此教訓,我融入微積分觀念,準備第二次考試,結果成績大幅進步,名列前五名,大一普通物理兩學期成績都名列前茅。

　　大一除了微積分及普通物理外,其他課程成績均如我的預期。印象比較深刻的是,中國近代史陳光棣老師解說中國大陸剛爆發的「文化大革命」的原因。我大一總成績應屬優異,得了二千元的「翟氏獎學金」,相當五個月的生活費。我請母親幫我買一部附有黑膠唱盤的日本製皇冠牌收音機,花了獎學金中的一千五百元。1943級(北京清華)校友翟克併事業有成,捐助翟氏獎學金,另為紀念其兄翟克恭校友,捐贈通往成功湖中湖心島的克恭橋。

大一獲得翟氏獎學金,母親幫我買了一部附有黑膠唱盤的收音機。

一年級結束時,核工系有八位同學微積分不及格,學校安排他們利用暑假補修,以免影響二年級後的課程安排。大學一學年下來,很多同學深有挫折感,不是學生不用功,而是任課老師期望過高,如普通物理一課採用《費曼物理學講義》,部分內容過於艱深。不知當時校方有沒有教學改進機制?從修習微積分及普通物理兩門課的經驗,師生之間很少互動。我到美國留學後,第一次見到一門課結束後,學校透過問卷調查,讓學生可以對教師授課情形回饋意見,此外,新進教師有教學觀摩的機會;台灣至少晚了二十年才引進這些教學改進措施。

核工系是當時清華唯一的工程學系,就像一小型工學院,須修很多工程相關課程。二年級修普通化學、高等微積分、工程力學、電工原理、微分方程,通識課則有德文、國際組織與現勢、經濟學。

憶師友

核工系與物理系一年級新生合班上普通化學一課,由一位王姓教授任教,他是加州理工博士,上課不準備講義,講課沒有條理,有時蹲在講台上,跟坐在講台前的學生聊天。他常在下課前,臨時來個十分鐘小考(quiz),學生不敢翹課,就為了等這不定時的小考。上學期我的成績非常好,下學期卻僅在及格邊緣!我在高中時期原本對化學非常有興趣,受此打擊,此後再沒修過化學相關課程。這位王教授因授課問題,1979年遭學校解聘。

高等微積分由劉慰儂老師任教,他講課非常清晰、有條理,讓我領悟到數學優美的境界,我在上、下學期高等微積分成績都

名列前茅。工程力學由梅德純（Eugene C. Matis）教授任教，他是義大利人，也是一位天主教神父，擁有工程博士學位，講課深入淺出，很有幽默感，深受學生喜愛，我上、下學期成績都在 90 分以上。大二成績優異，我獲得了一百美金（台幣四千元）的「吳健雄獎學金」。世事巧妙安排，我從 2007 年擔任「財團法人吳健雄學術基金會」董事迄今。

　　升上大三，我才修習了第一門核工專業課程：核工原理，由翁寶山教授授課，當時他擔任核工系系主任。他開創台灣保健物理領域，是一位優秀學者，曾得過國科會傑出研究獎，為台灣建立輻射偵測與防護體系。大三、大四修過的其他核工專業課程，包括反應器物理、原子核物理、放射線度量、熱核理論、中子物理導論。

　　大三、大四工程相關課程，包括應用電子學、工程熱力學、熱流學、計算機概論及數值分析。大三那一年，由唐明道教授開設兩學期應用電子學，是當時清華一門非常叫座的課程，學生得在上課前預先搶座位，也是我第一次接觸到 p-n junction 二極體、p-n-p/n-p-n 電晶體等半導體元件。日後我到柏克萊加州大學留學，靠這門電子學筆記，順利通過電機工程與資訊科學系博士生資格考試，迄今我還保存這五十多年前的泛黃筆記。

　　工程熱力學、熱流學均由梅德純教授任教，我的成績都在 90 分以上。大四時選修計算機概論及數值分析，由李曾邃老師授課，剛好當時清華物理中心以八萬美金購入清華的第一部電腦 IBM 1130，我第一次與電腦接觸，就產生濃厚的興趣。我上、下學期成績均名列第一，數值分析一課拿到幾乎滿分的 99 分成績，當時沒有想到我未來的大半人生會和計算機結下不解之緣。

第二章　清華與柏克萊加大的求學年代

　　大四修反應器實驗時,我第一次進原子爐做實驗。清華自 1955 年籌劃原子爐的興建,至 1961 年落成。從原子爐的設計、設備選購到土木建設、人才培育等等工作,梅貽琦校長不辭辛勞參與督導,首次結合工業界與學術界,圓滿完成這項艱鉅的大工程。衡之當時二戰後台灣百廢待舉、科技不甚發達的年代,能興建完成原子爐,可說是各方密切合作的了不起成就。清華原子爐為水池式反應器(Open-Pool Reactor),1971 年,我就讀柏克萊加大核工系,很驚喜柏克萊加大也有水池式反應器,兩者外觀相似,同樣以鈾燃料棒為核心,在 1966 年達臨界運作,整整比清華晚了五年。

　　我的大三學業成績優異,獲得了四千八百元的「盧謀勇獎學金」。大學前三年,我與陳原生、顧浪波學業總成績保持在全班前三名。大四時,我與陳原生到物理系選修固態物理導論,結果成績不理想,四年畢業總成績分列全班第四、第五名,與前三名

在清華原子爐旁上課情景。

成績只有些微差距。陳原生是班上天才型的學生，非常活潑，可惜天妒英才，三十多歲即因鼻咽癌過世。

大三暑假期間，核工系全體男同學被分派到台南陸軍砲兵學校，受三個月的軍事分科教育。主要是訓練砲兵前進觀測官的技能，拿望遠鏡觀察砲彈落點，以無線或有線電話回報命中目標所須修正的參數，供砲彈發射器修正發射方位。在砲兵學校印象最深刻的一件事是，1969 年 7 月 20 日美國國家航空暨太空總署（NASA）發射阿波羅 11 號太空船，搭載尼爾·阿姆斯壯（Neil Armstrong）與巴斯·艾德林（Buzz Aldrin）登上月球的電視實況轉播。另外，我被抽中海軍陸戰隊砲兵單位，大學畢業後，確定分派到海軍陸戰隊服義務兵役。

課外學習活動

大學一年級忙於功課，較少參加課外活動，且當時清華的大學部剛成立，社團活動很少。掌管學生事務的洪同訓導長，為北京清華校友，跟隨孫立人將軍於 1948 年來到台灣，在軍中官拜少將。1962 年受梅校長之邀，洪同來清華擔任總務長，1964 年清華成立大學部，陳可忠校長聘請他兼任訓導長。他雖為「訓導」長，但非常開明。訓導處常舉辦許多活動，如合唱比賽、辯論賽、橋牌賽、越野賽跑、各類球賽，以及每年固定舉辦的全校運動會。[2] 我參加了核工系合唱團，在全校比賽中未得名；大三代表核工系，在團體游泳比賽中獲得全校冠軍。

[註 2] 參見清華圖書館網頁：〈洪同─清華人永遠的訓導長〉。

第二章　清華與柏克萊加大的求學年代

為了促進師生關係，洪訓導長在清華設立導師制度。一年級導師楊覺民教授每學期請導生到他家裡包餃子，當時交通不方便，學生很少回家，他的照顧讓離家住校的學生，特別感到有如在家一般的溫暖。大四導師鄭振華教授請導生在百齡堂（現今第一招待所）用西餐，那時候，每位導生都沒上過西餐廳，不曾使用過刀叉用餐，記得鄭教授教我們西餐禮儀，以備到國外留學派上用場。

大三獲得團體游泳比賽全校冠軍，從左至右，前排：陳貴明、黃克尤、周元玉、張禮祖、顧浪波、曾文章、陳原生、黃烑發、游喜賢，後排：莊念祖、李偉龍、許光裕、陳文村、魏功澳、林子偉、陳明真。

1969年,在大三這一年,我的好友、核工系同學顧浪波擔任學生代表聯合會主席,促成與交通大學每年舉行的「梅竹總錦標賽」。梅竹賽是由清華、交大兩校學生會發起、促成,傳承至今,非常不易,特別值得寫上一筆!

　　自從初中時代養成看課外書的習慣,我主要的課外時間大多到圖書館看書,飽覽中外文學、傳記,也涉獵歷史、經濟等類書籍。我重看《水滸傳》、《紅樓夢》,其他印象較深刻的有《羅素自傳》、《幸福之路》、《史懷哲自傳》、《流浪者之歌》、《憂愁夫人》、《泰戈爾詩集》、《先知》等書。大二因修兩學期德文,記得我一邊翻德漢字典,一邊看完狄奧多·施篤姆(Theodor Storm)的德文版小說《茵夢湖》(*Immensee*)。

與大四同寢室同學李敏璋(左一)、顧浪波(右二)、郭德惠(右一)騎腳踏車到內灣,拜訪法文老師范賓(Faby)神父。

在清華紅樓圖書館留影。

母親意外過世

大學期間,我固定每個月回家。每次回家,母親除了給我生活費(每個月約四百元),必定準備一包滷肉,讓我帶回清華補充營養。我沒讓父母親失望,不勞家人操心,每年均獲得獎學金。

大學寒暑假,回到大肚鄉下老家,一如以往,投入農忙。夏季是最忙的時候,6月底學期結束、回到家,正值春季稻作收成,緊接著7月種植香瓜、西瓜,8月中採摘,採收完,9月初整地,準備秋季稻作插秧。我通常9月初回清華,有幾個星期調整心情、準備開學。

大學三年級裡，選在春節正月初三，我特別安排父母親、尚未出嫁的五姊及親戚到清華一日遊。我們搭了三個多小時的火車抵達新竹站，到城隍廟拜拜，用完中餐後，逛了新竹市，再到清華校園遊覽，包括核工館、成功湖、梅園、原子爐，他們對清華美麗、清靜的校園讚賞不已。傍晚在校門口外的一家小店晚餐，盡興而歸。這是母親首次遊清華校園，也是最後一次來清華。

母親唯一的一張照片，當時她六十歲。

　　1969 年 10 月 11 日下午，大四上學期剛開學不久，宿舍教官拿給我一封電報：「母車禍危速回」。我兼程趕回大肚鄉下，近黃昏到達大肚市集旁一家診所，母親已陷入昏迷。原來當天早上母親挑一擔蘆筍到大肚市集賣，過馬路時，被一輛疾駛的摩托車從背後撞上、跌倒，後腦瘀血，被送到附近的這家小診所。當時鄉下醫療落後，沒有救護車可及時載送母親到大醫院治療。母親數天後（15 日）過世，享年 64 歲。母親成長於困頓的時代與環境，與父親無怨無悔持家，眼看么兒成才，心中期盼有享清福的一天。想起五十多年前，來不及看到母親最後清醒的容貌，心痛不已。母親走得太早了，我還來不及報養育之恩，為一生最大的遺憾……

第二章　清華與柏克萊加大的求學年代

核工系出路受限

　　升上大四後,同學開始思索畢業後的出路,以當時社會、經濟狀況,提供給理工科畢業生施展抱負的機會並不多,很多台清交成四所大學畢業生選擇出國留學,再找工作機會。大四的中子物理導論任課老師錢積彭教授,當時擔任原子能委員會核能研究所(委託中山科學研究院代為運作)所長,鼓勵同學加入核能研究所。

　　那時台灣還沒有核能電廠,直到 1974 年,時任行政院院長蔣經國為了改善台灣的基礎設施及產業升級,提出「十大建設」,才開始籌設核能電廠。核工系同學所學不能為國家所用,超過半數選擇出國留學。同學中只有夏德鈺畢業、服完兵役後,到核能所工作,之後公費留學,取得碩士、博士學位;後來,夏德鈺曾擔任核能所所長、原子能委員會主任委員。

同窗好友於梅園合照,從左到右:夏德鈺、陳文村、李敏璋、陳明真、顧浪波。

39

此外,有十幾位同學選擇報考清華核子工程研究所及台大電機工程研究所,有六位同學核工所畢業後,到中山科學研究院核能所任職;台大電機所畢業的同學,改行從事電子資訊相關工作。其中陳貴明同學自核工所畢業後,到台灣電力公司工作,由於十大建設,台電建造核能電廠,他一路高升,曾任燃料處處長、總經理、董事長。

決定出國留學

母親曾說過:「你能往上念到那裡,家人再苦也會支持你。」升上大四時,我已決定出國留學。很多選擇出國留學的同學,利用寒假到補習班,加強考托福(TOFEL)英文能力。我的最後一門英文課是大一時修習的,在那個年代,沒有英文環境,修完課,大多數同學沒有足夠的聽說讀寫英文的能力。我買了一本歷年托福考題的參考書,利用寒假花三星期勤讀考古題。托福考試作答時,連聽力部分也靠考古題及推理判斷,我的托福成績竟拿了A、共540分的好成績。

父親與二姊(左一)、五姊(左二)參加我的清華畢業典禮。

第二章　清華與柏克萊加大的求學年代

　　大學畢業後,我在海軍陸戰隊服役一年。1970年7月初從高雄左營軍港,搭軍艦到外島澎湖報到,五個月後調回台灣本島,在南部各地移防、演習訓練,駐紮地包括高雄鳥松、屏東車城、彰化田中,最後搬回高雄鳥松退伍,可說是「居無定所」。由於同學李敏璋畢業後,繼續留在清華就讀核工研究所,我請託他就近協助,處理申請國外大學文件,請教授寫介紹信。在準備留學、申請學校的過程,顧浪波、李敏璋、郭德惠等同學給我很多建議與協助,我特別感激李敏璋的友情義氣,願意花很多時間鼎力相助,不然我不可能在一年內完成留學申請手續。

服役海軍陸戰隊砲兵連,任少尉時期留影。

　　美國大學中可選擇的核工系博士學程不多,我申請幾個比較好的大學,大多收到入學通知,但沒提供獎學金。現在回想起來,當時申請學校時,如果能有經驗較豐富的長輩、兄姊、同儕從旁協助與指點,有充分時間準備申請資料,以我大學四年學業成績,應不難申請到獎學金。

　　出國前,陳明真同學跟我提及他想轉計算機科學。大四時,我對計算機程式非常有興趣,也受到任課李曾逷老師的肯定。此外,我的數學一向很好,計算機程式與數學邏輯非常有關,或許我很適合轉學計算機科學。但這只是靈光一現,我並沒有認真考慮轉系的問題。果然陳明真申請到美國愛荷華州立大學計算機科學博士學程,但他取得計算機科學碩士學位後,還是轉回核子工程系,獲得核工博士學位。1980年代個人電腦崛起,他與夫人在加州矽谷開了一家成功的電腦公司,事業有成後,2005年擔任第六屆僑居海外立法委員。

考量家裡經濟負擔，也希望選擇一所較好的大學，1971年我決定赴美國柏克萊加州大學（University of California, Berkeley）就讀核子工程系。父親、兄姊傾力支持，籌措第一年學費、生活費共五千美元，相當於新台幣二十萬元，在當年，這是一筆很大的款項，足以購買四、五分（共一千多坪）農地。除了家裡現金，父親又遠赴屏東向一位開設醫院的表哥（是母親大姊的兒子）借得一萬元外，多數靠抵押田產借債，湊足這筆留學款項，以及赴美國的機票費。

　　出國之前，我與五姊到大肚山上的母親墳前，祈求母親在天之靈保佑留學平安。為了照顧父母親，五姊決定不嫁人，母親最了解她的心思，母親的過世對五姊打擊很大。五姊離開家門之前，已先紅了眼眶；清除了墳墓雜草後，彼此都怕情緒控制不住，叩首參拜之後即刻離去。

出國前一年與家人合照，有父親、大哥、大嫂、二哥、二嫂、五姊、二姊夫（後排右一）、姪兒女們。

1970 年我寫下畢業感言:「我在清華打下了根基,畢業了,揮揮手,人生旅途永無止境。」想想那時的畢業心情,多少帶點年輕人的輕狂,揮揮手,對待過四年的清華,似毫無眷念。但現在想想,我還是非常感謝清華為我紮下踏實的基礎。

回顧大學四年,我們學習了核子工程的入門知識,知道核能是未來很重要的能源,但清華教師極少具有實務經驗,學生很難學到核子工程實務。此趟留學應能學到核子工程較深入的知識,或許我可成為核子工程專家或學者。1971 年 9 月,我充滿著期待,準備赴美留學。

留學柏克萊加州大學

1971 年 9 月 18 日,由家人陪我到台北住一晚,19 日從松山機場(當時桃園機場還未興建)搭華航波音 707 班機赴美,幾位大學同學也來送行。[2] 飛機在東京短暫停留加油後,直達舊金山機場。

飛機在舊金山當地時間中午前抵達,我出了海關,就看到清華核工系汪曉康學長及先到柏克萊的大學同學狄俊傑、張禮祖來接機。機場外天氣晴朗,平生第一次上高速公路(當時台灣中山高速公路才剛動工),沿途見到舊金山灣區山坡上的一排一排亮色民宅、壯觀的雙層車道海灣大橋(Bay Bridge)。下交流道沿 University Avenue 到達柏克萊,住進柏克萊加大國際學舍

[註 2] 送行家人包括父親、大哥、二姊、二姊夫、三姊、三姊夫、五姊、三舅公、舅父、二姑,二哥因腳傷無法同行;送行同學有李敏璋、夏德鈺、郭德惠、洪仁德、陳明真及周元玉。

（International House, I-House），約有一個星期，我日夜顛倒，時差調不過來。

　　柏克萊加州大學創立於 1868 年，是加州大學系統最先建立的校區，目前加州大學系統有十個校區，各自獨立運作。截至 1971 年，柏克萊加大已有 12 位教授在職期間獲得諾貝爾獎，迄今共有 26 位諾貝爾獎得主，幾乎在理工、生物醫學、人文社會各學術領域都有傑出表現。根據維基百科所載：「截至 2020 年 10 月，柏克萊的校友、教授及研究人員共產生了 114 位諾貝爾獎得主（世界第三）、14 位菲爾茲獎得主（世界第四）、25 位圖靈獎得主（世界第三）」，可說是世界頂尖的著名大學。在我留學期間，柏克萊加大學生有三萬多位，與清華不到一千位學生相比，規模有如天壤之別。

2022 年重遊柏克萊加大，南校門 Sather Gate 是校園地標、遊客景點。

第二章　清華與柏克萊加大的求學年代

　　當時到柏克萊加大核工系就讀的清華核工系學長已有第一屆蔡漢中、姚詩訓、曾宗偉等三位，以及第二屆汪曉康，他們已為清華核工系建立起聲譽。第三屆除了我之外，還有狄俊傑、吳緯國、張禮祖共四位，只有張禮祖獲得核工系獎學金。狄俊傑早我幾天由他的母親陪伴，來柏克萊租屋、先熟悉環境，我到達柏克萊時，正好趕上秋季班（Fall Quarter）開學前的外國學生說明會（Orientation for Foreign Students）。

　　不久，在秋季班開學前，我就得知吳緯國、狄俊傑先後被材料科學系教授收為研究助理，給予研究助理費，已轉到材料科學系。我聽過學長分析，核工系是很小的學系，資源不多，能給予研究助理費的計畫有限，博士研究生有時還得兼任教學助理，才能勉強湊足學費與生活費。對我來說，家裡只能提供一年的留學

2022 年重遊柏克萊加大，路過國際學舍（I-House）。

費用,我一定要找到往後幾年留學所需的研究助理費,這對我造成很大的經濟壓力。

第一個學季我住在國際學舍,跟一位日本裔美國大學生同房,他早出晚歸,彼此很少交集。國際學舍提供三餐,我在用餐時認識很多國際學生,當得知我來自中華民國台灣,他們會很好奇地詢問我,對聯合國正在討論的「中國代表權」問題的看法。1971年10月25日中華民國台灣退出聯合國,那時我才剛抵達美國五個星期。

在國際學舍用餐,我也認識許多台灣留學生,包括王雪齡和簡明仁。王雪齡是台塑王永慶董事長的女兒,從倫敦帝國大學畢業,來柏克萊加大念統計系碩士班,她的未來夫婿簡明仁,是電機工程與計算機科學(Electrical Engineering and Computer Sciences, EECS)系博士生。1979年他們回台創立大眾電腦公司,邀請我加入,我成為創辦人之一。也因為認識王雪齡,而認識她的媽媽楊嬌女士及妹妹王雪紅,當時王雪紅還是高中生。1981年王雪紅取得柏克萊加大經濟學碩士後,也加入了大眾電腦,後來創立威盛電子及宏達國際電子兩家知名公司。

轉EECS系的嚴峻挑戰

當時柏克萊加大採學季(Quarter)制度,分秋、冬、春季班,每學季十星期,課程非常緊湊。秋季班我選修三門課,其中一門為核工原理,正是我清華大三修習的第一門核工課程,採用相同教科書,我很輕鬆地三門課都拿到A的成績。

在秋季班期間,有一天遇到曾宗偉學長,沒想到他已轉到

EECS 系，我跟他提及想在核工系找教授、進實驗室當研究助理的問題，他認為機會非常渺茫。他建議我可到 EECS 系，找研究部入學辦公室（Graduate Admission Office）主管談談。以我在清華的成績，他認為我應很容易轉到該系，而且計算機科學是一很有未來性的新興領域。曾宗偉學長是我人生轉折點的貴人，回想起來，我非常感激他的一席話、影響我往後人生方向。

我仔細了解 EECS 系計算機科學博士學程，想起出國之前，大學同學陳明真曾跟我提及擬就讀計算機科學，且我的計算機程式能力受到任課老師的肯定，加上我在柏克萊加大核工系首次使用可程式化的王安計算器（programmable Wang calculator）作工程運算，對計算機科學有初步了解。另外，數學是我的強項，計算機程式與數學邏輯相關，我應很適合轉念計算機科學。

盤算銀行存款還可支付一年的學費與生活費，我決定試試轉 EECS 系，11 月下旬，我與該系研究部入學辦公室約好時間，前往了解轉系流程。我見到辦公室主任 Richard White 教授，他給我很好的印象，紳士舉止、面貌和善。聽完我的來意，看了我的成績，他當場表示，我的轉系應沒問題，其他只是形式上的文書處理。如同我所了解，美國大學非常尊重學生的選擇，轉系非常容易。

沒想到轉系還須經核工系的同意。與 White 教授面談過後約三星期，我接到核工系辦公室電話，核工系學業導師（major field advisor）Virgil Schrock 教授約見我。可能因為已有兩位清華核工系同學轉到材料科學系，他不希望再有學生轉系，一直要說服我留在核工系。我跟他說明我的興趣及經濟狀況，眼看我沒有轉變心意，他動怒叫我離開（Please leave!），我只得說聲抱歉，離開他的辦公室，眼前看到的未來正是一片灰色陰霾。

又過了兩個多星期，1972 年元月 3 日我到 EECS 系辦公室詢問轉系的消息，結果沒轉成！White 教授建議我念完核工碩士後再轉系，顯然原因在核工系的阻撓。元月 7 日，我遇見核工系學長姚詩訓，跟他討論、聽他建議後，我決定冬季班休學，等於從核工系退學，同時申請 EECS 系春季班再入學（readmission）；如此一來，就不須核工系同意，也省下一學季的學費（750 美元）。我問了外國學生顧問（foreign student advisor），確定冬季班短暫休學期間，不會有喪失學生簽證的問題。我同時申請了賓州大學（University of Pennsylvania）及其他幾所大學的計算機科學博士學程，以防萬一柏克萊加大 EECS 系再入學申請沒通過，可以有其他機會。

原本我住在國際學舍，一學季約兩個半月，住宿及三餐費用共三百多美元，是住在校外的兩倍。秋季班結束後，經同學介紹，1971 年 12 月中旬我搬到校園南邊的 Etna House，聽說二十世紀初蔣夢麟留學柏克萊加大時曾住過此處。

Etna House 住有十幾位台灣來的留學生，共同採購食物，輪流準備晚餐，早餐、午餐自己料理。我省吃儉用，一個月住宿、生活費不到一百美元，節省不少開銷。我剛搬進 Etna House 時，胡正明正準備結婚，搬離 Etna House。1973 年他獲得

2016 年重遊柏克萊，造訪 Etna House。

EECS系博士學位後，於麻省理工學院（MIT）任教職，1976年回柏克萊加大EECS母系任教，成為非常傑出的學者。他發明多閘極電晶體（FinFET），2001年至2004年間，擔任台灣積體電路製造公司首任技術執行長，2022年獲得美國總統科學獎。

在Etna House認識的留學生中，有幾位成為我的終生朋友。其中楊霓是1968年台大電機工程系畢業生，與胡正明是台大電機系同屆同學，他在前一年獲得John Hopkins大學計算機科學碩士學位，剛轉來柏克萊加大EECS系攻讀博士學位。他在我轉EECS系後，給了我很多的建議與協助。

1972年元月冬季班開學，我每天到EECS系旁聽計算機科學課程，或到學生活動中心（Martin Luther King Jr. Student Union）鄰近的東亞圖書館（The East Asiatic Library）看中文報章雜誌，那是我留學柏克萊加大最黯淡的時光。才不過是三個多月前，我對出國留學充滿期待，沒想到會休學，面對不確定的未來。雖然如此，我認為轉系是一正確的決定，我認清了自己的興趣。

初到柏克萊，1972年3月攝於校園東邊的柏克萊山上（Berkeley Hills），俯瞰柏克萊校園，可見醒目的鐘樓Campanile（Sather Tower）。

2月20日（台灣時間2月21日），美國尼克森總統訪問北京，這是歷史上很重大的事件，當時到處都在談論中國。三天後，我收到 EECS 系再入學通過的通知，非常高興能成功轉入 EECS 系計算機科學組；幾星期後，我也收到賓州大學的計算機科學博士學程入學通知。

因距離春季班開學還有一個多月，我找到校園西邊的一家中餐廳打工，希望存點錢。餐廳老闆住在舊金山，每天開車來餐廳，布置好餐桌椅，十一點三十分準時營業，他總是播放優雅、哀怨的梁祝小提琴音樂。老闆待我很客氣，但一小時只一美元工資，每天洗碗盤十小時，久站在狹小的廚房、洗碗台前，的確很辛苦。多年後，我帶家人到柏克萊旅遊，繞到這家餐廳門前，回憶往事，心中充滿辛酸。兩個星期後，經朋友介紹，換了一家待遇較好的餐廳，總共打了四星期的工。

在 EECS 系展開新學習領域

1972 年 4 月我註冊 EECS 系春季班。在清華我只修了計算機概論及數值分析兩門計算機科學相關課程，須補修很多計算機科學基本課程，我可以說是，從計算機科學組大學部開始念起，我選了大學部的程式語言、交換電路理論及作業系統三門課程。

春季班選修的三門課，讓我耳目一新！我在清華大四時，只知 Fortran 程式語言，在程式語言課堂上，我學會了 Pascal、Lisp、Algol 等多種程式語言。在交換電路理論中，學到布林代數（Boolean Algebra），利用 AND、OR、NOT 三個電子元件設計電子電路。作業系統是計算機科學主要課程，學到計算機運算單

元、記憶體、終端設備等資源的管理方法，當時還沒有完整的教科書，任課教授以期刊論文集當講義，比較難在課堂上了解作業系統的架構全貌，但是我卻因此訓練了看期刊論文的能力。

我住進 Etna House 才九個月，沒想到房東決定不再續約租屋，幾十年華人留學生經營 Etna House，提供價廉物美的租膳集合住宅，很可惜宣告終止。暑假中我與楊霓、周瑋民、王寧國、孔繁建、葉克敏等五位好友搬到附近 College Avenue 上的一間公寓。這幾位好友後來都有很好的發展，楊霓畢業後到貝爾實驗室工作，後來轉到加州矽谷一家資料庫軟體公司。周瑋民讀工業工程及作業研究系，畢業後到 IBM 研究部門工作，曾來清華大學客座講學。王寧國材料科學系畢業後，到應用材料公司（Applied Materials, Inc.）工作，高升至副總裁，曾是當時舊金山灣區領最高薪的台灣籍主管；離開應用材料後，他曾短暫擔任中國中芯國際集成電路製造公司執行長。孔繁建分子生物系畢業後，在美國創辦生物科技公司 Genelabs Technologies 及維梧生物科技創投管理公司（Vivo Ventures）。葉克敏 EECS 系畢業，創立一家紅外線元件公司。

由於室友畢業、結婚，一年後，我與楊霓在校園北邊 Spruce Street 上的一棟民房共租一房間住宿。

力拚博士生資格考試

轉入 EECS 系，我認識了不少台灣來的同學，也較了解攻讀 EECS 博士的必經過程。首先我要找到指導教授，而且願意提供研究助理獎學金。我有很好的清華四年成績及柏克萊加大春季

班學業成績,表示我有潛力念 EECS 系博士班,但是,要找到計算機科學指導教授,還須要證明我有很好的計算機科學基本實力。對我來說,要打好計算機科學基礎,恐須以兩年的時間修完大學部計算機科學基本課程。以我的經濟能力,不可能負擔得起兩年學費與生活費,來修完這些課程。另外一個可證明我有很好的計算機科學基本實力的方法是:通過博士生資格考試(Ph.D. Preliminary Examination,簡稱 Prelim)。

EECS 系規定,要攻讀博士學位的研究生須先通過 Prelim,資格考試每年舉行兩次,分別在秋季班及春季班。EECS 系雖設電機工程及計算機科學兩組,但資格考試不分組。考生可在 EECS 系所提列的資格考試清單中任選四科,每科由兩位教授分別一對一口試;任一科不通過,該次資格考試即不通過,下次就得四科全部重考;只能再重考一次資格考試,兩次沒通過,即沒資格讀博士班。每次資格考試大約淘汰 60%,台灣同學普遍認為是「非常恐怖」的資格考試。

然而,如能通過此嚴格的資格考試,代表已被口試教授認可,有很好的 EECS 基礎能力,可進行博士論文研究。通常系裡教授較喜歡招收通過 Prelim 的博士研究生,不希望博士研究生花很多時間準備 Prelim。

Etna House 室友楊霓在 1972 年春季剛通過 Prelim,跟他討論後,我決定報考 1972 年 12 月舉行的秋季 Prelim,並預定選電子學、交換電路理論、有限狀態機(Finite-state Machine)及計算理論(Theory of Computation)四科做為資格考應試科目。其中我在清華已修過電子學,春季班剛修過交換電路理論,擬在 1972 年秋季班選修有限狀態機,此外,再自修計算理論。希望通過後,

能順利找到指導教授,而且能獲得研究助理獎學金。

楊霓將他使用過的有限狀態機及計算理論講義給我,並提示可能的口試題目。有限狀態機是計算機科學大學部課程,較容易準備應考。計算理論是一門計算

與楊霓(左)合照,很多人都說我們長得像親兄弟。

機科學研究所課程,探討甚麼問題可被一通用計算模型,如圖靈機(Turing machine),在有限時間計算出來,牽涉到數學邏輯中之可計算性理論(Computability theory)。我非常感謝楊霓花許多時間講解這門課程的內容,讓我很容易辨別一個問題是否可計算。

我轉入 EECS 系後,認識了張萬燕、韓毅武,並且意外地與我的高中同班同學劉振漢重逢。劉振漢由台中一中直升保送台大機械工程系,後轉電機工程系。我們四位都打算攻讀計算機科學博士學位,一同報考秋季 Prelim。因為資格考試以教授一對一口試進行,我們四位利用暑假期間,一起準備資格考,彼此模擬口試教授以英文發問,練習以英文做答。

為了準備資格考,我在秋季班只選修有限狀態機及編譯器兩門課。編譯器這門課大多由大學部學生選修,課程作業包括三、四位學生組成團隊設計一編譯器,我找了一位美國大學部男學生

及一位印度裔大學部女學生組成三人團隊，兩位大學生求知慾很強，不愧是美國名校學生，珍惜求學機會，非常用功。編譯器程式超過千行，當時沒有螢幕終端設備輸入程式，我們花了很多時間在計算機中心，用打卡機製作 IBM 程式卡。計算機中心的 CDC 6400 大型計算機採用批次（Batch）作業系統，我們熬夜等計算機程式輸出列印及排除程式錯誤。繳交作業的前一天晚上，終於得到計算機輸出正確結果，但列印格式不美觀，我順勢丟到垃圾桶，所幸這位男同學很機靈撿回來！我們修改了幾次列印子程式，再沒得到正確結果，最後以這份撿回來、列印不美觀的成果繳交作業，得到成績 A。

在 1972 年 12 月初秋季 Prelim 中，記得有限狀態機口試委員之一為 Lotfi A. Zadeh 教授，他是模糊邏輯（Fuzzy logic）的發明人，電子學口試委員之一是 Paul Gray 教授，當時為 EECS 系新進教授，專長積體電路，後來他曾任 EECS 系主任、工學院院長、副校長，以及擔任高登和貝蒂·摩爾基金會（Gordon and Betty Moore Foundation）董事長。在 2000 年代，Paul Gary 教授曾訪問台灣，我跟他提及我的 Prelim 之電子學是在清華大學部修習的，他非常訝異 1960 年代台灣電子學教育那麼先進。

雖然考前半年，我已為 Prelim 做了充分準備，但仍不免患得患失，幾次在惡夢中醒來！我無法想像，如果沒通過，如何有經濟能力維持在柏克萊加大的留學生活？12 月 7 日資格考試放榜，我與其他三位同學很幸運全部通過！聽說之後的七、八年間，沒有計算機科學組的台灣留學生通過 Prelim。非常高興第一次報考就通過了，這也肯定我半年多來在 EECS 系打下基礎，有能力在計算機科學領域做博士論文研究。

加入 Chittoor V. Ramamoorthy 教授研究團隊

Prelim 通過後，12 月 12 日我拜訪 Chittoor V. Ramamoorthy 教授（他的同事、朋友、學生習慣稱呼他為 Professor Ram），說明我已通過 Prelim，希望能跟他做研究。印度裔的 Ram 教授曾任職於奧斯汀德州大學（University of Texas, Austin）EECS 系，於 1972 年秋季剛被邀聘至柏克萊加大 EECS 系計算機科學組任教。他利用圖形理論做平行處理架構優化與排程、分散式系統之修復等研究。他曾於 1972 年春季受邀來 EECS 系演講，我對他的研究已有初步了解。

Ram 教授知道我已通過 Prelim，肯定我攻讀博士學位的能力。多年後，他跟我提及，我以核工系專長，能在不到一年的時間通過資格考試，讓他印象非常深刻，對我有好感。他拿給我一本他在奧斯汀德州大學指導的博士論文，要我幾個星期後，跟他報告我對這本論文的想法。這本博士論文有關在邏輯電路中植入偵測器（monitor），當發生錯誤時，從這些偵測器的輸出，可找出電路的錯誤所在。論文主題為：如何在電路中適當位置、植入最少偵測器，而可找出電路所有錯誤？

為此，我謝絕聖誕假期的朋友邀約，總共花了約三星期的時間，找出論文中許多錯誤的地方，提出較佳的解法，並做成報告。1973 年元月 20 日再次面見 Ram 教授時，我交出這份報告，他非常滿意，當場答應接受我為博士研究生，加入他的研究團隊，並從 1973 年 2 月 15 日開始支付研究助理費，一舉解決我的經濟問題，讓我在留學期間無後顧之憂。後來我將這份報告改寫為碩士論文，於 1973 年 10 月獲得 EECS 系碩士學位。

Ram 教授應聘柏克萊加大 EECS 系後，為計算機科學組帶來很多資源，大多是國防部、太空總署等政府研究機構的研究計畫，全盛時期，可聘請十五位以上博士研究助理。我加入他的研究團隊時，研究室在 EECS 系館 Cory Hall。研究團隊中，有好幾位後來成為我很好的朋友，如韓國留學生金光會（Kane Kim），他隨 Ram 教授從奧斯汀德州大學轉到柏克萊加大就讀，後來曾擔任爾灣加州大學的教授。又如香港出生的張志義（Roger Cheung）是 Ram 教授到柏克萊加大所收的第一個博士生，修課成績幾乎每門 A+，是 Ram 教授的得意門生；畢業後他到貝爾實驗室，後來先後擔任 HP、Cisco 經理。在我之後加入研究團隊、且成為同窗好友的，有中國出生、香港長大的梁扶漢（Frances Leung），學成後曾任 Motorola 網路部門經理，現任伊利諾理工學院教授。香港出生的華雲生（Benjamin Wah），畢業後曾任厄巴納－香檳伊利諾大學教授、香港中文大學常務副校長。當時研究團隊還有美國、伊朗、印度、羅馬尼亞籍博士生，Ram 教授很照顧外籍留學生。

　　Lotfi Zadeh 教授在擔任電機工程系主任期間（1963 年～1968 年），很有遠見地擴增計算機科學領域，1967 年將系名改為 EECS 系，為全世界首創 EE+CS 學系。1968 年，柏克萊加大有一部分不認同 EECS 系的教授離開，轉到文理學院成立計算機科學系。一個大學有兩個計算機科學學程，終究不能持久，1973 年校方決定將文理學院計算機科學系併入工學院 EECS 系，並設電機工程及計算機科學兩組，各設副系主任，給予計算機科學組更大的自主性。

　　因 Cory Hall 容納不了電機工程及計算機科學兩組的研究室，計算機科學組教授及其研究室因此搬到位於綠茵小土丘圓環

Hearst Mining Circle 的 Evans Hall 五樓,Ram 教授的研究團隊跟隨他搬到 Evans Hall,我在此渡過了兩年半的研究生日子。

1990年我與妻子惠晴拜訪 Ram 教授,在他的 Evans Hall 研究室(537室)門前合影,他的研究生在隔壁的 536 室,我曾在此渡過了兩年半的研究生日子。

我加入 Ram 教授的研究團隊時,才剛轉到 EECS 系不到一年,只修過幾門大學部課程,當時計算機科學專業尚在發展階段,沒有演算法、計算機網路、資料庫系統、計算機圖學等等大學部課程。我跳過許多大學部課程,直接選修了高等計算機架構、分散式系統等研究所課程,另外到工業工程及作業研究(Industrial Engineering and Operations Research, IEOR)系選修線性規劃、網路流理論、動態規劃、隨機過程。其中網路流理論及動態規劃由 Richard M. Karp 教授任教,他是 EECS 系計算機科學組教授,與 IEOR 系合聘。猶記得他不帶講義,手拿一隻粉筆,將一堂課的內容有條不紊地寫在黑板上,講解清晰,迄今印象仍非常深刻。他因演算法理論、尤其是對演算法複雜度之 NP-completeness 的貢獻獲頒 1985 年圖靈獎。

1973 年底攝於學生活動中心前廣場 Sproul Plaza，背景可看到校園地標鐘樓 Campanile。

確定博士論文研究方向

由於好友楊霓正在做資料庫系統研究，我跟他旁聽 Michael Stonebraker 教授與王佑曾（Eugene Wong）教授的資料庫系統專題，當時這兩位教授研究 Edgar F. Codd（任職於 IBM）剛發表的關聯式資料庫（Relational Database）論文，開設這門課探討關聯式資料庫系統的實作問題；Stonebraker 教授後來因資料庫實作與研究的貢獻，獲頒 2014 年圖靈獎。

我熟讀了關聯式資料庫論文後，有興趣做資料庫研究，但 Ram 教授認為，我應專注於研究團隊的軟體工程研究主題。如何

設計一套高可靠度之大型軟體系統,如國防控制系統及銀行、商業應用系統,確保其可靠與安全,是 1960 年代末期很重要的研究課題,軟體工程學門即於 1970 年代初期萌芽發展。Ram 教授接受美國國防單位委託,研發軟體可靠性方法,我的博士論文研究方向即圍繞在軟體工程中的軟體可靠性主題。

回台灣省親

1974 年暑假,我留學柏克萊加大已近三年,趁研究空檔向 Ram 教授請假六星期,回台省親,花了 360 美元買一張留學生專機的來回機票,經香港啟德機場回台。大哥、二哥及兩位嫂嫂都到松山機場來接機,回到家,發現大哥、二哥已分家,父親已淡出農事。五姊原本希望留在家裡照顧父親,在我留美期間,因兩位哥哥已分家且迫於習俗而嫁人。

三年沒回大肚鄉下老家,村子裡多了許多家庭工廠,鄉下家庭藉此開拓農作物以外的收入,可感受到農村經濟正在蛻變。當時台灣經濟成長率連續幾年超過 10%,我拜訪了許多親戚朋友,已有幾位親友經營工廠賺錢後,買了車、蓋起樓房。

當時政府正推行「十大建設」,以改善台灣的基礎設施及促進產業升級,其中中山高速公路(國道一號)北部路段剛通車,僅達中壢。十大建設同時推動曾遭到社會的批評,如興建中山高速公路,因當時台灣絕大多數人並未擁有汽車,被批評是為富人而建設的。記得我第一次經由高速公路上台北,公車從中壢交流道上高速公路,在林口上坡路段,只看到稀疏幾輛車子,不少性能較差的貨車吃力緩行的景象。

通過博士論文資格口試

　　結束回台省親，我加緊軟體工程的研究工作。1974 年 12 月 11 日我通過嚴謹的博士論文資格口試（Ph.D. Qualifying Examination），口試委員除了 Ram 教授之外，還有其他兩位口試委員，包括 EECS 系 Lotfi Zadeh 教授及一位 IEOR 系教授組成，主要在認定我提出的博士論文計畫是否可行。

　　我在碩士論文中提出的邏輯電路中植入偵測器之較佳解法，經與金光會同學討論後，可應用於軟體測試中之軟體錯誤偵測，我們將這植入偵測器方法，共同寫了一篇幫助軟體測試的論文，發表在 1975 年創刊、12 月出刊的 *IEEE Transactions on Software Engineering* 期刊。

　　我的博士論文則提出軟體測試設計，測試數據自動產生法，測試偵錯等創新、系統化軟體測試方法，應用於 Ram 教授研究團隊研發出來的軟體自動測試系統，曾被美國陸軍彈道導彈防衛系統（Ballistic Missile Defense System）、空軍及美國太空總署採用。這些方法並被廣泛應用於現代之計算機輔助軟體工程 CASE（Computer Aided Software Engineering）工具設計中。

　　我將其中軟體測試數據自動產生法，寫成一篇論文投至 1975 年 8 月於台北圓山飯店舉行的第二屆國際計算機會議（International Computer Symposium, ICS），經審查後被接受。當時台灣正規劃走向技術密集產業，非常重視計算機科學，台灣極缺計算機科學背景的專家學者，ICS 是一邀集海外專家學者的盛會。Ram 教授被邀請為大會貴賓，會議期間獲總統召見。他另補助我來回機票費用，讓我回台參加會議，並發表我的第一篇

第二章　清華與柏克萊加大的求學年代

學術論文。1976 年 3 月我完成博士論文,其中軟體測試數據自動產生法,輔以較詳細的實驗數據,撰寫成期刊論文:"On the Automated Generation of Program Test Data",發表於 1976 年 12 月出刊的 *IEEE Transactions on Software Engineering* 期刊。

柏克萊加大生活點滴

初到柏克萊加大留學,最大的困擾是英文交談。我自認英文能力不足,花 28 美元買了一台收音機收聽廣播,以訓練英語聽力。買回收音機後,發現 Made in Taiwan 標示,原來是家鄉的產品,特別感到親切。我也訂了 *Reader's Digest*(中譯:讀者文摘)、*Newsweek*(學生訂閱價特別便宜),勤翻英漢辭典,將常見的生字、片語,寫在 IBM 卡片上,一有空就拿起來熟讀,以增加英文詞彙,迄今我還留存一百多張寫滿英文單字與文章片段的 IBM 卡片。

1972 年初,我曾到校園南邊 Bancroft Way 上的基督教女青年會(YWCA),每周一小時,與熱心幫助國際學生的義工練習英文會話。與義工 Mrs. Margie Johnston 會話是一很愉快的經驗,前後共一年半,其間準備博士生資格考試較忙,中斷了半年。Margie 年約 25 歲,是英國人,她的南非籍丈夫來柏克萊加大做分子生物博士後研究,她很熱心、活潑、幽默。她曾從皮包中拿出她父親與英國女王之合照,分享英國女王授予她父親爵士勳章的榮耀。

1972 年春季,我想改進英文的聽說寫能力,到附近的成人學校(Adult School)求助,遇見一位法律學院學生 Chuck,他正攻讀 JD(法律博士)學位,他熱心答應為我找一位義工幫忙。隔天

他打電話來表示,他自己可以抽時間跟我對談。他說我的英文雖不流利,但發音很正確,自願幫我改善書寫。我們約好時間,在 Hearst Mining Circle 碰面,我每次見面寫一頁短文,他幫我潤飾修改。通常由我讀這一篇短文,他對我的發音予以糾正,從與他交談中,我學會了許多慣常用語。一星期大約寫四篇文章,這樣大約維持半年,我的英文大為進步。當時我剛從核工系轉 EECS 系,沒有獎學金,有經濟壓力。有一天,天色茫茫,寫下當時心情,Chuck 很讚賞我這篇短文。我們維持大約一年友誼,那一年感恩節他請我到他住處,由他女友備餐,度過溫暖的感恩假期。

增加英文詞彙是閱讀的關鍵,大約在柏克萊加大留學兩年後,我已可閱讀各類英文書籍。我常逛著名的電報街(Telegraph Avenue)上的書店,買的大多是二手書。看過伯特蘭・羅素的 *The Conquest of Happiness*(中譯:幸福之路)、珍・奧斯汀的 *Pride and Prejudice*(中譯:傲慢與偏見)及 *Sense and Sensibility*(中譯:理性與感性)、赫曼・赫塞的 *Siddhartha*(中譯:流浪者之歌)、卡爾・桑德堡的林肯傳記 *Abraham Lincoln: The Prairie Years and The War Years*(我看精簡的三冊口袋版本)等等。我特別喜歡這本林肯傳記,非常欽佩林肯從平凡的出身、全靠自修當上律師,之後崛起於政壇,美國因奴隸制度南北意見分歧中當選總統,堅持南北統一不惜內戰,任內廢除奴隸制度。我一看再看,還看了他的演講集及其他作者的林肯傳記,將他的〈蓋茲堡演說〉背誦下來。

柏克萊加大及史丹佛大學兩校美式足球比賽 The Big Game 是校園的盛事。初到柏克萊加大,核工系學長即邀我參加比賽前夕的加州金熊足球隊(California Golden Bears)營火誓師晚會

2022年重遊柏克萊加大，站在 Sproul Plaza，後方是電報街，我常逛書店的地方。

（The Big Game Bonfire Rally），當晚整個希臘劇場（The Greek Theatre）擠滿上萬名學生，晚會包括展示前一年勝賽得來的戰利品史丹佛斧頭（The Stanford Axe）、鼓樂隊表演，並點燃八層樓高的營火，達到誓師晚會的高潮。

柏克萊加大的加州金熊足球隊過去數年輸多贏少，1971年輸了。1974年在柏克萊加大比賽，我第一次在紀念競賽場（Memorial Stadium）觀看 The Big Game，觀眾擠滿了可容納六萬多人的競賽場，不過，1974年加州金熊足球隊還是輸了。

1975年加州金熊足球隊有很優秀的四分衛（Quarterback）Joe Roth 及跑衛（Running back）Chuck Muncie，戰績與洛杉磯加大棕熊足球隊（UCLA Bruins）在西岸足球聯盟 Pac-8 並列第一，大家對勝利充滿期待！

賽前一周，兩校學生會到對方校園惡作劇，如柏克萊山上的金黃色 C 字地標被漆成代表史丹佛的紅色，鐘樓 Campanile 被入侵、演奏史丹佛校歌。學生會、兄弟/姐妹會之學生會自動組隊捍衛 C 字地標，校園四處巡邏，防止史丹佛學生到校園惡作劇。

在學生活動中心前的廣場 Sproul Plaza，可看到 *The Daily Californian* 的書報架，該報於 1871 年創刊，是歷史悠久、學生獨立經營的校園報紙，當年是我路過常會隨手拿取、閱讀的免費報紙。1975 年加州金熊足球隊才剛被解禁，可到帕薩迪納（Pasadena）的著名玫瑰盃球場（Rose Bowl Stadium）比賽，並由電視轉播。在 1975 年 The Big Game 比賽日前、星期五出刊的 *The Daily Californian* 上面，卻報導了跑衛 Chuck Muncie 有犯規行為，被禁止出賽，加州金熊足球隊再度被足球聯盟處以四年察看（Probation）之不得上電視轉播禁令。該報訪問足球隊員及柏克萊加大學生，大家都感到很失望，垂頭喪氣。

事後才知，原來是史丹佛大學學生假造報導，編輯一份以假亂真的 *The Daily Californian*，一早就置換掉書報架上的原版報紙，讓拿到報紙的學生信以為真，以打擊士氣。不過，加州金熊足球隊還是贏了史丹佛大學紅衣主教足球隊（Stanford Cardinals），替換報紙之惡作劇成為兩校學生津津樂道的趣談。1981 年後，史丹佛大學足球隊名改為 Stanford Cardinal。

在柏克萊加大就讀期間，歷經 1971 年台灣退出聯合國、1972 年美國總統尼克森訪問中國。台灣留學生常談及台灣、中國之政治現狀，有不同政治見解。我會參加校園不同觀點之演講、討論會，如數學大師陳省身教授、物理系沈元壤教授訪問中國歸來，讚嘆中國經濟社會之進步，這跟當時對中國的普遍認知相左；

歷史系杜維明教授則主持對國共政府不同看法的討論會，擁護國共兩派激烈辯論。我也常到柏克萊加大東亞圖書館看台灣、中國的報章雜誌，關心時事，閱讀了柏楊、魯迅等作家在台灣被禁止的書籍。

此外，途經 Sproul Plaza 廣場，目睹美國嬉皮文化及 1972 年左右之美國反越戰示威；對一個來自處於戒嚴國家的台灣留學生，有很大的衝擊，讓我對於美國民主、自由思想有更深一層的省思。1974 年初，在柏克萊發生報業大王 William Randolph Hearst 的孫女 Patricia Hearst 被美國極左派激進組織「共生解放軍」（Symbionese Liberation Army）綁架。被綁架後，她竟參與了共生解放軍在舊金山的一項銀行搶案，被聯邦調查局發布通緝令，直到 1975 年 9 月被捕。美國社會之錯綜複雜，令人難以理解。

應聘清華大學教職

1975 年初，我的博士論文研究已有初步輪廓，但還沒規劃畢業後的工作問題。當時的台灣留學生學成之後很少回國就業，柏克萊加大 EECS 系博士生畢業後，很容易在美國找到工作。計算機科學組畢業生大多到 IBM 研究單位或貝爾實驗室做研究，也不難在大學找到教職。一個現實的考量是美國有很多工作機會，薪資是台灣教授的七、八倍，周遭朋友、同學大多建議，先在美國工作一段時間，再考慮是否回國就業。

2 月中，劉振漢同學告訴我，在台大電機工程系的海外校友通訊上，看到清華大學徵聘計算機科學教職的廣告。李家同博士在美國海軍研究院（Office of Naval Research）任職時，應清華之

聘，擬回國擔任清華大學應用數學研究所所長一職，正為應數所計算機組（資訊工程系前身）遴聘教師。當時覺得不妨跟他聯絡，沒想到他知道我的研究內容後，積極跟我打電話，說服我應聘清華。雖然我還在撰寫博士論文，可能得拖到年底才能得到博士學位，他說服清華校方，於 1975 年 4 月底發給我聘書。從這件事可見當時教師聘任制度非常有彈性，不須提供博士畢業證書，似不須經過現今制度化的種種聘任繁瑣程序。

我告訴 Ram 教授得到清華聘書的消息，他尊重我的決定，但認為台灣政治局勢不穩定，勸我可考慮美國的工作。家人得知後，則非常高興我能回國任職。我沒有經過太多考慮，決定應聘

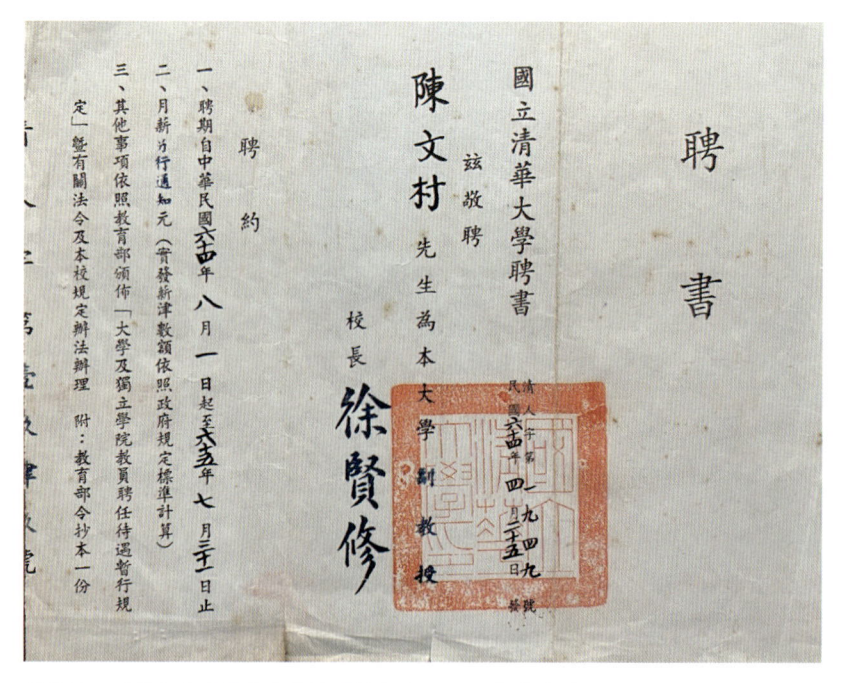

我的第一張清華聘書是徐賢修校長簽署的，1976 年我應聘回國時，他已卸任清華校長，專任國科會主任委員。

清華教職,預計在 1975 學年度下學期報到。

有位朋友得知我應聘清華教職,認為我「反潮流」。當時柏克萊加大博士畢業生確實只有我一位不選擇在美國找工作,學成後即回台就業。人生際遇很難預測,或許我失去在美國較先進的工作環境發揮才能的機會,但回想四十多年前的決定,回台貢獻所學,適逢政府推動技術密集產業,重視資訊、通訊產業,雖然學術環境非常艱困,如今我仍非常慶幸,得以發揮所長,能為台灣學術、產業、社會貢獻綿薄之力。

美東之旅

在回台任教之前,1975 年底,趁聖誕假期,我首次到美國東部。在紐約找清華核工系好友顧浪波,他還在哥倫比亞大學攻讀核工博士學位,很高興見到他的太太馬京蘭。1972 年初顧浪波認識馬京蘭,一見鍾情,不久即訂婚、結婚,家庭美滿。

1975 年在顧浪波紐約家中合照。

他帶我參觀哥倫比亞大學校園、大都會藝術博物館(Metropolitan Museum of Art)、古根漢美術館(The Solomon R. Guggenheim Museum)等景點。

之後,我搭三個多小時 Amtrak 高速列車到美國首都華盛頓,參觀國家藝廊(National Gallery of Art),漫步在國家廣場(National Mall),駐足華盛頓紀念碑、林肯紀念堂。站在林肯紀念堂大廳,當時天色已暗,燈光投射在高聳的林肯坐像,特別莊嚴,我念著銘刻在牆上的蓋茲堡演說,彷彿在他演說的現場。當天晚上我住在一家小旅館,第二天繼續參觀國家廣場的博物館,及到阿靈頓國家公墓,憑弔美國總統約翰·甘迺迪的墓園及其中的永恆火焰紀念碑。再返回紐約後,找了柏克萊加大好友周瑋民,他當時在 Yorktown Heights 的 IBM 華生研究中心(Thomas J. Watson Research Center)工作,結束一星期的美東之旅。

學成歸國

回顧清華與柏克萊加大的求學年代,廣涉知識、文學的殿堂,不斷自我反省,領悟了寬厚包容、積極任事、盡人事聽天命的待

站在林肯紀念堂大廳,燈光投射在高聳的林肯坐像,特別莊嚴。

人處事之道。在清華,我打下專業的基礎,找到自己求學問的自信。在柏克萊加大則找到興趣所在,也拓展了國際視野,不光在學術專業,也對先進國家社會有所了解。在美國求學短短四年半,卻是人生很重要的階段,影響我一生的教學、研究學術生涯。幾次帶家人重遊柏克萊加大,回訪 EECS 系館 Cory Hall、研究生實驗室 Room 536, Evans Hall,及住過的 I-House、Etna House、校園北邊 Spruce Street 的租屋處,總會勾起許多留學的回憶。

我於 1976 年 3 月 5 日下午繳出博士論文後,當晚即搭機返台。我先到東京停留三天,會見柏克萊加大 EECS 系畢業的好友鈴木弘文博士,他獲得博士學位後即回日本,任職於日本電信電話公司(NTT)的東京實驗室。這是我第一次旅遊日本,住在他家,和式榻榻米,窗明几淨,承他的母親熱誠款待。我參觀了他在 NTT 的實驗室,遊覽了 1964 年奧運競技場及東京著名景點。

1976 年 3 月第一次旅遊日本,攝於東京銀座。

龔昭元　攝

第三章

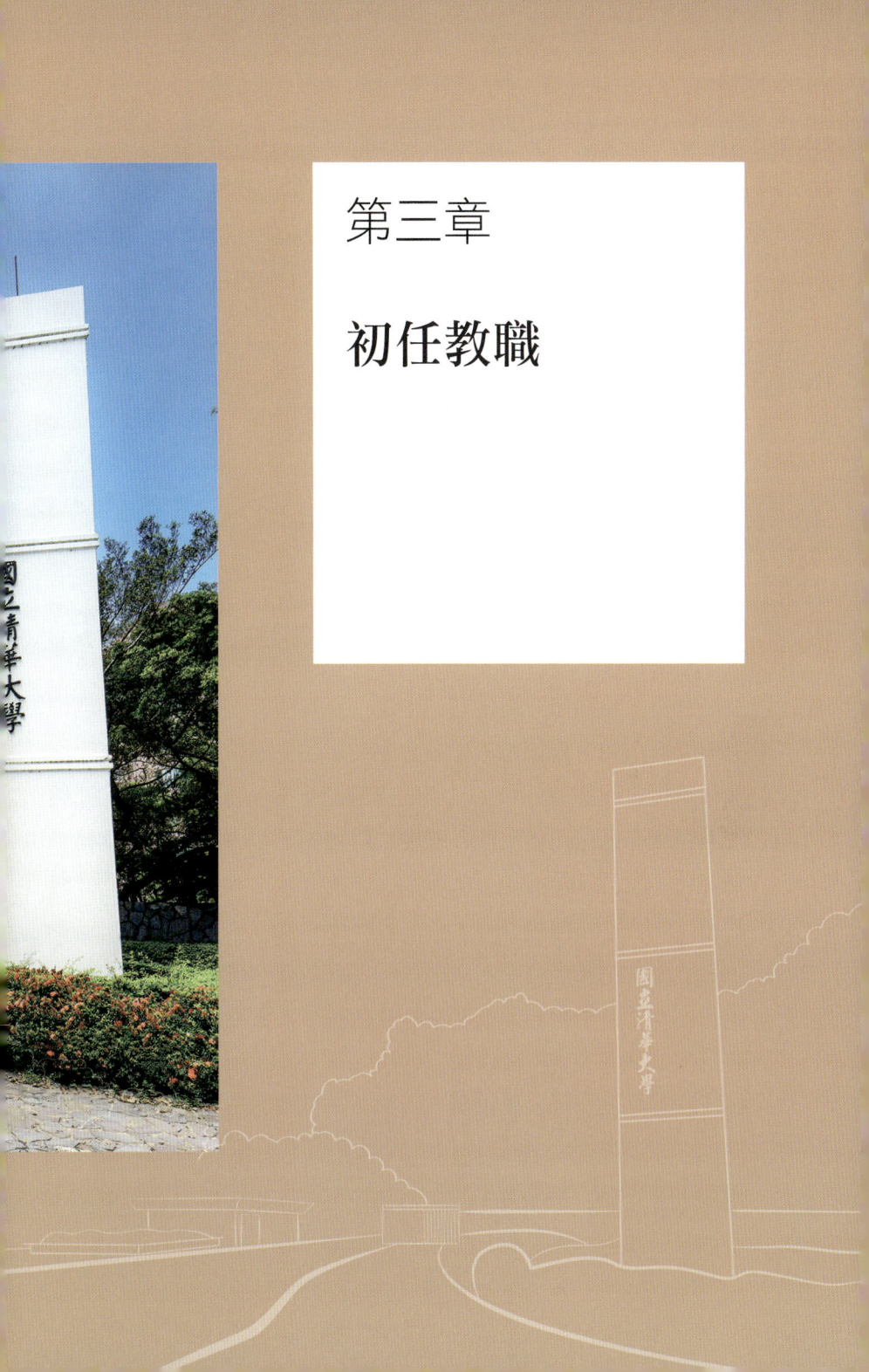

初任教職

我搭機於 1976 年 3 月 10 日抵達台灣，次日帶著行李，沒回中部老家，先到清華應用數學研究所，填了人事資料，辦完報到手續，正式成為國立清華大學教師，職位副教授。我被安頓在教師單身宿舍乙所（現在已拆除，改建為物理館），單身宿舍約十五坪空間，與另一間單身宿舍共用簡單廚房。之後，我回中部老家和家人團聚，因學校已開學，僅停留兩、三天，即回清華授課。

從 1970 年畢業，到我回來任教的近六年當中，清華成立工學院，校園多出幾棟建築，與大學時代相較，除此之外變化不多。此時，清華學生倍增達一千五百多位，教師一百多人，比起柏克萊加大，仍是一很小很小的大學。

李家同所長於 1975 年夏天舉家回台，擔任清華應用數學研究所所長。應數所分為統計、力學、計算機等三組。計算機組只有李家同所長、鄭國揚教授及客座一年的沈運申教授，還聘幾位兼任教授，包括時任中山科學院電算中心主任周誠寬教授。鄭國揚教授專長數值分析，兩年後轉往籌備中的中央研究院資訊科學研究所。當時計算機科學教育人才非常短缺，我與李所長是台灣前五位受過計算機科學博士教育的教授。

李所長應聘來清華，最主要的任務是擴充應數所計算機組，成立理學院計算機科學研究所。當時教育部有一項不成文、也很落伍的規定：大學不能新成立他校已設立的系所，因此清華工學院成立工業化學系、動力機械工程系、電機電力工程系，以避開其他大學通用的化學工程系、機械工程系、電機工程系名稱。1976 年申請成立計算機科學研究所時，李所長與理學院沈君山院長很有創意地避開他校已存在的計算機科學／工程研究所名稱，

取名為：「計算機管理決策研究所」（簡稱：計管所），並拜會當時握有實權的行政院研究發展考核委員會魏鏞主任委員，尋求支持，計管所才得以成立。1977年8月清華成立計管所，應數所李所長轉任首屆計管所所長。

以二人之力支持一所

　　計管所只有我與李所長二人負責計算機科學主要課程，獨撐數年，直到1981年計管所聘到第三位受過計算機科學博士教育的金陽和教授。李所長開設編譯器及資料庫系統課程，我開設計算方法分析（現慣稱：演算法分析）、計算機結構、作業系統、排隊理論及我的專長軟體工程等課程。準備這些課程，是一重新學習機會，獲取新知不亞於在柏克萊加大所學。

　　我在清華開的第一門課是計算方法分析，就記憶所及，應是台灣第一位開設此課程的教授。首次開課，懷著戰戰兢兢的心情準備教材，我將史丹福大學 Donald Knuth 教授的經典之作 *The Art of Computer Programming* 第一、二冊列為參考書，另參酌柏克萊加大 Richard Karp 教授的講義，準備兩學期的教材，以上兩位教授均是圖靈獎大師，我取得非常豐富的教學內容。開此課程，深覺教學相長，收穫非常多，也頗受學生歡迎。

　　為了準備這門課，我有一個多月沒踏出清華校門。所幸清華有一教職員俱樂部，在大禮堂後方的地下室，提供午、晚餐，按月計算伙食費，住在清華校園，不須煩惱吃住問題。在教職員俱樂部可認識不同系所教師，大家也常圍坐在餐桌，聽取資深教授談論科學、教育、校內事務以及國內外時事。

剛回清華時，在成功湖畔留影。

　　作業系統是計算機科學的主要課程，我在柏克萊加大修課時，還沒有好的教科書，教授以期刊論文集當講義，對作業系統沒有全貌，所學不多。所幸回清華後，已有 Madnick & Donovan 的作業系統教科書，得以講授完整的作業系統架構與功能。[1]

　　1970 年代計算機科學學生，包括柏克萊加大、台灣大部分的學生，接觸的計算機大多採用批次（batch）作業系統，較少使用商業用途的 IBM 大型電腦分時共享（time-sharing）的先進作業系統。不過在清華，我指導研究生將一部 General Automation 小型電腦批次作業系統改為分時共享作業系統，讓多位學生可以同時使用這部電腦，引起多家報紙競相報導。

[註1] Stuart E. Madnick and John J. Donovan, *Operating Systems*, McGraw-Hill College, 1974.

第三章　初任教職

在一個偶然機會，我拿到 Unix 作業系統原始碼（source code），在柏克萊加大曾借用統計系的 DEC PDP-10 小型電腦，使用過這很有指標性的作業系統及 C 程式語言，印象深刻，1983 年 Ken Thompson 及 Dennis Ritchie 因設計 Unix 作業系統獲得圖靈獎。我將 trace 原始碼當做瞭解作業系統的練習，讓學生更進一步接近作業系統的設計實作。

李所長看到我的課程很受歡迎，提議開設暑假短期課程，一來為了讓更多學生受惠，二來為計管所招收優秀研究生，我一口答應，義務授課。短期課程免收學費，李所長還為遠道而來的學生安排免費清華宿舍，吸引很多台大、交大學生來上課。

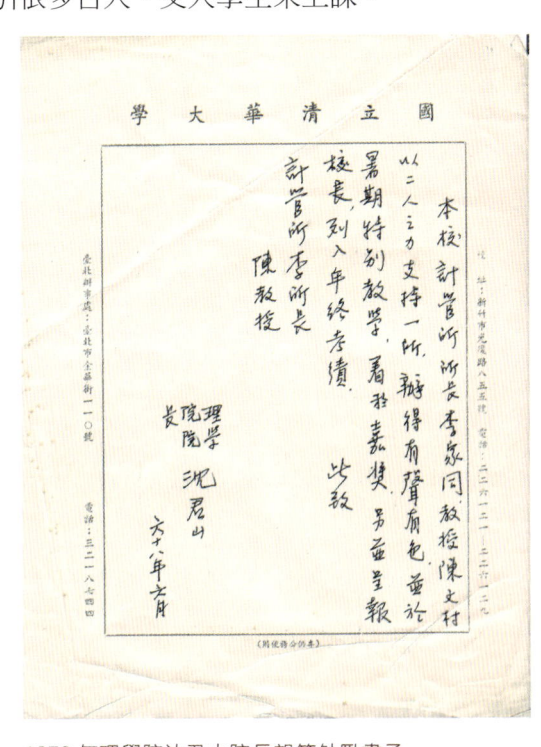

沈君山院長也看到我們兩人將計管所辦得很受歡迎，1979 年 6 月親筆寫了一封信函給我們：「本校計管所所長李家同、教授陳文村以二人之力支持一所，辦得有聲有色，並於暑期特別教學，著於嘉獎。另並呈報校長，列入年終考績。」我們都知道，年終考績對大學教授升等、敘薪沒什麼幫助，但我們還是很欣慰，以此信函見證初任教職的年輕歲月！

1979 年理學院沈君山院長親筆勉勵書函。

早期學術研究環境

　　1975 年台灣人均 GDP 不到 1,000 美元，台灣只有勞力及資本密集產業，沒有技術密集的資通訊產業，也沒有其他高科技產業。1975 年夏天，我回台參加國際計算機會議，拜會剛成立不久的神通電腦公司創辦人苗豐強，他曾就讀柏克萊加大大學部、住過 Etna House。神通電腦是台灣早期的電腦公司之一，當時僅代理 Intel 產品及 Perkin-Elmer 計算機。1976 年 3 月回清華任教，半年後，施振榮成立宏碁電腦公司，以「微處理機的園丁」自許，代理 Zilog 微處理器晶片等產品，推廣微處理機應用。因沒有資訊產業，我也就沒有資訊產學合作，只有資訊應用產業服務，如 1976 年為中船公司研發鋼板切割機控制軟體程式，1978 年為中油公司研發石油探勘資料庫，合作單位無任何資訊公司。

　　1979 年簡明仁與王雪齡夫婦回國創業，成立大眾電腦公司，代理 PRIME 電腦，邀請我與柏克萊加大同學劉振漢（當時已回交大任教）為公司顧問；在公司成立之前，先訪視台塑集團各部門之資訊化需求，我們因此在台塑集團總部見了王永慶董事長。就在王董事長支持下，大眾電腦靠台塑集團的資訊化業務，站穩了腳步，之後一度成為生產主機板的龍頭公司之一。我從沒有離開學術界、踏入產業界的想法，1981 年夏天我結束在大眾電腦的顧問工作。

　　任教初期，大學裡計算機科學領域的教師極為缺乏，無學術研究可言，我與李所長可說是在做拓荒的工作。我主要延續柏克萊加大博士論文軟體工程之研究，除了軟體測試數據自動產生法已發表在 IEEE 軟體工程期刊外，我將博士論文的軟體靜態驗證、

動態驗證部分延伸，指導三位碩士研究生陸續寫成論文，發表在國際會議上。除此之外，同時指導碩士研究生做了作業系統及資料庫相關的研究。1979 年 8 月，任教滿三年，我從副教授升等為教授，年紀剛滿三十一歲。

回國以前，李所長預計一年可聘四位、兩年共八位計算機科學教授。當時台灣沒有計算機科學博士畢業生，也很難聘任國外培育的計算機科學教師，事實是我們兩人獨撐計管所五年。另外計管所每年招收的研究生人數受教育部管制，回國後的五年內，我只指導九位碩士研究生畢業。當時的學術研究環境很不理想，研究經費十分有限。

Ram 教授一直很關心我在台灣的狀況，他認為我應很容易在美國找到教職，可以有較好的學術環境。1977 年 11 月我赴美參加國際會議，Ram 教授介紹我認識賓漢頓紐約州立大學（State University of New York, Binghamton）電機工程系蘇姓主任，1978 年他給我助理教授聘書。Ram 教授總是為我著想，認為蘇主任應先邀請我到賓漢頓紐約州立大學認識環境，再決定是否應聘。1978 年 11 月我再度赴美，在參加國際會議之前，拜訪該校電機系。事後，我得知一位剛畢業的印度裔柏克萊加大學弟也收到助理教授聘書，薪資卻比我高。在國際會議中，我當面詢問蘇主任，他表示印度裔學弟的英文比我好，所以有較高的薪資，我當場表示不能接受資歷較深卻薪資較低。回台後，已在賓漢頓紐約州立大學電機系任教的好友金光會教授打越洋電話來，詢問我的意向，我告知決定不應聘。

台大資訊工程系於 1977 年成立，當時整個系沒有計算機科學博士背景的教師。1978 年初台大資訊工程系李學養系主任邀

我餐敘，他希望我考慮應聘台大資工系。當時台大資工系先設大學部、沒設研究所，不能招收研究生，轉到台大資工系任教，並不能改善我的研究環境。而且在與李所長兩人獨撐計管所的情況下，如我應聘台大資工系，計管所只剩李所長為計算機科學專長，道義上說不過去。我沒答應李主任的邀請，只答應到台大資工系兼課，開設兩學期的計算方法分析課程。

1978 年 9 月，我為台大資工系的第一屆大學生在大學二年級開設計算方法分析，同時開放給電機工程系三年級學生選修，每個星期六下午前往台北上課三小時，共約一百位學生擠滿一間大教室。有幾位當年修課的學生後來有很好的發展，如許有進（曾任科技部次長）、顏嗣鈞（曾任台大電機系主任）、胡瑞柔（叡揚資訊創辦人）、雷欽隆（台大電機系教授）、陳健輝（台大資工系特聘教授）等人。

這段期間，有一件令我難忘的事。1978 年 12 月某一個星期六，在搭計程車往台大的路上，我聽到廣播台美斷交的消息。當天學生沒有缺課，上完課後，只見台大校門口聚集很多學生，抗議活動蓄勢待發。隨後政府宣布停止辦理中的增額立法委員、國大代表選舉……。

擔任資策會技術諮詢委員

為了推展台灣的資訊科技，在時任行政院政務委員李國鼎先生奔走下，於 1979 年 7 月，由經濟部及民間企業共同成立「資訊工業策進會」（簡稱：資策會）。資策會成立後，即由清華計管所李家同所長組成「技術諮詢委員會」，我被聘為委員，由資

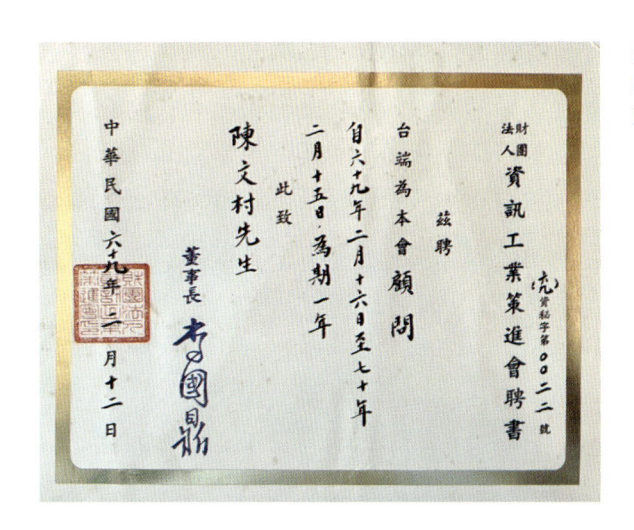

資策會首任董事長李國鼎政委給我的顧問聘書。

策會首任董事長李國鼎政委,以顧問名義給我聘書。

我因軟體工程專長,持續擔任資策會技術諮詢工作近 17 年（1979 年 8 月～1996 年 6 月）,早期協助資策會軟體工程技術研發,及推廣軟體測試等軟體工程觀念至軟體業者,後來擔任資策會內部資通訊技術諮詢工作,以及對外主持長達五年的資訊工業技術推廣研討會（1987 年～1991 年）,每個月聘請專家學者介紹最新的資訊技術發展,以推廣到產業界與社會人士。

1989 年主持資訊工業技術推廣研討會。

資策會果芸執行長特別器重我,他出身軍旅,曾任陸軍後勤司令部副司令、國防管理學院院長、國防部駐美軍事採購團團長等職,1989 年晉升為二級上將,從 1981 年起兩度擔任執行長共達 12 年。記得我在資策會開設軟體工程短期課程,他常抽空來旁聽。之後我到美國參加學術會議、受邀到澳洲演講,他都不忘交代我為資策會收集資訊工業相關資料。

踏入計算機網路研究

大約在 1979 年我開始留意網際網路(Internet)的進展。網際網路源於 1960 年代美國國防部高等研究計劃署(ARPA,後改為 DARPA)的 ARPANET 網路。1974 年 Vinton Cerf 及 Robert Kahn 提出 TCP/IP,成為網網相連(internetworking)的網際網路通訊協定(Internet protocol)標準,影響深遠,兩位於 2004 年獲頒圖靈獎。我在柏克萊加大念書時,EECS 系沒有開設計算機網路課程,1970 年代,僅少數幾所美國大學連結 ARPANET,互傳資料檔案及電子郵件。1976 年回清華任教時,全台沒有網際網路,大學也沒開設計算機網路課程。

時任 Google 副總裁 Vinton Cerf 於 2007 年訪問清華。

第三章　初任教職

美國國家科學基金會（National Science Foundation, NSF）在1981年建設計算機科學網路（CSNET），讓更多大學、研究機構連結上 ARPANET，繼而在1986年進一步擴建為 NSFNET，連結全美各地的超級電腦，網際網路才逐漸普及學術研究機構。1988年起擴展到歐洲、澳洲、紐西蘭、日本等國，台灣也在這個時候引進網際網路。1987年，我的第一封電子郵件倒是用 IBM 提供的 BITNET（Because It's Time Network）發出，之後才轉用大學校園逐漸普及的網際網路。

1980年我獲得國科會兩年期的計算機網路研究計畫。當年9月我拿到剛出爐的 Ethernet Blue Book，即 DIX Standard，這是由 DEC、Intel、Xerox 三家公司制定的乙太區域網路（Ethernet Local Area Network）標準，可將電腦主機、個人電腦（Apple II PC 正流行）、磁碟機、印表機等當時非常昂貴的設備連結、共享。我當下即有利用乙太網路連結計管所數部小型計算機（minicomputers）、儲存設備，以共享資源的構想。

升上教授職位後，我申請到國科會一年期國外進修補助，但因國科會的計算機網路研究計畫待密集執行，我縮短為半年。1980年10月底，我前往柏克萊加大當訪問學者，以了解 Ram 教授研究團隊在軟體工程方面的最新研究進展。

在訪問期間，資策會請我就近訪視美國公司、大學、政府機構，蒐集最新軟體工程技術。當時資策會正進行軟體工程工具研發及推廣軟體工程技術，指派楊健樵博士跟我在美國會合，一起到加州矽谷、華盛頓、波士頓等地區考察三星期。楊健樵博士原任職於交通部電信研究所（現今中華電信研究所），我曾推薦他到美國西北大學（Northwestern University）攻讀博士學位，專長

軟體工程。當時楊博士剛由電信研究所轉職資策會,不久,他轉往台灣科技大學電子工程系任教。在柏克萊加大訪問時,我開始規劃資源共享計算機區域網路之研究開發。

Ram 教授仍非常關心我的生涯規劃,他認為台灣政治局勢不穩定,而且台灣的工作環境較美國落後,他安排我到伊利諾州 Naperville 的貝爾實驗室,尋求進修或工作的機會。當時 Naperville 的貝爾實驗室是發展大型電信電子交換機的主要研究基地,有一很大的部門開發軟體工程技術,以提升電子交換機軟體的可靠度。

我結束半年訪問回台後,1981 年 10 月中收到 Naperville 貝爾實驗室數位交換軟體研究室(Digital Switching Software Laboratory)的聘書,並幫我申請 H-1 工作簽證。可在美國頂尖實驗室工作是一難得的機會,我向清華請假,留職停薪一年,計管所李所長也同意我這安排。

1981 年從乙所單身宿舍搬至較寬敞的自強樓單人套房。

1982 年 3 月我接到美國在台協會（AIT）電報，通知 H-1 工作簽證已通過，要我到 AIT 領取。5 月中我到 AIT，當時辦理美國簽證非常擾人，排隊六、七個小時後，移民官只問我幾句話，知道我一年多前以 J-1 簽證赴美進修，回台不足兩年，判定我不能到美國工作，取消我的 H-1 工作簽證。事後才知 AIT 面試人員常常輕率自作主張，當時如有有力人士「關說」，應不難拿到簽證。貝爾實驗室律師知道我沒拿到簽證，很熱心連絡美國移民單位，甚至建議可給我 J-1 簽證，不受回台兩年限制。經此「折磨」，感到不受尊重，我已無意到美國工作，此後婉拒 Ram 教授多次建議到美國工作的機會。

設計台灣第一部計算機區域網路

事實上，我在計算機網路之研究已有進展，1981 年秋季我在計管所首先開設計算機網路課程，另指導兩位研究生蔡仲文（現任幸賀公司資深副總經理）、魏宗源（燈塔科技創辦人）研發資源共享計算機區域網路，1982 年發表於知名的 IEEE 國際分散式計算系統會議（ICDCS）。

1982 年，適值 Intel、3Com（由乙太網路發明人 Robert Metcalfe 創辦）兩公司開發出乙太網路介面卡，我向計管所李所長提出建構計算機區域網路的想法：利用乙太網路，將計管所三部小型計算機 PDP-11/70、PDP-11/34、PRIME 250 連結，共用昂貴的磁碟機、印表機及數部終端機。李所長大力支持，將當年度研究所全部設備經費 250 萬元投入此計畫，才得以購買當時非常昂貴的乙太網路介面卡（Intel 製為 2,000 美元、3Com 製為 1,000

美元）、微處理器開發板（Intel 製為 2,500 美元）及其他設備，當時實在是一筆很大的經費。

這個計畫設計網路服務器、檔案共享服務器等主要軟體，當時在台灣是一個非常前瞻、創新的計畫，尤其在沒有資通訊產業支援的時空下，全憑在我指導下的研究生創意，克服軟、硬體整合的諸多問題，是極具挑戰性的計畫。參與的研究生後來都有很優異的成就，包括黃能富（曾任清華電機資訊學院院長）、許健平（現任清華講座教授）、蘇泓萌（現任晶心科技總經理）、魯立忠（現任台積電副總經理）、陳昭陽（現任旺天電子總經理）、鄭王駿（現任實踐大學教授）。1983 年網路順利運作，是台灣第一部計算機區域網路，電腦主機、個人電腦可共享當時昂貴的印表機、儲存設備等資源，節省不少公帑。

與學生黃能富（右）討論設計資源共享計算機區域網路。

第三章　初任教職

　　當時計算機區域網路主要有三個標準，除了乙太網路（Ethernet, IEEE 802.3）外，為美國通用汽車（General Motors）大力支持的權杖匯流排（Token Bus, IEEE 802.4），適合於工業應用，以及 IBM 推出的權杖環（Token Ring, IEEE 802.5），適合於辦公室應用。但只有 1973 年 Robert Metcalfe 發明的乙太網路，五十多年來屹立不搖，被廣泛使用，其他兩個區域網路標準，推出不久即被淘汰，Metcalfe 因發明乙太網路獲頒 2022 年圖靈獎。

　　起初乙太網路的傳輸媒介為同軸電纜，後來推展到雙絞線、光纖、無線（WiFi）、電力線；傳輸速度從 10 Mbps，迄今可達 400 Gbps，甚至發展中的 800 Gbps、1.6 Tbps。乙太網路不僅使用於區域網路，也使用於雲端資料中心及廣域網路，如校園網路。

　　1982 年我到美國參加國際會議，順道拜訪位於美國加州 Santa Clara 的 3Com 公司總部，由創辦人 Metcalfe 親自接待。當時 3Com 是 100 人左右的新創公司，後成長為年營業額達十多億美元的公司，在 2010 年被 HP 收購。

　　1980 年代中後期，台灣數家網路公司成立，包括友訊、瑞昱、智邦，台灣漸漸在乙太網路卡製造、晶片設計佔有一席之地。其中智邦科技由工研院電子工業研究所資通訊研發部門的一群工程師出來創業，曾有多位智邦工程師來旁聽我在清華開設的計算機網路課程，在進行資源共享計算機區域網路計畫時，他們來跟我的網路研究團隊討論，密切注意計畫的進展。智邦科技現在是資料中心高速網路主要供應商；瑞昱半導體主要開發乙太網路、WiFi 等晶片，為 2023 年全球營收排名台灣第三、世界第八的 IC 設計公司；友訊科技自創網路產品品牌 D-Link，曾風光一時。

擔任計管所所長

1983 年 6 月下旬理學院劉兆玄院長召集全體計管所教授（事實上只有五位），宣布接受李家同所長辭職，並指派我 8 月起擔任計算機管理決策研究所所長，象徵性徵求所有教授同意。李家同所長調任電機工程系主任，一年後，出任工學院院長。

當時計管所五位教授中，僅有三位為計算機科學博士。國內沒有計算機科學博士畢業生，我花了很多心力聘請國外訓練的人才，每逢出國參加國際會議，一定抽空拜訪國外大學校園，招攬人才。曾有一位應聘的計算機科學博士生很勤於寫信，從美國寄來許多資料，也問了很多問題，我一一回答，前後寫了二、三十封信，終於盼到他來計管所就任。有次跟理學院沈君山院長提起這件事，他調侃我說：「像寫情書一樣」。迄 1988 年卸下所長職務，五年內總共聘請十位教師。

學研合作、籌措教研經費

1980 年代學術資源也非常匱乏，計管所的主要計算資源為三部小型計算機，除了上百萬元的維修費，為了添購設備，還得另外找經費，記得當年一部 256 MB 的儲存磁帶機，即要價 250 萬元！所幸當時國防部中山科學院推行國防自主，我承接委託的「自強一號」大型研發計畫，由中科院提供充裕的研究經費，加上從工研院及產業界所爭取到的經費，可提供所有計管所師生研究費及增添設備所需費用。

1983 年 8 月，中山科學研究院與清華合作，成立「自強科學

研究中心」，委託清華進行國防科技相關研究，其計畫總金額僅次於國科會所委託的研究計畫，大幅提升了清華的研究資源及研究水準。時任理學院劉兆玄院長推薦由我主持中山科學院的委託案自強一號大型研發計畫，從 1984 年 7 月開始，前後四年，總經費高達 3,000 萬元。

此研發計畫在當時剛推出的 IBM PC 上，利用新穎資訊科技，開發一項戰場火力配置系統，此計畫由我研究團隊的博士生劉龍龍與邱光輝規劃，他們在資訊工業策進會已有多年開發軟體經驗；此系統大幅縮短戰場火力配置時間，可協助取得戰場先機。國防部連續幾年在資策會承辦的「資訊月」展出此系統，我也因為此項研發計畫於 1987 年獲郝柏村參謀總長親頒「國防科技成效獎」。

1976 年工業技術研究院引進美國 RCA 半導體製造、晶片設計、封裝測試等技術，落後當時先進技術幾個世代。政府注意到台灣面臨晶片設計人才短缺問題，經濟部透過工研院補助台大、交大、清華等大學的研發計畫，加強培育晶片設計人才。台大、交大兩校提出晶片電子設計自動化（EDA）工具研發計畫，我與工學院李家同院長則認為大學應先學習如何設計晶片，再談發展輔助晶片設計自動化的 EDA 工具。因此 1985 年我向當時工研院電子工業研究所章青駒所長，提出影像多處理器的晶片設計計畫。

此計畫包括設計平行處理器晶片及單指令多資料流（SIMD）平行處理系統，晶片設計利用台灣當時最先進的晶片製造（2 micron）、封裝（84 pin）技術，一顆晶片含四個處理單元（PE）。1988 年成功設計出平行處理器晶片及平行處理系統，包括 64 顆

平行處理器晶片（256 PEs）的積體平行處理單元 IPU（Integrated Processing Unit）及 SIMD 指令編譯器軟體，這顆平行處理器晶片由 1987 年剛成立的台灣積體電路製造公司製造（TSMC 編號為 NTHU-IPU-001, 8816）。現在猶記得當時將剛出爐的晶片嵌入平行處理系統電路板，整個系統即順利運作，全體研發團隊興奮、歡慶的情形。

平行處理器晶片佈局照片，工研院電子工業研究所（ERSO）協助委託台積電製造晶片。

1988 年開發完成台灣第一個平行處理系統，照片為 64 顆平行處理器晶片（256 PEs）的積體平行處理單元 IPU。

這可能是當時我國大學中設計出來最多電晶體的超大型積體電路（VLSI）晶片，參與研發者包括我與李院長的研究生，持續在學界、業界做出貢獻，如王家祥（1986 年受聘為清華計管所副教授）、劉嘉政（曾任逢甲大學教授）、洪西進（現任台科大講座教授）、楊昌彪（現任中山大學教授）、黃瑞榮（唯峰科技創辦人）等人。因設計此平行處理系統，我與王家祥教授獲頒 1989 年中山學術文化基金會「技術發明獎」。

因學研合作成效十分突顯，計管所吸引許多外賓前來參觀，印象較深刻的是：超過二十顆將星的國防部參訪團，聚集在狹窄的實驗室，參觀與中山科學院合作的戰場火力配置系統成果。此外，當時俞國華行政院長、李國鼎政務委員也相繼來參訪。

1987 年接待俞國華行政院長（左一）來訪，理學院沈君山院長（左二）作陪。

李政委非常重視資訊、半導體產業，1987 年 7 月特地參訪計管所，我用手繪的圖表，簡報計管所研發成果，以及招生情形：報考碩士生超過 800 人，錄取 40 名，錄取率低於 5%。多年後，

1987 年接待李國鼎政委（左二）來訪，毛高文校長（右一）、工學院李家同院長（右四）作陪。

李國鼎政委來訪，我用手繪的圖表，簡報計管所研發成果及招生情形。

我在從美國舊金山回台班機上巧遇李政委（時任資政），提及1987年參觀計管所的事，他仍然記憶非常清楚，對清華資訊、半導體教育印象非常深刻。

在所長任內，最大一筆採購案為購買一部擁有最先進作業系統的 DEC VAX-8550 計算機，預算為 1,800 萬元，當時是一筆很大的經費。我花了一年時間，從教育部及校方專案籌措 1,200 萬元。這得感謝當時毛高文校長大力支持，不僅由校方專案資助，還特地到教育部為計管所爭取額外經費。猶記得 1986 年某一天傍晚，我在自強樓單身宿舍，接到毛校長的電話，他特別告訴我教育部答應額外專案補助的好消息。

毛校長對清華有很大的貢獻，成立台灣第一個人文社會學院，將清華從理工大學轉型為人文社會並重的大學。在他任內，爭取許多大樓的興建，包括材料科學館、物理館、數學館、化學館、圖書館（綜二館）、人文社會學院大樓等等，校園大為改觀；他首創全國大學一級單位的「研究發展處」，重視學術研究、產學合作；首創大學「長期發展委員會」，並訂定清華第一個五年校務發展計畫。

1986 年初，我得知國科會工程處補助台大、交大各 600 萬元晶片設計專案設備經費，我即刻撰寫計畫書爭取。工程處本應在期限內審查，以決定補助與否，卻擱置半年，幾經委曲求全，不得已請當時國科會劉兆玄副主委出面，才獲安排審查，結果打折補助，金額僅 450 萬元，我也得罪了工程處學門召集人、承辦人，之後為我個人添了一些麻煩。交大、台大人多勢眾，清華計管所初創、規模小，爭取外界資源，備極艱辛。我整整花了兩年，才籌足採購 VAX-8550 計算機所需經費 1,800 萬元。

建立博士學程制度

1983 年接任所長時,計管所博士班剛成立,我在一年內建立博士學程制度,諸如博士生資格檢定考試、博士論文研究計畫、博士論文口試等制度。有了博士班,計管所研發能量大幅提升。由於清華提供教師、學生宿舍,幾乎所有師生住校,晚上研究室燈火通明,師生常安排在晚餐後討論研究進度,也曾聽過李家同教授清晨打電話到實驗室找研究生的許多逸事,可見當時計管所師生投入研究工作的熱忱。

1986 年我續任計管所所長,教師陣容已有一定的規模,研究漸上軌道。第一屆八位博士生陸續畢業,都找到很好的工作:六位擔任教職(兩位清大、一位台大、一位中央、兩位交大),兩位回資訊工業策進會擔任主管要職。計管所師生有很好的研究產出,在頂尖國際會議 / 期刊論文發表數顯著成長。根據 1993 年統計資料,國科會資訊學門傑出研究獎得主共有八位,其中五位為計管所教授(另交大一位、中正一位、中研院一位),計管所研究表現甚受肯定。

1986 年計管所越野賽跑後合影。

受聘為 IEEE 計算機學會傑出巡迴講座

　　由於我回國數年來軟體工程的研究成果，及協助資策會開發軟體工程工具、推廣產業界軟體工程的應用，我獲經濟部頒予第一屆「傑出資訊人才獎」，在 1984 年 12 月舉行的資訊月接受表揚。1980 年開始從事計算機網路研究，我最後一位軟體工程研究生於 1982 年畢業，我的研究主題轉向計算機網路。1983 年開發出台灣第一部區域計算機網路，1984 年我被 IEEE 計算機學會（Computer Society）聘為「傑出巡迴講座」（Distinguished Visitor），到國外主講「區域計算機網路」。

　　1984 年 6 月我受邀到澳洲墨爾本參加國家辦公室自動化會議，主講「資源共享區域計算機網路」；這是我第一次到澳洲，很羨慕墨爾本到處是林木、綠地，被稱為「公園城市」。當時澳洲人口與台灣相當，國家 60% 收入靠天然資源，台灣人工作十分，澳洲人只要工作四分，國民有很多運動、悠閒生活的時間；相對來說，台灣還是開發中國家，基礎建設、生活水準尚待提升。

　　1985 年 11 月，應 IEEE 計算機學會印度分會之邀，我以 IEEE 計算機學會傑出巡迴講座身分，訪問印度新德里、馬德拉斯（Madras，現改名清奈）、蒂魯吉拉帕利（Tiruchirappalli，簡稱 Trichy）。記得在曼谷轉機，清晨一點到達印度，機場海關檢查時，海關人員在我行李箱翻查了約半小時，事後接機者告訴我，可能我須懂得海關人員的暗示，就不會受刁難。當時印度還非常貧窮，印度人均 GDP 僅 278 美元，首都新德里大街上車輛不多，行人、腳踏車居多，偶見到牛隻漫步其中。

IEEE 計算機學會印度分會在新德里舉辦區域計算機網路研討會，由我做大會主講人，主講「區域網路之設計」，參加者約三百多人，討論非常熱烈，與會者大多第一次聽到乙太區域網路。會中有一電腦公司主管表示想代理台灣資訊產品，邀請我當聯絡人，幫忙介紹台灣資訊公司，他會給我分紅（commission）。然而，這不是我的專長，回台後，未予以理會。

　　下一站到馬德拉斯印度理工學院演講，適巧當地下大雨，飛機停航，在 IEEE 計算機學會印度分會人員的協助下，費了很大的功夫，改為次日清晨的航班。一早五點多抵達馬德拉斯機場，卻不見接機人員。印度行前，我的柏克萊加大印度裔學弟 Krisna Rao 給我他妻舅家電話，要我有事可跟他聯絡，冥冥之中此電話竟派上用場。由於學弟妻舅的協助，才得以順利出席馬德拉斯印度理工學院的演講會。

　　再下一站到蒂魯吉拉帕利的一所技術學院演講，住在英式的招待所（Guest House），供應早、晚餐。從機場到招待所，沿途看到的是我小時候很熟悉的農田、農人與牛車熙攘往來的農村景象。除了演講，學校招待人員陪我參觀幾間寺廟，須先脫鞋、再入廟參拜。在招待所住了兩晚，臨走時，服務人員要我送他紀念品，他說身上的鋼筆也可以，我給了 10 印度盧比的小費，他非常高興地接受。

　　回到新德里，塔塔鋼鐵公司（Tata Steel）邀請我參觀該公司的資訊部門，他們使用的是英國製造的 ICL 電腦，事後才知，當時印度禁止進口 IBM 電腦設備。塔塔鋼鐵屬於塔塔集團，相關企業塔塔資訊服務公司（Tata Consultancy Services）成立於 1968 年，現在是印度最大的資訊科技公司。

第三章　初任教職

1985年參加泰姬瑪哈陵（Taj Mahal）一日遊，讚嘆陵墓的白色大理石大門、庭院和清真寺精美壯麗。

　　回台前，我參加泰姬瑪哈陵（Taj Mahal）一日遊，讚嘆陵墓的白色大理石大門、庭院和清真寺精美壯麗，但沿途也看到悠閒的農人、漫步的牛隻，聽到小孩叫賣的吆喝聲。印度是一個非常落後、貧窮的國家。

　　離開印度當天晚上，塔塔鋼鐵接待人員帶著太太，及約十五歲的兒子，打了領帶、非常有禮貌，還有他妹妹、妹夫，設宴歡送我。宴席中，他的夫人很認真拜託我帶她兒子到台灣求學。在他們的眼中，台灣是一很進步的國家，事實上，當時台灣仍是開發中國家，無論教育、學術、產業，仍有很大進步空間。

父親安享晚年與我結婚成家

母親於 1969 年過世，家裡頓失「一家之主」，父親當時已六十多歲，大哥、二哥及兩位嫂嫂非常孝順，兩家輪流照顧他，父親不愁吃穿。父親雖受到尊重，但不似母親可主導家事、農事。

回台任教後，每隔一、兩個月我會回老家探視父親，我總是塞個三、五千元給他當零用錢。出國留學前，我們父子很少對話，回國後，有時他會主動跟我談及過去的事，如他三十幾歲時，曾在旁觀日治時期農民運動時，無辜被日本警察抓到警所灌水拷問；還有，總有一些親朋好友、媒人要介紹對象給我，他很關心我的婚事。父親雖話不多，但我可感受到他如母親溫柔的心，以及看到兒子成材的喜悅。

大哥、二哥分家時，保留了三分多（約一千坪）農地讓我繼承，仍登記在父親名下。大約在 1982 年，有次回家，大哥、二哥提及父親年事已高，要我考慮如何處理這些農地。事實上，我在心中盤算已久，我一直在外求學，對家裡的貢獻不多，家裡一甲多田產，多是父母、兄姊、侄兒們辛苦得來的。我能出國留學，是因為家裡為我背債、籌一

計管所所長任內到墾丁旅遊，與父親合照。

筆可觀的留國費用,而且我已有一份教職,當時我即告訴父親、大哥、二哥,我放棄農地繼承權。

在 2001 年第五屆國家講座主持人人物側寫〈陳文村教授—台灣資訊科技的拓荒者〉一文,於訪問我的學生後所寫的報導:

「最讓學生津津樂道的是陳教授與他的夫人的一段羅曼史。民國七十五年,他在資訊科學研究所所長任內,有一次因一個大型專案計畫登報公開徵求助理,結果他親自一個個面試。秘書笑說他徵助理像選太太一樣,沒想到不到一年,這位他親自徵選的助理果真成為他的夫人。這件事跌破許多人的眼鏡,當時他的直屬長官李家同教授還帶了一票學生對他進行公開審判,要他從實招來,如何能秘密地進行一樁轟動清大校園的戀情。」

1987 年我與惠晴於大肚家鄉結婚,在台北福華飯店宴請親友。

當時計管所尚未更名,我是計算機管理決策研究所所長,李家同教授擔任工學院院長,已不是我的直屬長官。上述報導稍顯誇張,我與妻子蔡惠晴交往約七個月,因有很多研究生追求她,暗暗跟蹤,驚訝發現我們正交往,終於傳到李院長耳中。我不得

不趕緊公開,請計管所黃興燦教授邀請全體計管所教授在百齡堂晚餐,我當場宣布即將與惠晴訂婚,並擇定結婚日期1987年7月6日。黃興燦教授是我回台任教指導的第一屆碩士研究生,獲得美國馬利蘭大學計算機科學博士後,回計管所任教,後來轉任中央大學資訊電機學院院長、副校長。

父親於1987年初小中風,左邊手腳較遲緩,但不礙行動,他很高興盼到他的么兒成家立業。7月我與惠晴結婚,惠晴懷孕後不久,父親下半年身體開始惡化,在1988年農曆年正月初二過世。父親辛苦勞碌一生,晚年無憂無慮,安享終年。我最大的遺憾是母親早逝,不能看到我成家立業……

學術研究受肯定

1983年計管所成立博士班,第一屆招收八位博士研究生,其中四位加入我的研究團隊:劉龍龍、邱光輝是我剛回國後收的碩士畢業生,畢業後原已任職於資訊工業策進會,卻辭掉工作,回計管所全心攻讀博士班;黃能富、許健平為應屆碩士畢業生,繼續攻讀博士學位。有了博士生,可做更深入、長遠的研究。此後研究團隊陸續加入新成員,研究主題為計算機網路,及其相關的平行處理、分散式處理。

新增博士生的研究團隊可謂如虎添翼,經過四年的實驗室經營,已有多篇論文於頂尖國際會議及頂尖國際期刊發表。1987年9月我到西德西柏林參加IEEE國際分散式計算系統(ICDCS)會議,此會議論文接受率低於20%,是頂尖分散式處理國際會議。我順道安排與惠晴的蜜月旅行,遊覽荷蘭阿姆斯特丹、鹿特丹、

以及比利時布魯塞爾、西德法蘭克福,最後到達西柏林。當時東德、西德分治,柏林圍牆屹立,劃分東柏林、西柏林,是冷戰之象徵。大會安排遊湖、湖畔餐會,另安排一天到東柏林旅遊。遊覽車由查理關口(Checkpoint Charlie)進入東柏林時,關口衛兵檢查每位乘客護照,全車乘客只有我與惠晴被擋下來,因台灣與東德無邦交,須臨時照相存證,兩人共繳交50馬克才放行。全團因此耽誤了二十分鐘,車上乘客面面相覷,我們親身經歷台灣在國際外交之困境。

1986年國科會設立「傑出研究獎」,獎勵研究成果優異之科學技術人才,1987年增設「優等研究獎」(此獎在1996年廢止)。迄1990年我已指導六位博士生畢業,發表質量並重、有影響力的頂尖國際會議及頂尖國際期刊論文,從1987年我連續三年得到國科會優等研究獎,1990年第一次獲得國科會傑出研究獎。得

1987年9月參加ICDCS國際會議,在晚宴中與Ram教授(右)及劉銘燦(Mike Liu)教授(ICDCS籌劃委員會主席)同桌。

到一次傑出研究獎,可獲兩年獎勵,通常可三次獲傑出研究獎。回國任教的前 14 年,很欣慰我的學術研究受到學界肯定。之後我再連續二次得國科會傑出研究獎,總共獲得六年獎勵（1990 年～1995 年）。

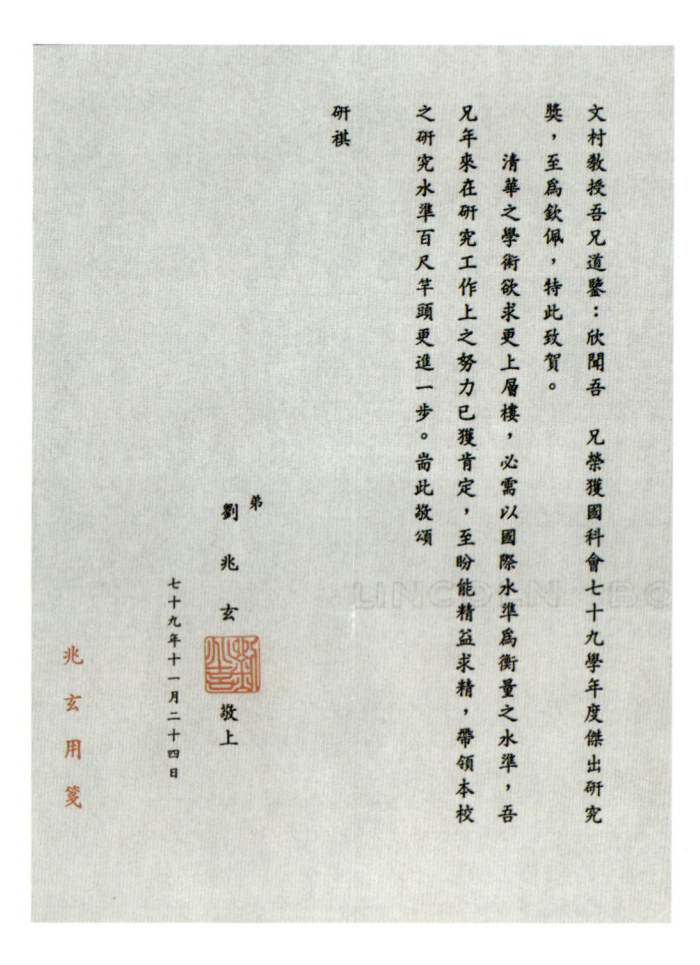

> 文村教授吾兄道鑒：欣聞吾兄榮獲國科會七十九學年度傑出研究獎,至為欽佩,特此致賀。
>
> 清華之學術欲求更上層樓,必需以國際水準為衡量之水準,吾兄年來在研究工作上之努力已獲肯定,至盼能精益求精,帶領本校之研究水準百尺竿頭更進一步。尚此敬頌
>
> 研祺
>
> 弟 劉兆玄 敬上
> 七十九年十一月二十四日

劉兆玄校長恭賀我 1990 年第一次獲得國科會傑出研究獎。清華非常重視教師之學術成就,每次獲國科會獎項,都會收到校長之祝賀書函。

擔任中研院資訊所 JISE 期刊編輯與總編輯

中央研究院院士、美國佛羅里達大學教授竇祖烈經多年籌備，於 1982 年正式成立中研院資訊科學研究所，並擔任首任所長。但他長年不在國內，1985 年由當時中研院吳大猷院長兼資訊所代理所長，並聘請清華工學院李家同院長代理所務。

中研院資訊所發行一英文學術期刊 *Journal of Information Science and Engineering*（JISE），於 1985 年元月創刊，因稿源不足，每年僅能出版一至二期，每期刊登三至七篇論文不等。李家同院長於 1987 年 8 月改組 JISE 期刊編輯群，聘台大電機工程系李琳山教授擔任總編輯，我被聘為編輯。

記得當時共有八位編輯，頭一年大約每兩個月在中研院資訊所召開編輯會議，討論期刊定位、如何廣為邀稿、編輯職責、審稿程序、論文接受標準、如何國際化等等編輯事務。編輯室改組後，1988 年 8 月出版一期 JISE 期刊，因稿源充足，1989 年起，固定每年一月、四月、七月、九月出刊，JISE 成為每季發行的期刊。JISE 不僅成為國內學者發表論文的園地，也吸引國外學者投稿發表研究成果，JISE 獲得國科會「學術研究甲等期刊獎」。

1996 年我代表中研院資訊所接受國科會劉兆玄主委頒予 JISE 學術研究傑出期刊獎。

1991 年至 1997 年間，李琳山教授擔任中研院資訊所所長，1994 年 8 月我被推舉接續李所長擔任總編輯，任期三年。JISE 於 1996 年，我擔任總編輯期間，首次獲得國科會「學術研究傑出期刊獎」，每年獎勵 160 萬元經費。由於 JISE 審查嚴謹，被國際機構 Institute for Scientific Information 認可，現已成為 Science Citation Index（SCI）Expanded 期刊。

辭任計管所所長

回想起 1970、1980 年代的資訊教育環境，雖教育人才短缺、學術資源匱乏，但我們沒有怨言，有的是做好教學、研究工作的熱忱。計管所在我任內，快速擴充，達 14 位教師的規模，已有良好基礎，唯 1988 年初我已感受到計管所成長的陣痛。當時大學制度、規章尚待建立，有教授要求訂定聘任、升等教師評審、升等制度（在〈大學法〉1994 年修正前，並沒規定大學須設立院系教評會，而發展較完整之清華院系已設教評會），也有教授要求擁有獨立實驗室的空間……。

1988 年我將計管所改名為「資訊科學研究所」，通過「成立大學部」，規劃計管所成為擁有大學部、碩博士班的完整資訊科學研究教學系所。之後，我已感心力交瘁，向當時理學院陳信雄院長、劉兆玄校長請辭，提前一年卸任所長職務，以專心做教學、研究工作。沒想到，時任教育部科技顧問室張進福主任聘我為教育部科技顧問，從 1988 年 7 月起，我展開長達七年七個月的教育部工作。同年 8 月，清華自強科學研究中心何世延主任（曾任清華化學系主任）聘請我擔任研究中心綜合企劃處處長。

第三章　初任教職

懷念共同打拼的時光

2018 年我退休時,李家同校長特別在他的臉書(Facebook)社群平台「追憶專欄」,撰寫〈懷念和陳文村教授共同打拼的時光〉一文,提及我初任教職這段日子:

> 我已經退休十年之久了,這期間也就有很多老友陸續退休,可是我完全沒有料到的是,陳文村教授也退休了,對很多人來講陳教授是所謂的「大咖教授」,也就是說很多年輕小輩的教授都對他有點害怕的,可是我的腦子裡,永遠記得陳教授二十七歲時的模樣,他在柏克萊拿到博士學位以後,就到清華教書,很多人根本搞不清楚他究竟是學生還是教授。

在李家同所長家做客,約攝於 1976 年。

當時很少在美國念書的人肯回國的,所以一開始我和陳文村兩個人獨撐大局,以後才陸陸續續有別的教授參加我們的資訊行列,不僅資訊教授少,更有趣的是清華當年用的電腦叫做 IBM 1130,我回國以前就知道了這一個電腦的名字,我問了所有我在美國的同事,沒有一個人聽過這個電腦,他們紛紛恭喜我,說你將來用的電腦一定先進的不得了,先進到這個程度,我們在美國的這批土包子都沒有有幸能夠用這種電腦。

　　其實這是落後到極點的電腦,所有的程式都要打卡,而且在任何一個時候,這部電腦只能跑一個程式,我有的時候等著要看程式的結果會去電算中心等,陪我去的同學,聽電腦跑的聲音就知道它在跑什麼語言的程式,比方說如果電腦的聲音很輕快,就是在跑 COBOL,如果聲音很沉重,就是在跑 FORTRAN。

　　至於薪水那是不能談了,我那時已是正教授,如果拿副教授的薪水,有三年是不需要繳稅的,因為這種薪水是可以免稅的。

　　可是我們當時士氣卻很高,我和陳教授在研究方面仍然很有成就,我們都是在台灣成為 IEEE Fellow 的,陳教授尤其厲害,他一路上扶搖直上,最後的頭銜是國家講座教授。

　　當年我們正碰上國家引進半導體技術的時代,我和陳教授其實對半導體一竅不通,可是我們都知道這個技術的重要性,陳教授甚至於能夠自己摸索也做出來一個晶片,陳教授也涉足通訊網路,我知道他在學校念書的

時候是完全不懂這行的,可是他知道國家需要這種人才,因此他就努力地自修,現在他已經是這方面的權威教授了。

最近在清大又碰到了陳教授,我們同時都有些傷感的感覺,我們都不太在意我們究竟有沒有什麼成就,但是我們都知道,我們的確努力地並肩作戰過,所謂「蓽路藍縷,以啟山林」,至少我是非常懷念當年我們騎腳踏車代步的時光,雖然只有腳踏車可騎,我仍然覺得我和陳文村共同打拼的日子,是最有意義的,我和陳教授都曾經經歷過我們國家最風雨飄搖的情況,我們都是在國家退出聯合國以後回國的,回國不久,我們就碰到和美國斷交的事件,可是現在回想起來,這一切都沒有影響我們的教學和研究,我們怎麼可能不懷念那些日子。

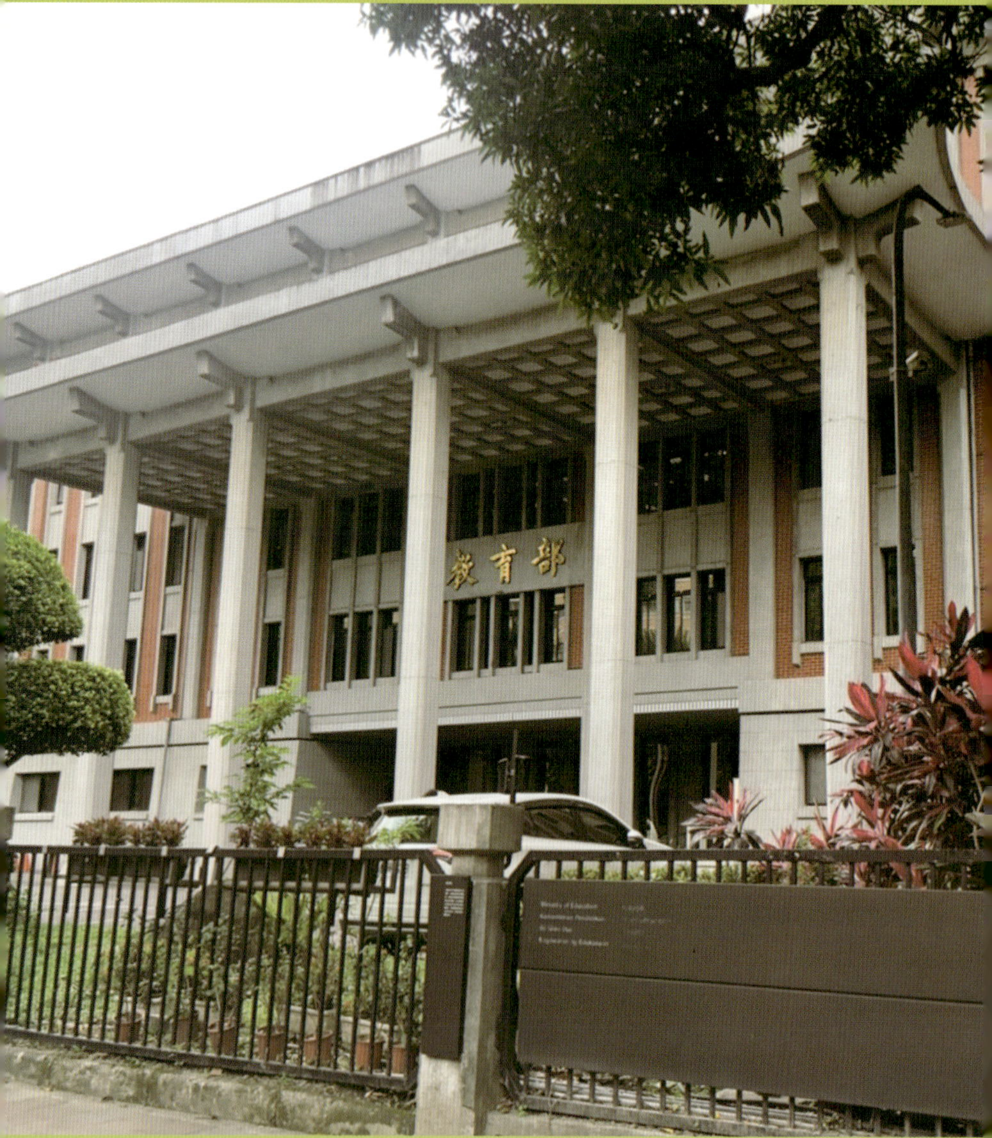
教育部

第四章

拓展
教育與產業視野

1988 年我卸任清華計算機管理決策研究所所長，時任教育部科技顧問室主任張進福教授聘我為科技顧問，開始長達七年七個月的教育部工作，包括科技顧問及顧問室主任。那是 1990 年代末期「教育改革」之前、政治社會環境相對寧靜的年代，有教育理想、不受太多干擾、可付諸實行的年代。見證了有遠見的政府官員、學者所做的睿智決策，協助台灣教育、產業轉型，影響深遠。

科技顧問室源起

1978 年底台美斷交，李國鼎政務委員協助孫運璿行政院長擬定〈科學技術發展方案〉，成立行政院科技顧問組，由李政委擔任召集人，1979 年並在教育部、經濟部、交通部及國防部成立「科技顧問室」。此方案關乎台灣從勞力密集產業導向技術密集產業，因此特別重視人才培育和扶植高科技產業，推動包括能源、材料、資訊、自動化、光電、生物、肝炎防治、食品等八大重點科技。

在此方案下，為了推展台灣的資訊科技，在李政務委員奔走下，於 1979 年 7 月，由經濟部及民間企業共同成立資訊工業策進會；我因軟體工程專長，在資策會成立之初即擔任技術諮詢委員會委員（參見第三章）。也在此方案下，時任國科會主任委員徐賢修，化解地方、政治阻力，堅毅推動「新竹科學工業園區」，並於 1980 年 12 月成立，奠定台灣日後經濟發展的基礎，被譽為「科學園區之父」。

教育部科技顧問室位階相當於高教司、技職司，負責大學高科技人才培育。第二任科技顧問室主任陳舜田（之後擔任國

立台灣科技大學校長)任內,教育部規劃了〈加強培育及延攬高級科技人才方案〉,1983 年由行政院頒布,主要重點有:研究所教師員額及經費以研究生人數作為計算標準(訂定〈國立大學院校研究所教師員額及設備經費分配要點〉,打破已往研究所五名教師、固定經費之標準)、擴充大學重點科技系所教學研究設備、擴增大學重點科技系所招生人數、延攬及培育師資、向民間募捐數億元博士生獎學金及獎勵研究傑出教師。1980 年代,台灣各大學重點科技系所大幅擴充,以資訊教育為例,交大、清華、台大、中央、成大、中正等大學紛紛成立博士班或擴大系所招生能量;清華計算機管理決策研究所受惠於此方案,1983 年成立博士班,招生人數、教師人數大幅成長,並於 1990 年成立大學部。

此方案大幅提升大學教學及研究水準,適時培育優質高科技人才,協助台灣產業轉型。為了納入人文社會科學人才培育,在毛高文教育部長、張進福主任推動下,1990 年 8 月教育部科技顧問室更名為「教育部顧問室」。[1]

擔任教育部科技顧問

1988 年 7 月起,我擔任四年又一個月教育部科技顧問,前兩年顧問室主任為台大電機工程系張進福教授(之後任國科會副主任委員、國立暨南國際大學校長、行政院政務委員、工業技術研

[註 1] 隨著 2013 年教育部組織改造,顧問室、電算中心、環保小組再合併改組為「資訊與科技教育司」。參見《一樹百穫——教育部科技與人文社科教育推展的回顧及展望》,教育部出版,2016 年 5 月。

究院董事長、資訊工業策進會董事長），後兩年為交大電子工程系魏哲和教授（之後任交大副校長、國科會主任委員）。就我的了解，科技顧問的職責是執行主任交辦事項及簽署教育部公文專業意見。當時教育部官員大多公務體系出身，牽涉理工醫農、人文社會專業的公文，全靠顧問室內、聘自各大學的專家給予諮詢意見。我固定每星期三或星期四下午到教育部上班，除非有急事，從不間斷。

在張進福主任任內，我最主要任務是規劃大學校園網路、校際網路，當時網際網路已逐漸普及美國及先進國家的大學、研究機構，張主任規劃兩期、各三年校園網路建設計畫。第一期自1987年開始，補助台大、清華、交大、成大、中央等大學建置校園、校際網路；第二期自1990年起，補助其他主要大學。當年大學網路大多以100 Mbps之FDDI光纖網路為骨幹網路，後來漸被更高速的乙太網路取代。受限於當時電信建設，校際網路初期使用電話連線，頻寬僅為9.6 kbps。網際網路普及、校際流量提高後，才架設T1（1.544 Mbps）及更高頻寬的校際骨幹連線。

1990年教育部電算中心邀集受補助大學成立「台灣學術網路」（Taiwan Academic Network, TANet），1991年7月建置以TCP/IP通訊協定為基礎之網路，為台灣第一個網際網路。同年底，透過美國普林斯頓大學網路中心，連接全球網際網路。經過半年順暢運作後，於1992年6月9日由教育部毛高文部長主持TANet與國際網際網路啟用典禮。教育部TANet先導台灣網際網路之發展，之後資策會SEEDNet及中華電信Hinet網際網路相繼推出，並與TANet對等連線（peering），台灣的網際網路正式進入網網相連的跨網時代。

創始 ICPADS，拓展國際影響力

為了提升大學資訊教學、研究環境，由我擔任 1989 年教育部赴美國計算機平行處理系統訪問團團長，探討美國大學與產業機構之計算機平行處理系統教學、研究情況，以做為教育部推動教育改進的參考；團員包括台大資工系林逢慶教授，他後來擔任資策會執行長、董事長及高升科技政務委員。訪問回國後，我於 1990 年召開平行處理國際研討會（International Workshop on Parallel Processing），邀請十幾位歐美知名學者與會，引起很大迴響。我遂於 1992 年籌備、召開首屆 IEEE 平行與分散式系統國際會議（International Conference on Parallel and Distributed Systems, ICPADS），擔任創始大會主席，並自 1993 年起擔任此會議之籌劃委員會主席（Steering Committee Chairman）。

1989 年赴美國計算機平行處理系統訪問團合照，團員包括台大資工系林逢慶教授（右三）。

由於當時超大型積體電路技術進步神速,包含數百、數千處理單元組成的平行處理系統,可大幅提升其運算能力;另外,網際網路深入產業、社會各層面,架構在網際網路上的分散式處理系統已廣泛運用。平行處理系統與分散式處理系統有其共通性,因此 ICPADS 每年吸引三、四百篇海內外學者投稿,經嚴謹審查,論文接受率低於 30%。兩年後,我推展 ICPADS 會議至日本、韓國、美國、澳洲等國家舉行,我擔任籌劃委員會主席長達 15 年,於 2008 年卸任。此會議發源於台灣,成為 IEEE 主辦之國際性重要會議,也拓展了台灣學術影響力。

推動通訊科技教學改進

在魏哲和主任任內,除了規劃校園、校際網路,我推動了大學「資訊、電機專業系所計算機經費補助計畫」及「加強計算機

1991 年赴歐洲計算機通訊網路訪問團合照,團員包括剛卸任顧問室主任的張進福教授(右四)。

科技教育計畫」，以改善大學急速擴充的資訊、電機教學與研究環境。

有鑑於通訊網路日益普及，我於 1991 年擔任教育部赴歐洲計算機通訊網路訪問團團長，探訪歐洲大學與產業機構通訊網路教學、研究情況，團員包括剛卸任顧問室主任的張進福教授。拜訪了德國柏林理工大學、瑞典易利信電信（Ericsson）、芬蘭諾基亞電信（Nokia）等大學與產業機構。此次訪問中，印象最深刻的是 GSM 第二代行動電話系統已在芬蘭試營運，後來成為全球標準，市場佔有率曾高於九成。這次訪問促成顧問室推動「通訊科技教學改進計畫」。

到工研院電子所休假一年

清華教授每隔七年可有一年休假（sabbatical leave），教授大多申請國科會補助，利用這一年到國外進修。考慮兒子學瀚才一歲多，我在 1989 年辭去清華自強科學研究中心綜合企劃處處長職務，計劃在國內休假。經當時工業技術研究院史欽泰副院長引介，8 月我到工研院電子工業研究所休假。當時電子所所長章青駒，是工研院第一批派往美國 RCA 技轉半導體的成員，他跟我同年出生，同於 1970 年大學畢業，又是台中一中同屆同學，我們有很多共同的朋友，我們雖不同行，卻很早就認識。

電子所成立於 1979 年 4 月，其前身為成立於 1974 年 9 月的「電子工業研究中心」，成功從美國 RCA 公司技術移轉半導體技術。電子所衍生成立聯華電子，為台灣第一家專業晶圓製造公司；衍生台灣積體電路製造公司，開創全球第一個純晶圓代工製

造營運模式。除了半導體技術研發，電子所也開發了 IBM PC 相容的個人電腦，技術移轉給台灣資通訊廠商，帶動周邊產業的蓬勃發展，奠定了台灣個人電腦產業的基礎。

　　章所長給我很大彈性，沒有特定任務，安排我到電子所各部門，了解研發業務，希望我給予資通訊技術建議。記得在電子所遇見系統軟體部經理蔡義泰博士，他是交大蔡文祥教授指導的博士畢業生，提及他所開發的文字辨識系統，可能有商業價值，當時我鼓勵他創業，1991 年 9 月他果真創立蒙恬科技公司。

　　在一年工研院電子所休假期間，我進一步了解到當時台灣半導體、資通訊產業的成長，正蓄勢待發。當時電子所是工研院規模最大的研發單位，在我結束一年休假之前，1990 年電子所將資通訊研發部門獨立出來，成立「電腦與通訊研究所」（2006 年更名為：資訊與通訊研究所）。

擔任顧問室主任

　　1992 年 6 月某一天，顧問室魏哲和主任特地到我的清華辦公室，提及他將於 7 月底卸任，邀請我接續他出任顧問室主任。這是很重要的職位，為教育部一級主管，擔負協助全國大學高科技人才培育之重任。1992 年 8 月我從清華借調、專職擔任第六屆教育部顧問室主任兩年，之後應教育部楊朝祥次長之請，延長一年半，在 1996 年元月底歸建清華。

　　初上任顧問室主任時，教育部長為毛高文（他是我擔任清華計管所所長時期的清華校長），半年後，為郭為藩部長，兩位都是非常有教育理念的教育部長。督導顧問室之楊朝祥次長（後升

1992 年 7 月 31 日與魏哲和主任（右）交接合照。

任教育部長，現任佛光山系統大學總校長）是我接觸最頻繁的直屬長官，對我充分支持、給我很多建議，同仁對他印象最深刻的是：主持會議非常有條理，總能做出明確的會議結論。

1990 年左右，正值社會要求教育預算達憲法規定總預算之 15%，張進福主任移交給魏主任時，顧問室預算達最高峰的 12.5 億元。顧問室大致按重點高科技系所師生人數補助，以添補高教司經常經費之不足。記得我曾訪視台大醫學院，他們使用顧問室經費汰換老舊的顯微鏡，我也聽說私立大學醫科學生要自備顯微鏡，可見當年大學研究設備之簡陋及財務之窘狀。

1992 年我上任顧問室主任時，台灣經濟成長趨緩，總預算緊縮，行政院主計處常質疑顧問室編列預算是否與高教司重疊。如按師生人數分配經費，分配方式與高教司沒兩樣，主計處認為應

統一編列在高教司的大學經常經費內。我上任第一年預算大約 10 億元，執行時，我說服主計處，顧問室經費是「競爭型經費」，有別於高教司按師生人數分配的經常經費，又為有別於國科會研究經費，強調顧問室經費用於教學改進，有其獨特性，顧問室編列獨立經費有其正當性。

因此我上任後，將分配顧問室的經費改為競爭方式，大學重點系所向顧問室申請經費，必須先提出教學改進計畫，經專家評審後，按評審結果給予不等的經費補助。我任內預算大致維持在 9 至 10 億元，且建立一套大學教學改進計畫申請、評審、評鑑制度。就我所知，顧問室多年沿用此制度。

在科技類方面，延續上任前原有的自動化、材料科技、生物科技、基礎科學、加強計算機科技等重點科技教育改進計畫，另重點推動通訊科技、超大型積體電路與系統設計等教育改進計畫。這些計畫不僅充實各大學教學實驗設備，提升教學品質，亦增進了校際間教材及教學經驗的交流。

通訊科技教育改進計畫由台大電機工程系吳靜雄顧問規劃，為期四年（1993 年～1996 年）。當時網際網路及行動通訊正快速發展，深入社會各層面的應用，大學擴充通訊系所，以應產業、社會之人才需求。通訊科技教學改進計畫強調寬頻網路及無線網路之教學環境改善。

超大型積體電路與系統設計教育改進計畫由清華資訊科學系林永隆顧問協助規劃，從 1996 年 7 月開始為期四年。猶記得當時掌權的科技政務委員不太認同這項計畫，我特地邀請交大沈文仁教授、清華林永隆教授、台大陳良基教授，到行政院做專案報告，才得以編列經費，以培育晶片設計人才。當時沒人料到二十

多年後的今天,台灣已是舉世矚目的晶片設計產業重鎮。多年後(2004年)為表彰我推動此具前瞻性教育改進計畫,台灣積體電路設計學會頒予「特殊貢獻獎」。

大約1993年,教育部第一任科技顧問室主任汪群從教授與一群熱心工程教育的學者為顧問室擬訂工程教育改進方案,以改進工程教育品質。為汲取先進國家在工程教育的改進經驗,加強國際工程教育理念與教學交流,顧問室會同國科會,於1994年、1995年分別主辦第一、第二屆國際工程教育研討會。一位受邀學者Win Aung博士為美國國家科學基金會(NSF)之工程教育計畫負責人,他於1997年接續籌備國際工程教育會議(International Conference on Engineering Education, ICEE),在美國芝加哥召開第一屆ICEE,為發源於台灣、包括NSF等單位積極主導之國際性工程教育會議。2000年ICEE首度在台灣舉辦,由前一任顧問室主任、交大副校長魏哲和教授擔任議程主席。

在人文社會科學類方面,顧問室推動文史哲、法律經濟、商業自動化、藝術、師資培育等教育改進計畫。原人文社會計畫大多強調資訊、視聽科技之應用,對提升人文社會領域教學品質助益不多。因國科會提供給人文社會領域的研究資源很有限,我採納人文社會顧問的建議,教學、研究並重,以彌補國科會補助研究經費之不足。在我任內,人文社會計畫重新定位為補助學校教材、教法改進,提升學生人文與科技素養,加強人文社會學術活動,補助具特色之教學、研究中心之成立,以提升教學品質與學術水準。

猶記得顧問室訪視淡江大學時,我遇見國際事務與戰略研究所林郁方教授;訪視東吳大學時,遇見德國語文學系謝志偉教授。

率團參訪國立台灣藝術學院（現今國立台灣藝術大學），由凌嵩郎校長（左十）接待。

他們當面感謝顧問室補助購買影印事務機，大幅改進教學環境，現在兩位都已是政界名人。當時我非常訝異，竟還有私立大學系所缺少基本配備的影印機，教師還得為影印教材、講義奔波。

　　人文社會領域學術活動中，我特別注意到師資培育領域之學術研究較不突出，當時台灣師資培育界僅有幾所師範大學發行的期刊，缺少審查嚴謹的學術期刊。一位師資培育顧問建議顧問室，協助發行一審查嚴謹、高品質教育學術期刊，並推薦一位研究傑出的台灣師範大學教育研究所教授擔任總編輯。我樂觀其成，由顧問室經費資助期刊編輯室運作，包括行政、邀稿、審稿、編輯、印行等所需費用。

　　當時編列的費用中，有審稿費項目；在理工學術領域，學者審查期刊論文純義務職，不須付給審稿費，或許人文社會領域有不同慣例，我可理解編列審稿費之必要性。此外，又編列作者論文稿費，這我則不能理解，因學者寫學術論文是本分、是主要職

務,怎可要求稿費?就我了解,當時屬人文社會領域之管理學論文作者投稿國際期刊,還得付一筆不小的論文刊登費用,我不知有任何國際學術期刊會支付作者論文撰稿費。我表示不能編列論文稿費之後,以顧問室經費協助發行教育學術期刊之議,至此不了了之。

顧問室也鼓勵大學重視通識教育,為了加強通識理念與教學交流,1994年委託清華通識教育中心發行《通識教育季刊》,由清華大學沈君山校長擔任總編輯。此外,台大歷史系教授黃俊傑顧問協助成立「中華民國通識教育學會」,由李亦園院士擔任創會理事長。為了汲取先進國家經驗,鼓勵大學與國外學術機構做通識教育學術交流,於1994、1995年分別主辦第一屆、第二屆國際大學通識教育研討會。之後通識教育普受重視,各大學大多設有通識教育專責教學單位,校際間通識教育交流亦趨熱絡。經數年推動通識教育,教育部亦已對大學做通識教育評鑑。

在1993年到1994年問世的全球資訊網(WWW),深入到社會各階層,帶動革命性的資訊應用,已深深改變人們的生活型態。1993年美國柯林頓政府立法,推行國家資訊基礎建設(National Information Infrastructure, NII)。當時夏漢民科技政委亦積極推動,並於1994年8月正式成立「國家資訊通信基本建設推動小組」,推動「資訊高速公路」建設及遠距教學、遠距醫學等創新應用,顧問室負責其中遠距教學、遠距醫學先導計畫及校園視訊網路建置。可惜當時網路頻寬有限、網路視訊技術不太成熟,成效有限。現今則光纖寬頻網路廣泛佈置校園,視訊科技進步,多點網路視訊已遍及校園,很容易實現遠距教學、視訊會議、分享教學資源等教育應用。

1995 年演講未來資訊高速公路及我國資訊業相關議題。

　　中小學資訊化是奠定我國中小學電腦輔助教學、遠距教學、資通訊應用普及化的基礎。在我任內,顧問室編列經費,配合縣市政府提撥部分經費,推動中小學資訊化,包括電腦設備、網際網路連線。由於涵蓋層面遍及全國各中小學,顧問室人力有限,試辦一年後,我委請教育部電算中心負責分配經費及後續訪視、查核。此後發展為 1997 年開始之 10 年「教育部資訊教育基礎建設計畫」。

　　我將顧問室定位為:教育部先期、前瞻政策與策略規劃,專業諮詢與教育改進推動單位,並配合教育部各司處推展業務。除了推動教育改進計畫外,其他較主要業務包括協助高教司規劃評鑑公、私立大學院校中程校務發展計畫政策,並自 1993 年起我擔任此計畫評審委員,參與評鑑私立大學院校辦學績效,以做為教育部補助私校之依據。

第四章　拓展教育與產業視野

　　當時國立藝術學院（現今國立台北藝術大學）新建關渡校區，工程延宕嚴重。為了保證大學工程品質、美化校園，我請李建中顧問（後來擔任行政院公共工程委員會主委）籌劃成立教育部「營建工程小組」，成為教育部補助、監督所屬學校及館所營建工程之決策單位。此外，我擔任教育部「公共工程品質評鑑小組」副召集人，專業協助教育部次長，評鑑教育部部屬單位工程品質。

　　我也參與全國教育會議，及代表教育部參與行政院科技顧問會議、全國科技會議等全國性會議，制定人才培育、教育政策。因顧問室主任是教育部一級主管，我經常隨同部長、次長到立法院備詢。立法院教育及文化委員會之立法委員通常非常支持教育經費，更是充分支持跟科技教育有關的經費。三年半主任任內，除了立法院部會統刪之外，顧問室不曾被刪減經費。

1994 年教育部顧問室主任任內，受邀到加拿大參加台加學術交流會議，參加者包括台大陳維昭校長（左一）、清華沈君山校長等大學校長。

1994 年 9 月行政院成立「教育改革審議委員會」（簡稱：教改會），是教育部郭為藩部長首先倡議成立委員會做教育改革，時任行政院院長連戰邀請剛回國就任之中央研究院李遠哲院長擔任召集人，廣徵各界意見，以兩年時間提出《總諮議報告書》。或許由於教育部為改革對象，教育部官員迴避、鮮少參與討論。我曾出席數次諮議報告會議，我可感受到在李院長號召下，聚集教育界、社會各界菁英，齊為台灣教育提出改革方案的熱忱，確實提出許多教育改革方案，如打破大學窄門，讓更多青年有受高等教育的機會。教改會在 1996 年 12 月提出《行政院教育改革審議委員會總諮議報告書》後，正式解散。我認為，往後諸多教改爭議是在解散教改會之後，由於教育部執行上的問題，以及沒有因應產業及社會變遷，適時檢討的機制。

1996 年元月卸任顧問室主任時，郭為藩教育部長頒贈之匾額。

　　在顧問室主任任內，我聘請三十多位科技、人社顧問，都是學有專精的學者，包括台大醫學院楊照雄前院長、政大哲學系沈清松教授（曾任中國哲學會理事長）、中研院杜正勝院士（擔任一年顧問，請辭回中研院擔任史語所所長，後來曾擔任教育部長）、國立藝術學院馬水龍校長、台大外文系胡耀恆教授（曾任

國家戲劇院及音樂廳營運管理籌備處主任、創立台大戲劇系所）、政大傳播學院鄭瑞城院長（後來曾擔任教育部長）。

七年七個月的教育部工作讓我接觸不同領域學者，瞭解大學校園之外教育政策制定及決策過程，我也熟識幾位優秀的教育部官員，開拓了我的教育視野。我於 1996 年元月卸任顧問室主任時，郭為藩教育部長設宴、親自頒贈「懋著勳勞」匾額。

家庭美滿、惠晴擔任教職

1987 年結婚後，惠晴辭去計管所的工作，在家當全職家庭主婦，次年 5 月生下兒子學瀚，又當全職媽媽。養兒育女非常辛苦，所幸岳父母家在竹南，可就近分勞照顧。

我們結婚時，惠晴才 25 歲，還很年輕，終究不習慣沒有工作、久待在清華西院的家裡。1989 年春天，我看到她每天抱著書本看書，才知她報名新竹師範學院（後改名為新竹教育大學，2016 年併入清華大學）第一屆國民小學師資班。順利錄取後，經幾個月培訓，正式成為新竹市內湖國小老師。為了便於就近照顧家庭、幼兒，一年後轉職新竹科學園區實驗中學國小部。

1990 年 8 月女兒學琳出生，惠晴曾請育嬰假在家照顧兩個小孩。育嬰假結束後，學瀚進入實驗中學幼兒園，母子兩人一起到實驗中學上班、上學，學琳由岳父母照顧，我則全職到台北教育部顧問室上班。惠晴一切以家庭為重，任職內湖國小時，曾婉拒調到新竹市教育局的機會。惠晴教學優秀，任職內湖國小、實驗中學時，曾獲得多次嘉獎。

惠晴將一對兒女照顧得無微不至，學琳在外婆家每天看日

曆,盼望的是假日由爸媽接回家裡,跟哥哥玩在一起。我常利用寒暑假帶他們出國旅遊,1992 年學瀚第一次出國,到韓國漢城(今首爾)、濟州島,1993 年學琳在美國洛杉磯迪士尼樂園慶祝三歲生日。

1995 年學琳五歲,接回在清華校園內的家,就近進入工研院光明新村幼兒園,當時我擔任教育部顧問室主任已滿三年。本得到教育部楊朝祥次長的諒解,任滿三年即回清華任教,以分擔惠晴照顧家庭、兒女的辛勞。但答應接任顧問室主任的人選臨時變卦,我只好延長半年任期,直到找到接任人選,於 1996 年元月卸任,成為任期最長的教育部顧問室主任。

2 月歸建清華後,惠晴跟就讀國小部的學瀚到實驗中學上班、上學,我負責接送學琳,早起做我拿手的法國吐司早餐,接著幫學琳梳理頭髮、綁馬尾,送到幼兒園;不過幼兒園老師嫌髮型沒

教育部顧問室主任卸任第二天(1996 年 2 月 1 日)全家到美國夏威夷做七天六夜旅遊。

變化，有時會重新梳理學琳的頭髮，那是我們父女最快樂的時光。那年暑假過後，學琳就讀實驗中學國小部一年級，由惠晴接手、帶著一對兒女到實驗中學上班、上學。

教學研究不間斷

借調到教育部擔任專職顧問室主任期間，我仍關心清華的資通訊教學研究。適值國科會鼓勵台大、清華、交大等大學成立資通訊卓越中心，推動產學合作，我於 1992 年開始籌劃，於 1994 年 8 月創立清華「電腦與通訊科技研發中心」（簡稱：電通中心）。在該中心初成立的前 5 年，國科會每年給予 400 萬元開辦經費，之後清華電通中心經費完全自籌，被國科會評選為全國最佳的「電腦系統重點研發中心」。我擔任電通中心主任超過十年，於 2005 年 3 月請辭卸任。

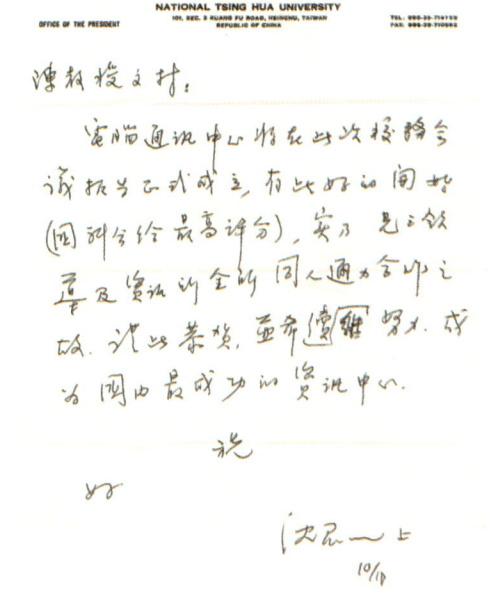

1994 年沈君山校長對電通中心之嘉勉信函。

擔任顧問室主任三年半期間，我從新竹通勤到台北教育部，多半早出晚歸，利用晚上或周末在清華授課及指導研究生，教學研究從不間斷。在教育部工作的七年七個月，我一共指導 13 篇博士論文、20 篇碩士論文，研究偏重在平行處理、寬頻網路及視訊通訊品質保證。繼 1984 年被 IEEE 計算機學會第一次聘為傑

出巡迴講座，我又兩度被聘為傑出巡迴講座，主講「寬頻通訊網路」（1994年～1995年，以及1996年～1997年）。為感謝我三度擔任傑出巡迴講座，IEEE計算機學會於1998年頒給我感謝狀（Certificate of Appreciation）。

值得欣慰的是，我得國科會傑出研究獎滿三次，共獲獎勵六年（1990年～1995年），1996年被國科會聘為「特約研究人員」。1994年首次受國際專業學會肯定，獲選為「電機電子工程師學會會士」（IEEE Fellow），獲選事蹟為：「對軟體工程與平行處理系統設計之貢獻」，我為台灣第五位獲此榮譽的學者（當年台灣同時獲選者還有台大張進福教授及清華黃惠良教授）。另獲頒1994年教育部「學術獎」，是除中央研究院院士之外，當時國內最高學術榮譽。1994年中央研究院李遠哲院長為延攬及獎勵優秀人才，新成立傑出人才發展基金會，我於1995年度獲頒該基金會之「傑出人才講座」（1996年～2001年）。

1994年獲得教育部學術獎，由連戰行政院長頒獎。

1996年由中央研究院李遠哲院長頒予1995年度傑出人才講座。

1994年公布的〈大學法〉

　　1994年公布的全文修正〈大學法〉引進許多進步的觀念，如教師權益保障、學術自由、大學自治、校長遴選（之前國立大學校長由教育部長派任），從1988年底立法委員提案至1993年底三讀通過，立法程序長達五年。我擔任顧問室主任任內，記得教育部部務會議常提起大學法修正案，我也數度出席立法院大學法立法審查會議。

　　1976年初到清華任教時，教師聘任適用1972年公布的大學法第十三條「大學教師分教授、副教授、講師、助教四級，由系主任會商院長提請校長聘任之。」雖有「大學設教師評審委員會」條文，但沒有規定教評會之職責，因此校長握有聘任、聘期、升

等、停聘、解聘等最終決定權,系主任、院長對教師聘任、升等也可有不同考量。換言之,大學教評會法規較不健全,各大學聘任、升等教師評審制度還在摸索中。

1970年代清華已有較完善的三級三審教評會制度,但仍有因外在壓力,校長解聘教授的個案。「台大哲學系事件」是一件當年備受社會關注的教師權益、學術自由、大學自治無保障的案例。

1994年新公布的大學法第一條,開宗明義「大學以研究學術,培育人才,提升文化,服務社會,促進國家發展為宗旨」、「大學應受學術自由之保障,並在法律規定範圍內,享有自治權」,以保障學術自由、大學自治權。

於第二十條明訂「大學設校、院、系(所)教師評審委員會,評審有關教師之聘任、聘期、升等、停聘、解聘等事宜」;大學三級三審的教評會制度有了法源依據,現在已是大學評審教師常規。

新增第十九條,第一款「大學教師之聘任,分為初聘、續聘及長期聘任三種」。在此之前,大學教師大多聘任沒聘期,也沒有聘任保障。實務上,公立大學聘任的教師沒有嚴重違法,不會被解聘,既使在頂尖大學仍有不升等的講師、副教授。此款聘任分類可鼓勵教學、研究優秀教師,經教師評審升等後,取得長期聘任權。

第十九條第二款「教師經長期聘任者,非有重大違法失職之情事,經系(所)務會議議決,並經教師評審委員會之裁決,不得解聘或停聘」,同時設申訴制度,長期聘任教師獲得保障。各大學長期聘任教師之資格大略相同,清華包括教授及教學單位推薦、經院及校教師評審委員會審查通過之副教授。

在第十八條「大學教師分教授、副教授、助理教授、講師,從事授課、研究及輔導。」大學教師等級增列「助理教授」一級,與歐美先進大學同步。之前,拿到博士學位即可被聘為大學副教授,最快三年可升為教授,以我為例,27歲到清華任教、職位副教授,31歲升教授到頂,自嘲人生已失去奮鬥目標。另「大學得設講座,由教授主持」,我協助高教司規劃「國家講座」制度,此制度從1997年選出第一屆國家講座以來,國家講座已成為教育部最高學術榮譽。

1994年參與國立清華大學組織規程修正小組,沈君山校長贈感謝匾額,背面寫著:八十三年,新大學法公布,陳文村教授參與修訂本校組織規程,克盡辛勞,特贈此牌以誌記念。

因應新公布的大學法,1994年清華沈君山校長成立「國立清華大學組織規程修正小組」,由物理系蔣亨進教授主持,我受聘為小組成員,參與研擬清華新組織規程。大學法明列應設體育室、軍訓室,與教務處、學生事務處等一級行政單位並列,事實上,體育室、軍訓室具教學任務。記得我在小組會議提出成立「共同教育委員會」構想,體育室、軍訓室與系、所、通識教育中心並列為同等級之教學單位。共教會由各學院派委員代表組成,規劃及協調通識教育、體育、軍訓、藝術及其他共同教育,為國內第一個提供大學部共同、通識課程的學院層級教學單位。

根據 1998 年司法院釋字第 450 號解釋「大學於學術自治範圍享有自主組織權」。2005 年公布的全文修正〈大學法〉不再明列教務處、學生事務處、體育室、軍訓室等應設單位，授權各大學依照其規模，自行規劃、設計行政單位或委員會。

主持經濟部技術審查委員會

1988 年卸任清華計算機管理決策研究所所長後，除了擔任七年七個月的教育部科技顧問及顧問室主任，我也有幸參與政府提升產業技術計畫長達 14 年，熟知台灣、國際科技產業現況與未來發展趨勢。

1990 年夏天，時任清華教務長李家同邀我、陳文華教授（後擔任清華工學院院長、副校長）、工研院副院長史欽泰（後擔任工研院院長）、張進福教授（時任教育部顧問室主任），拜訪當時工業局楊世緘局長（後擔任行政院政務委員），建議經濟部提供經費、直接補助民間企業研發。一直以來，政府經費不能無償、用來「圖利私人」，沒有直接補助民間產業研發的先例。

當時台灣正導向技術密集產業，政府大力扶植高科技產業。經濟部每年編列經費挹注所屬財團法人（如工業技術研究院、資訊工業策進會）之產業研發，財團法人再將研發成果轉移民間企業，向企業收取權利金，再繳庫回政府。譬如一群由政府經費培育的工研院半導體工程師於 1987 年成立華邦電子，次年與工研院簽訂積體電路產品、製程技術授權契約。另外，政府透過行政院開發基金（2006 年擴大為國家發展基金），投資民間企業，取得投資股份，如台積電 1987 年成立時，開發基金持股 48.3%。

楊世緘局長認同我們的建議，由民間企業提出開發產品計畫，可能比財團法人更直接、即時掌握商業機會。政府給予研發補助，一來承擔民間企業部分風險、鼓勵研發投入，二來加速高科技產業升級，創造高利潤，增加政府稅收。楊局長交給工業局第六組何美玥組長（後升任經濟部長）、黃重球副組長（後擔任經濟部常務次長、台電董事長），負責後續法規擬訂、經費規劃，另由清華大學籌組「技術審查委員會」（簡稱：技審會）。

　　經濟部將此補助民間企業研發方案定名為「主導性新產品開發輔導計畫」，1990年11月在清華成立技審會，由我召集各領域專家、業界代表、工業局代表，討論主導性新產品規劃方向、審查機制等等。初步定義主導性新產品為：高於國內現有技術層次且市場潛力大、能帶動相關產業者，並列表建議補助產品開發項目。審查機制採主審委員制，由一位（如為跨領域，可多位）主審聘請3至5位專家，書面及實地評審申請案，之後由主審到技審會議報告審查結果，委員會決定是否通過及建議補助金額，通過之補助案推薦至經濟部「新產品開發審議委員會」，由其匯集補助案廠商資格審查、財務評估，做最後通過與否之審議。申請案通過後，由主審負責全程執行查核。

　　時任工業局第六組何美玥組長非常有效率，不但備妥每年約10億元的補助經費，及訂定補助法源「主導性新產品開發輔導辦法」，於1991年6月正式公告。此辦法規範主導性新產品補助款可達研發費用50％、核撥須償還之50％廠商配合款、產品技術使用費等等。工業局另委託資訊工業策進會，成立專案辦公室，負責技審會通過的補助案件之查核、結案、成效追蹤等行政作業。

技審會於 1991 年 7 月開始審查申請案,技審委員大約有 30 位,都是學有專精、熟悉產業界的專家學者,初期亦有來自財團法人研發機構的專家,如工研院史欽泰副院長、化工所李鍾熙所長(後升任工研院院長)。因考量財團法人研發機構常將開發的技術移轉給申請案廠商,或為申請案提供撰寫計畫書等顧問服務,應經濟部利益迴避要求,財團法人研發機構專家全數退出技審會。

1996 年受經濟部委託與李家同校長、成大何明泉教授到西班牙考察工業設計,攝於 Valencia 雅緻瓷偶 Lladro 總部。

清華技審會維持獨立運作、不受干擾。記得有位資深立法委員為關說某申請案,拜訪李家同教務長,我與陳文華教授陪同接見。這位立委看見當時態勢,客套寒暄之後,送一本書給李教務長,未提及申請案,就告辭了。

因主導性新產品開發輔導計畫很受業界歡迎,1993 年國科會新竹科學園區管理局推出「研究開發關鍵零組件及產品計畫」,

每年編列 5 億元補助經費，委託清華技審會審查（計畫期間為 1993 年 1 月～2002 年 12 月）。1997 年經濟部技術處黃重球處長，推出「業界開發產業技術計畫」，每年約 10 億元補助經費，亦委託清華技審會審查，三計畫每年總補助經費約 25 億元。

申請案涵蓋資通訊、消費性電子、半導體工業、精密器械、自動化、特用化學品與製藥、高級材料、環保、航太、醫療保健、污染防治等高科技產業。如聯華電子於 1991 年提出 Intel 80386 CPU 相容晶片開發案，由聯華電子第二事業群蔡明介總經理（現任聯發科技董事長）帶領研發，1993 年成功推出更進階的運作頻率 40MHz、80486 CPU 相容晶片，可惜在 Intel 啟動專利訴訟、銷售數十萬顆晶片後停產，但從中培養不少台灣很難得的 CPU 設計工程師。又如聯發科技成立初期提出 CD-ROM 晶片組申請案，記得由交大沈文仁教授主審，最後結案時，此晶片組之傳輸倍速（1 倍速為 150KB/s）超出原申請案規格，也因此聯發科技迅速取代日本知名公司，成為 CD-ROM 晶片組最大供應商。

猶記得當時工業局沈榮津科長（後曾升任經濟部部長、行政院副院長）很熱心推動遊戲產業，他打電話給我，請技審會開闢審查管道。因遊戲產業不同於一般科技業，技審會乃另訂審查機制，處理遊戲產業申請案。

清華大學負責技審會期間，總共審查 1,090 件主導性新產品開發輔導計畫申請案，以及 575 件業界開發產業技術計畫申請案，共通過一千多件申請案。[2] 印象較深刻的有台中精機 CNC 車床、

[註 2] 2005 年清華技審會結束後，全部檔案資料移給經濟部與國科會，只留經濟部兩計畫之清單，無從查看國科會研究開發關鍵零組件及產品計畫申請細節。

智原 MIPS CPU、聯友光電 TFT-LCD 面板、上銀晶圓加工傳動系統、達宙 3G 基地台等開發案。通過之補助案有高於九成順利結案，如此高成功比率，也反映出當時經濟部扶植高科技產業、企業提出研發申請案、技審會審查，都相對謹慎、保守。畢竟技審會負責審查的三計畫是無償補助的先例，政府要看管好人民納稅錢，且企業要負擔 50% 以上研發費用。

1997 年 12 月 30 日經濟部召開第 100 次新產品開發審議委員會會議合照。

原則上，每個月選擇一個星期六召開技審委員會議，審查申請案及由主審委員報告開發案執行進度，大多由李家同教務長主持，我偶擔任會議主持人，並代表技審會參加經濟部「新產品開發審議委員會」之審議。期間李家同先後擔任靜宜大學與暨南國際大學校長，於 2001 年退出，由我全權主持技審會。大約 2003 年底，我認為主持技審會已十多年，若能換由他人主持，可能有不同作為，雖然清華校方認為應留住這很有影響力的經濟部技審

會,我仍向經濟部請辭,在 2005 年 3 月,結束運作超過 14 年的清華技審會;經濟部轉委請暨南國際大學張進福校長接續主持技審會。

我估計此三項計畫創造超過兆元產值,是非常成功的政府計畫。根據經濟部工業局對主導性新產品開發輔導計畫的評估,有四項效益:(一)由於政府研發經費挹注,讓企業主受肯定,願意投入更多的經費做新技術的研發,非常肯定主導性新產品輔導計畫對企業的助益。(二)對有心發展高科技產業的中小企業而言,研發團隊的建立得到此計畫的加持,較容易吸引優秀的人才加入研發團隊。(三)技術審查委員成了企業的免費顧問,適時提供務實的研發方向,並協助建立研發管理制度。(四)主導性計畫讓企業找到新契機,協助產業關鍵技術升級。[3]

2003 年經濟部技術處給清華大學技審會的感謝匾額。

[註3] 資料來源:〈主導性新產品開發輔導計畫積極扮演產業升級的大力推手〉,經濟部工業局,2007 年 4 月 14 日發布於科技政策研究與資訊中心科技產業資訊室網頁。

另經濟部技術處因業界科專產業輔導成效卓著，榮獲2003年法制再造國家級獎章「吸引投資組金斧獎」，頗受產業、社會肯定，技術處黃重球處長特致贈清華技審會感謝匾額。

我共同主持、主持經濟部與國科會之技術審查委員會，輔導民間企業開發主導性及關鍵性技術，共14年5個月，接觸到不同領域高科技產業，熟知當時台灣產業現狀與國際產業發展趨勢，拓展了高科技產業視野。我也認識了許多產學研界的專家學者，從不同領域的技審會主審委員，學到了資通訊領域以外的專業知識，如從台大腸胃科名醫王正一教授（曾任台大醫院副院長、連戰副總統醫療團隊召集人）獲知開發新藥的臨床試驗階段與過程。技審會主審委員都是各自領域的菁英，後來有很多主審委員，如台大李嗣涔校長（時任台大教務長）、張進福政務委員（時任中央大學教務長）、工研院史欽泰院長（時任工研院副院長）、中華電信呂學錦董事長（時任交通部電信研究所所長），在產學研界做出很大的貢獻。[4]

除了主持經濟部技審會，我還擔任經濟部科技顧問（2005年～2008年）、以及經濟部科技專案績效考評委員會委員（2003年～2006年）、召集人（2007年～2009年）。此委員會乃是應

[註4] 曾擔任技審會主審委員者（按主審經濟部計畫申請案先後）有陳文華、張進福、陳文村、顏鴻森、王正一、呂秀雄、劉龍龍、谷家恆、呂學錦、沙晉康、史欽泰、吳重雨、李家同、顧鈞豪、魏哲和、李嗣涔、蔡文祥、林敏雄、周誠寬、李鍾熙、黃台陽、張仲儒、蕭德瑛、吳靜雄、張真誠、黃文鴻、王小川、黃興燦、曲新生、李琳山、洪敏雄、林寶樹、談駿嵩、胡幼圃、周義昌、沈文仁、王國雄、劉金陵、陳正、李俊毅、蔡志宏、姚興川、金重勳、徐爵民、張忠柄、汪重光、蘇炎坤、萬其超、蕭庭郎、吳榮燦、孫子文、林江珍、鐘嘉德、魏耀揮、徐治平、楊熙年、雷添福、吳誠文、莊東漢、楊平政、蔡忠杓、黃崇明、李清庭、陳良基、李鎮宜、鄭木海、吳政忠、蔡穎堅、黎耀基、王晉良、許千樹、陳基旺、綦振瀛、陳國棟、林一平。

立法院決議成立,每年考評經濟部所屬財團法人績效,彙總送立法院,我總共與經濟部結緣近 20 年。

回顧擔任教育部科技顧問及顧問室主任、主持經濟部技術審查委員會的年代,有為的政府官員及擁有專業的專家學者,齊心協力為台灣教育、產業轉型無私的奉獻,為產業、社會培育人才,讓台灣更進步、富強,那是非常值得懷念的年代!

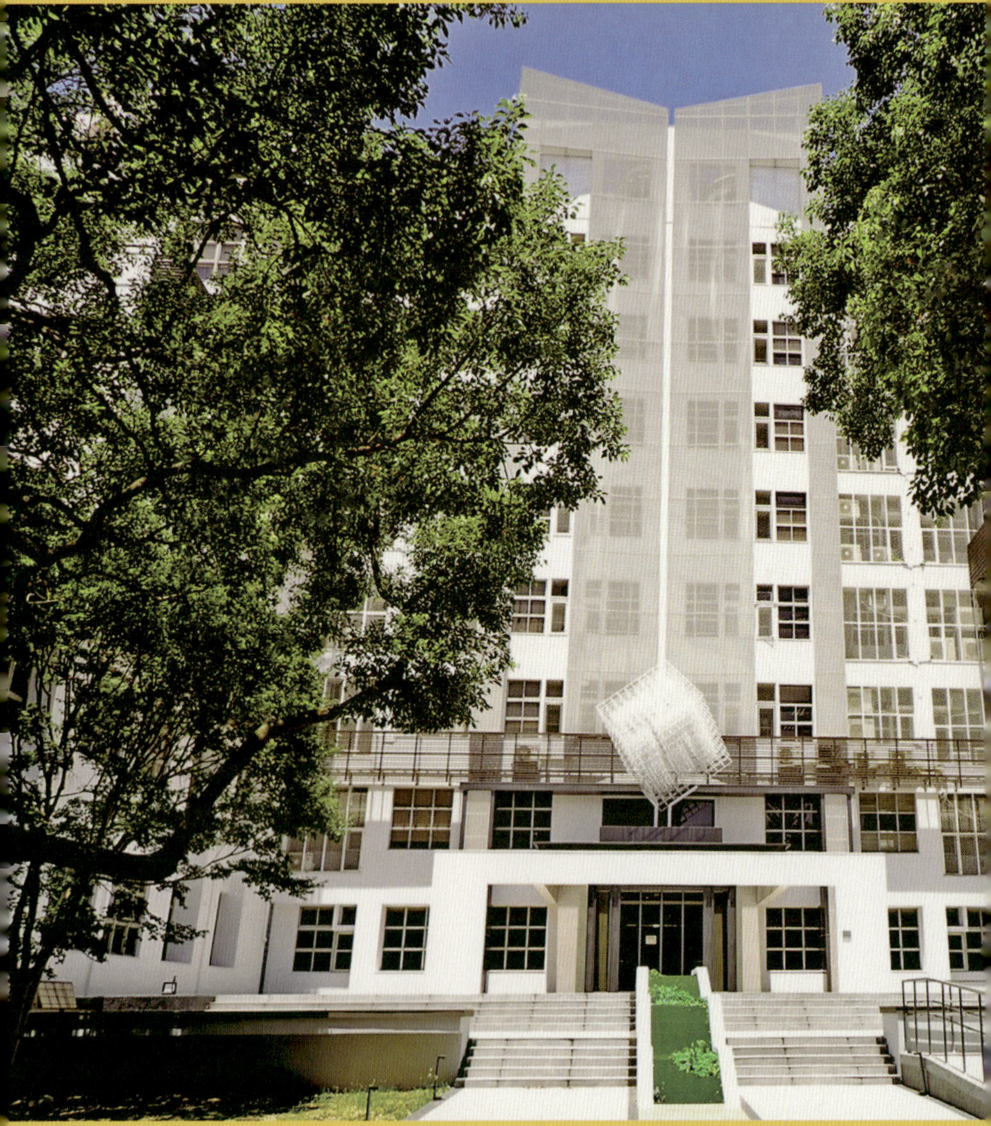

第五章

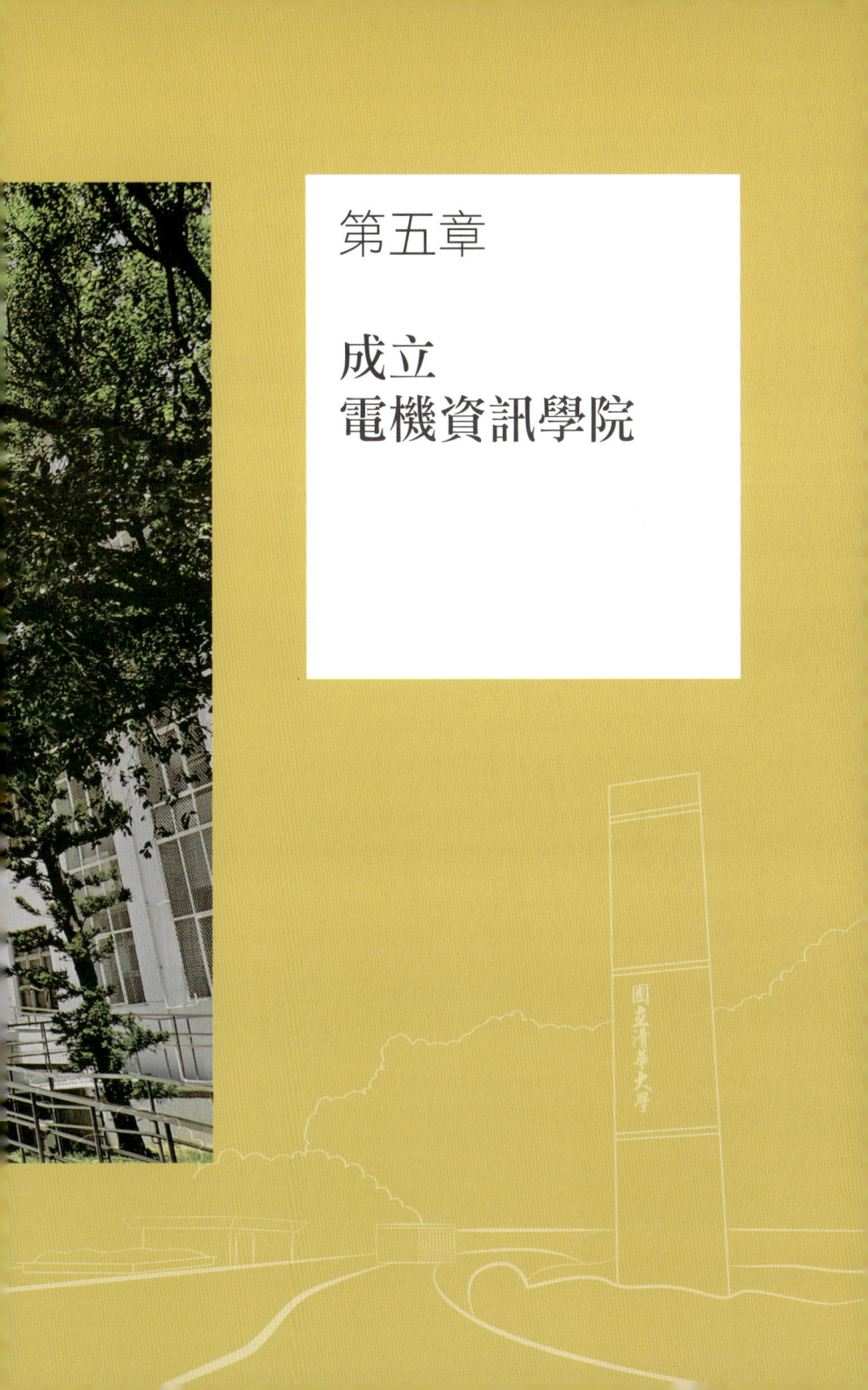

成立
電機資訊學院

從學術領域的關聯性來看，電機工程與計算機科學有很多共同專業領域，如果設在同一學系或同一學院，較易於相輔相成，做前瞻學術研究。

早在 1960 年代，柏克萊加大 Lotfi Zadeh 教授不僅有很高的學術成就，發明了模糊邏輯，在擔任電機工程系主任時，他開風氣之先，排除許多困難，很有遠見地擴增計算機科學領域，1967 年將系名改為 EECS 系（Department of Electrical Engineering and Computer Sciences，電機工程與計算機科學系），為全世界首創 EE+CS 學系。

柏克萊加大 EECS 系成立之後的二十年間，為學術奠基、創造產業，貢獻非凡。如 1970 年代初葛守仁（Ernest S. Kuh）教授偕同 Donald Pederson 教授設計出名的積體電路模擬器 SPICE；計算機科學組 Michael Stonebraker 與電機工程組王佑曾（Eugene Wong）兩位教授主導開發關聯式資料庫系統 INGRES。1980 年代，EECS 系在計算機系統領域大放異彩，除上述 Stonebraker 教授主導開發完成的關聯式資料庫系統 INGRES 外，相繼研發 Berkeley Unix 作業系統、精簡指令集計算機架構 RISC、容錯式磁碟陣列 RAID，不僅新創企業，進而創造十億（billion）美元級之產業，對產業界影響深遠。Zadeh 教授在 2010 年回顧這段歷史時，提及麻省理工學院（MIT）當時電機工程系主任認為改名是一嚴重的錯誤（a serious mistake），但是，到了 1975 年 MIT 電機工程系也跟進，改名為 EECS 系。[1]

[註 1] 參見 Youtube: Lotfi Zadeh talks about How the EECS Department Was Formed (1959-1963), a lecture given in 2010 at the University of California, Berkeley, with an introduction from Stewart Russell.

第五章　成立電機資訊學院

台灣電機資訊學院興起

　　1990 年代，因應台灣資訊、通訊、半導體、晶片設計產業的人才需求，台灣高等教育界興起設立「電機資訊學院」（College of Electrical Engineering and Computer Science）之風潮。

　　1994 年 8 月，交通大學率先將原本屬於工學院與理學院的電子工程系、電信工程系、資訊工程系、資訊科學系、電機與控制工程系、光電研究所等系所獨立出來，創立電機資訊學院。交大電機、資訊相關學系所教師人數多於理學院、工學院其他系所總數，據聞很快在校務會議中通過，由工學院張俊彥院長（後擔任交大校長）轉任首屆電機資訊學院院長。

　　1991 年底，台大電機工程系李嗣涔主任（後擔任台大校長）提出成立「電機學院」之構想，由許博文教授負責規劃，1992 年徵得工學院同意，籌設「電機學院」。聽說許教授花很多心力協調，於 1996 年通過校務會議。1997 年 8 月先將電機工程系、光電研究所等系所從工學院獨立出來，加上新設立的電信研究所，成立電機學院，由許博文教授擔任首屆院長。2000 年 8 月再納入工學院之資訊工程系，更名為「電機資訊學院」。

籌劃清華電機資訊學院

　　1996 年元月，我從教育部顧問室主任卸任，當時清華電機工程、資訊科學兩系教師共約 60 位，規模太小，專業領域不完整，我認為要與台大、交大爭鋒，清華必須跟進成立電資學院，大幅擴充規模，才有競爭力。當時清華資訊科學系、電機工程系分別

隸屬理學院、工學院，如果能在同一學院，較易於結合相近、互補的專業，做跨領域教學及較前瞻的學術研究。

　　2月歸建清華後，我初步取得兩系之贊同，並獲得沈君山校長之認可，籌劃「電機資訊學院」。我很快取得理學院廖俊臣院長之認同，我臆測廖院長應已認為：偏工程的資訊科學系可不屬於理學院。但電機工程系是清華聯考分數最高、工學院很重要之學系，當我到工學院陳文華院長辦公室拜訪時，他不贊同設立新學院。陳院長擔任過劉兆玄校長任內研究發展委員會（研發處前身）主委，熟悉產業界發展，事後方知，他後來轉為支持成立電資院，並說服工學院內同仁。

　　隨後我整理了說帖如下：

　　「近十年來資訊、通訊、半導體、晶片設計科技發展日新月異，產業蓬勃發展，已是全國最大產業。在國際上，亦具舉足輕重的地位，如台灣在前一年（1995年）已成為世界第三大資訊產業國，第四大半導體產業國。另國際知名企業，如荷蘭飛利浦公司、德國西門子公司紛紛來台灣設立研發中心，相關產業需才殷切。清華實應積極配合產業發展，適度擴充相關系所研究與教學容量，配合台灣產業特性，規劃與拓展新領域。

　　此外，清華成立資訊科學系所、電機工程系所將近二十年，無論在研究、教學方面均非常優秀。如資訊系公認是全國學術研究最佳之資訊系所，電機系總體來說與台大、交大相關系所相較亦在伯仲之間，兩系之教學在全校之評鑑亦屬優良。但清華過去數年之系所擴充，相較於他校偏保守。在台灣主要大學中，交大、台大在資訊電機領域拓展非常積極，其教師規模遠大於清華。交大已於1994年成立電機資訊學院，以統整相關系所之研究與教

第五章　成立電機資訊學院

學,台大即將於校務會議中通過成立電機學院(1996年6月通過)。成大因國科會南部科學園區及工業局台南科技工業園區之籌設,亦顯得非常活躍,清華之發展已有落後之跡象。」

經與資訊、電機兩系教授多次諮商會談,咸認為兩系面臨兩大發展瓶頸:(一)電機系規模太小,教師人數未達一臨界質量(critical mass),又受限於學校員額配置,已多年未聘請新教員。(二)資訊科學系由於歷史因素歸屬於理學院,多年來其屬性常遭質疑。另資訊與電機兩系研究領域關係密切,卻因兩系分屬兩學院,其間之協調總比在同一學院下,多出一層隔閡。因此而有成立電機資訊學院之建議,以消除上述兩瓶頸,並積極規劃資訊、電機領域之發展,以因應產業的殷切人才需求。上述成立學院之建議分別在資訊系與電機系之系務會議中通過。

我向校方建議,重新規劃清華資訊電機領域未來走向,與考慮院系所架構調整。此建議獲得校方正視,於1996年5月召開的校務發展委員會議,通過成立「資訊電機領域發展規劃小組」。

在1993、1994年間,全球資訊網及網頁瀏覽器漸普及,沈校長非常有遠見,很重視資訊的未來應用。1996年8月聘我為「資訊傳媒學程規劃小組」召集人,小組成員包括資訊系、人文社會學院、通識教育中心教授。此學程強調未來資訊社會傳播媒體之內容及運用,課程分為媒體環境、媒體美學、媒體應用與製作三大類。

資訊電機領域發展規劃小組於9月4日召開第一次會議,會中有下列共識:(一)資訊科學系宜儘速改名為:資訊工程學系。(二)應積極規劃資訊應用領域。(三)電機系宜增加教師員額配置。校方對兩系面臨的問題已有所回應,也認同沈校長重視未

來的資訊應用。另對於電機資訊學院之成立,請資訊、電機兩系參酌規劃小組委員意見,並考量學校系所整合與未來整體發展,再提出建議案。

資訊電機領域發展規劃草案

於 9 月 10 日,我彙整、主筆完成〈資訊電機領域發展規劃草案〉,根據第一次規劃小組會議決議,首先檢討清華資訊、電機兩系現況及面臨之問題,之後提出兩個可行建議方案,供清華校務發展委員會議決。

資訊科學系的前身計算機管理決策研究所碩士班成立於 1977 年,是將理學院應用數學研究所計算機組獨立出來,成立研究所。於 1983 年增設博士班,1988 年改名為資訊科學研究所,並於 1990 年成立資訊科學系,招收大學部學生,至此成為一完整的系所。1995 學年度資訊系計有大學部學生 219 人,碩士班研究生 121 人,博士班 106 人。

資訊系 1996 學年度共有教員 23 位,研究成果傑出,所獲榮譽包括兩位 IEEE Fellow、一位傑出人才講座、兩位教育部工科學術獎、14 人次國科會傑出研究獎、兩位中山學術獎、一位傑出資訊人才獎。較具特色的研究領域有計算機網路、平行計算方法、超大型積體電路設計、資訊庫系統、計算機圖學與影像處理、人工智慧與專家系統、分散式與多處理機系統等。

當時資訊系面臨之困境計有:(一)資訊科學系歸屬於理學院,多年來其屬性常遭質疑。資訊系大多數教授的研究屬工程領域,所有國科會計畫均向該會工程處申請,實為一工程類學系,

資訊科學系宜儘速改名為資訊工程學系。（二）資訊領域發展快速，以 1995 年 7 月清華發佈之「國立清華大學教師員額表」之資訊系員額，實無法配合我國產業發展，應增強原有特色，並拓展新領域。

　　電機工程學系成立於 1976 年，招收大學部學生，每年招收兩班。1977 年成立電機工程研究所碩士班，並於 1983 年成立博士班，成為一完整的系所。1992 年時任系主任的王小川教授規劃電機工程系為一系多所架構，及每個研究所包括之學術領域，含電機工程研究所（電力、控制、計算機工程、光電、電磁）、電子工程研究所（固態電子）、通訊工程研究所（通訊、數位信號處理）。其中電子工程研究所已於 1996 學年度招收碩、博士班學生。通訊工程研究所已向教育部申請設立中。電機系 1995 學年度大學部學生共 456 人，碩士班研究生 220 人，博士班 137 人。

　　電機系 1996 學年度共有教員 38 位，所獲榮譽包括一位 IEEE Fellow，10 人次國科會傑出研究獎，一位中山學術獎，3 位傑出資訊人才獎。較具特色的研究領域有通訊系統、信號處理、超大型積體電路設計、電力電子與電力系統、電子材料與元件、光電元件、雷射特性與應用等。

　　電機系面臨之困境為師資規模太小，約為交大之三分之一，台大之二分之一，規模亦小於成大電機系。衡諸國外名校之電機系，其師資人數須達一臨界質量，才有可能涵蓋電機重要領域。清華電機系目前受限於學校員額配置，已多年來未聘請新教授，若不能突破，清華將很難拓展無線通訊、高頻與類比半導體線路設計、視訊傳輸等新興領域，勢必嚴重落後於國內其他主要大學。電機系師生比為 1：21，是清華比例最低之學系，校方實應衡量

電機系之教授負擔,考慮新領域之拓展,適度增加電機系新教師員額配置,初期預估應擴充至 50 名教師。

〈資訊電機領域發展規劃草案〉中同時提出兩個可行建議方案,供清華校務發展委員會議決。

方案一:成立電機資訊學院,規劃發展資訊應用領域並適度增加電機系教師員額。電機資訊學院未來五年內擬規劃為三學系、二研究所及二中心,在現有的電機工程學系、資訊工程學系外,擬再成立資訊應用系。研究所方面,電子工程研究所外,擬再成立通訊工程研究所。除了已有相當成效的電腦與通訊科技研發中心,再增設尖端半導體科技研究中心。

其中通訊工程研究所已向教育部申請設立中;尖端半導體科技研究中心,則著眼於產業需求,擬加強半導體高頻網路元件、低能耗電子科技之具特色研究,將有別於我國其他大學之發展重點。規劃新成立資訊應用系,則強調資訊科技之應用,可說是未來很重要的研發領域。

電機資訊學院之成立,可望解決資訊、電機兩系分屬兩院之問題,並提供兩系拓展新領域之空間。其他優點包括:(一)從學校整體考量,相關系所之整合有其必要性,而在此整合過程中,希望各院能夠均衡發展。目前工學院已是全校最大學院,因此唯有成立電機資訊學院才能使工學院各系所未來有較大之發展空間。電機資訊學院事實上可視為工程第二學院。(二)清華毗鄰我國資訊、通訊、電子產業重鎮的新竹科學園區,成立電機資訊學院有宣示清華重視資訊、通訊、電子產業之意義,以利與園區公司及附近之相關產業研發機構之合作。(三)成立電機資訊學院可以使清華在大學聯招上維持優勢。從最近幾

年之大學聯招數據顯示,過去清華全校各系均較交大佔有優勢之局面已近全面改觀而陷入危機。現在客觀之事實是交大已成立電機資訊學院,台大也已(1996年6月)通過成立電機學院。成立電機資訊學院應是大勢所趨,學院之成立將可使資訊、電機兩系資源做最有效之運用,並規劃拓展新的領域,以保持本校在聯招上之優勢。

成立電機資訊學院所需之資源主要為空間,成立之初以現有之電機、資訊兩系空間資源應已足夠。清華資訊大樓(含計算機中心及國際會議中心)之興建計畫已報教育部申請中,未來興建完成之資訊大樓應可容納資訊工程系增班及資訊應用系所需。

成立電機資訊學院之後,可能受影響的是工學院其他系所與電機系之協調,唯應可透過尖端半導體科技研究中心推動全校性半導體相關研究與教學。工學院未來亦可考慮成立機電相關研究中心,協調全校性微機電、自動化等研究與教學。

方案二:資訊科學系改名為資訊工程學系,改隸工學院,並發展資訊應用領域,電機系適度增加教師員額,待學校考量調整全校整體架構時,再規劃電機資訊學院。根據此方案,資訊科學系改名並歸入工學院後,資訊、電機兩系可先整合教學、研究資源。採行此案之好處為對工學院之衝擊較小,並可整體思考全校性系所架構。唯對急遽發展的資訊電機領域欠缺時效性,另我國其他主要大學均已成立電機資訊相關學院,清華似嫌落他人之後,恐與我國產業發展特性不能及時充分配合。

1996年10月18日資訊電機領域發展規劃小組根據〈資訊電機領域發展規劃草案〉,提出建議事項:(一)電機資訊為我國未來科技發展之重要領域,建議列為本校未來發展重點之一。資

訊系增班及通訊工程研究所之設立應繼續爭取。（二）資訊領域今後之發展，應用層面的比重將大幅增加，建議本校積極規劃發展資訊應用領域。（三）本校電機領域教師人數與國內主要大學相比，確有偏低。建議本校酌增電機教師員額，妥善規劃增聘優秀教師，並整合校內相關師資。（四）電機、資訊兩系教師對成立電機資訊學院之意願甚高，電機資訊學院之成立對資訊、電機之整合以及爭取校外資源也有助益，但學院之規劃宜顧及全校整體發展。又電機資訊學院之成立也應以爭取校外資源為考量，非以分配校內資源為考量。（五）資訊科學系從研究教學內容的考量或從社會大眾及學生的認知而言，均以資訊工程學系之名稱較適宜。建議將資訊科學系改名為資訊工程學系，並由學校整體考慮其學院隸屬。（六）建議本校積極規劃院、系所之整合或規劃。在近期內（次年春季前）對本校未來學院的架構能先有較明確的決定。

　　此規劃小組建議事項肯定清華電機、資訊領域之整合與適度擴充。根據規劃小組建議，1997 年資訊系林永隆主任將資訊科學系更名為：資訊工程系，英文名稱維持不變，仍採國際通用名稱：Department of Computer Science。

通過成立電機資訊學院議案

　　我記得曾與沈校長及校方高層分析設立新學院之必要，退一步或可將資工系改隸工學院。經一年折衝，我終獲校方指示，於 1997 年 4 月 15 日召開的校務發展委員會議，提出「成立電機資訊學院」議案。

第五章　成立電機資訊學院

　　在校發會議中,由我報告成立電資院案。本預期可順利通過,沒想到理學院廖俊臣院長在討論議案時,提出「大學院」之構想,建議清華五學院合併為三大學院,即理學院(包含生命科學院)、工學院(包含原子科學院)及人文社會學院。投票結果:成立電資院案贊成票、反對票各半(8：8),理學院廖院長原本贊成,卻投反對票;工學院陳院長原本反對,投贊成票。所幸沈校長利用主席職權,投下關鍵贊成票,通過成立電機資訊學院議案。電資院得以成立,該感謝沈校長一年多以來的支持。事實上,也應感謝理學院廖院長支持電資院及資訊傳媒學程之規劃,事後他當面向我致歉意,強調清華不宜成立太多小學院,他的本意並非反對成立電資院。

　　在籌劃過程中,我尊重電機系成立較早、規模較大(教師占比 60%),一直以「電機資訊學院」為新學院命名。沈校長認為資訊較有未來性,擬以「成立資訊電機學院」議案提到校務會議,由於電機系反對,而作罷。1997 年 4 月 26 日召開的校務會議,通過「成立電機資訊學院」議案,隨後我彙整各系所資料,於 5 月撰寫完成《國立清華大學電機資訊學院籌設計畫書》,由學校呈報教育部,申請核准成立。

　　1970 年代我就讀的柏克萊加大 EECS 系,專任(Tenure-track)教授約 90 位,電機與資訊教授比例約為 2：1。到了 2023 年,成長至 105 位教授,電機 48 位、資訊 78 位(有部分教授跨電機、資訊領域),電機與資訊教授比例約為 2：3。四、五十年來,電機與資訊教授比例有很大改變,這或可看出美國、甚或全球電資產業變化,也凸顯沈校長二十多年前的遠見。當然,國情不同,由於台灣產業特性,社會還是較重視電機。其實,

選擇電機資訊或資訊電機為學院命名並不重要，重要的還是學院的教學品質、學術成就、產業貢獻、社會影響力等等。

1997 年 9 月教育部核准成立電機資訊學院，清華擬於 1998 年 2 月正式成立。沈校長聘請我籌備電機資訊學院。

我請兩系推派電資院籌備會議代表，草擬電機資訊學院「院務會議組成細則」、「院教師評審委員會組成細則」、「院初聘專任教師作業細則」、「院教師升等審查細則」等四項清華各學院之基本運作組織章程。按照清華慣例，由校長指派新成立學院首任院長，籌備會議中，電機系代表要求訂定「院長遴選與連任辦法」，我說明兩系應尊重校長指派職權，此辦法沒有急迫性，留待首任院長研擬。籌備過程中，我感受到成立新學院的陣痛，將兩系從不同學院湊在一起，的確需要一些時間磨合。經三次籌備會議，草擬完成四項細則，大約 1997 年 10 月中我向陳信雄教務長表示，已完成籌備電資院之任務，至於指派或遴選院長由校方裁決。

任電機資訊學院首任院長

1997 年 11 月初沈君山校長卸任，由陳信雄教務長代理校長職務，另確定由美國厄巴納－香檳伊利諾大學（University of Illinois Urbana-Champaign）劉炯朗教授接任清華校長。1998 年 2 月劉炯朗教授就任校長，電機資訊學院正式成立，指派我擔任首任電機資訊學院院長。我三年後續任，2004 年 1 月卸任，共擔任六年電資院院長。

電資院成立時，只有電機系、資工系及電子所三教學單位。

第五章　成立電機資訊學院

1998年2月擔任電機資訊學院首任院長,在院長辦公室留影。

1999年成立通訊工程研究所,當時我聘電機系王晉良教授為首任通訊所所長,我建議王所長納入電機、資訊兩系通訊、計算機網路領域教授,分為通訊系統及通訊網路兩組。通訊所整合了兩系資源,互補且合作,運作順利且增強了師資陣容。在資訊應用領域,按清華慣例,先成立研究所,再成立學系,於2001年成立資訊系統與應用研究所,另於2003年成立光電工程研究所。

與電資院密切相關的清華校級研究中心,先是1994年成立的電腦與通訊科技研發中心,由我兼任中心主任,以及在2000年成立的積體電路設計技術研發中心,由電機系吳誠文教授擔任主任。兩研發中心均由兩系教授共同參與,確實達到增強研究陣容、共用資源的成效;此外,也整合校內、外相關領域教師與資

源，推動與執行大型、前瞻研究計畫。院長任內，我為院內同仁爭取到多項大型計畫，包括教育部與國科會大學學術追求卓越發展計畫、經濟部學界科專計畫、教育部教育改進計畫、台灣聯合大學系統尖端資訊系統與電子研究計畫，總經費約五億元。

上任後，我聘請電機系王小川教授為副院長，推動兩系大學部課程整合，以達到全院大一不分系課程目標；引進國際先進工程教育理念，規劃專業學程，降低必修學分，讓學生有更彈性選課空間。此課程於 2001 學年度開始實施，另推動兩系教學實驗室整合。

2000 年代初期，因應半導體、資訊產業蓬勃發展，教育部「矽導計畫」專案大幅擴充電機、資訊教師員額，我兩度到美國加州矽谷、大學求才。六年院長任內，因應產業、社會之需求，清華電資院急速擴充，教師從 60 位擴充至 91 位（成長 52%，相對全校成長約 10%）；學生從 1,328 位擴充至 2,087 位（成長 57%）。這也造成電資院空間的嚴重不足。原規劃中之清華資訊大樓，遲遲沒有下文，卸任院長前，我反映給校方，尋求協助解決空間嚴重不足問題。最終在我清華校長任內（2006 年～2010 年），暫借科管院大樓台積館空間救急，並募款籌建教學大樓台達館，預留未來電資院發展空間。迄 2022 學年度，電機、資訊兩系分別有 69 位、43 位教師，電資院成長後之規模已相當於工學院。

六年院長任期中，我規劃了電資院未來十年朝向兩系整合發展，2003 年 6 月完成《電機資訊學院未來十年發展規畫書》。在研究方面，逐漸形成研究群組，如積體電路輔助設計、網路通訊、系統軟體、多媒體。在教學方面，首先整合並更新電機與資訊核

第五章　成立電機資訊學院

心課程,建立兩系大學部基礎課程之共同架構。將兩系之師資與設備整合,共同開課、共用教學實驗室資源。使大學部一、二年級學生能有一致基礎訓練,於高年級再依個人興趣選修進階的電機或資訊專業課程。至於研究所教育,除了高階學理與技術培育之外,重視研究生的參與研究計畫,研究生據以獲得團隊合作與實務經驗。基於兩系課程規畫,實質上,電資院形成一包括多研究所的大電機資訊教學與研究架構。

上任院長之初,我即成立電資院「產學合作聯盟」,加強電資院與產業界合作,參與聯盟的企業達三十多家;設立企業精英講座,邀請企業領袖來校,講授企業經營理念與產業發展趨勢。也多方籌募經費,獎勵電資院傑出研究新進教師及傑出教學教師。於 2004 年元月院長卸任前,向智邦創辦人盧崑瑞副董事長、凌陽科技黃洲杰董事長、翔威國際劉龍龍總經理等校友募得五年共三千萬元經費,提供獎學金,爭取優秀學生入學,建立電資院「榮譽學生」制度,獎助在學優秀學生出國進修。另從 2001 年開始選拔電資院傑出校友,以肯定學院校友對產業、教育、社會之貢獻,並增強校友向心力。電資院院長任內,我也為清華籌募經費,於 2003 年為清華募得聯發科技公司監事一席,聘請卸任劉炯朗校長為監事,監事酬勞每年為清華校務基金增添數百萬元經費。

朱順一合勤獎學金、合勤演藝廳

1999 年承教育部委託,我負責規劃第三期通訊科技教育改進計畫,聘請合勤科技創辦人朱順一董事長為諮詢委員,在我主持

的某一次規劃會議中，朱董事長向我表示，小時家住與清華相鄰的水源街，雖為交大畢業生，但對清華有特殊感情，願捐獎學金給清華成績優異的大學生。朱董事長於1989年創辦合勤科技，自行研發、設計出高速、高品質數據機（Modem），是非常成功的創業家。我乃籌劃「朱順一合勤獎學金」，頒給兩年總成績優秀的大學部三年級學生，每位學生獲得獎學金十萬元。2000年起首先獎助電資院大學生，逐年擴展到工學院、理學院，以至全校其他學院學生。此獎學金已成為清華每年頒予全校優異大學生最高榮譽的獎學金之一，二十多年來不間斷。在擔任電資院院長時，此獎學金每年由電資院主持頒獎，2004年我卸任院長後，改由校方接辦。

2008年朱順一合勤獎學金頒獎合照，當時我擔任清華校長，朱順一董事長在後排中央。

朱董事長很認同清華辦學，於 2001 年頒獎典禮後，我協助劉炯朗校長向其募款六百萬元，用於整修位於舊行政大樓的第一講堂，並命名為「合勤演藝廳」，成為多元的小型藝術表演場地，提供包括藝文講座、室內樂、戲劇、舞蹈、電影播映、社團成果展等活動運用。

回顧二十多年前成立電資院之歷史，清華電資院得以適時成立，應是產業、社會時勢所趨，也繫於沈君山校長對我的信任，毫不猶豫在校務發展委員會議投下關鍵贊成票。

共同主持電信國家型科技計畫

電資院院長任內，我受邀參加了「電信國家型科技計畫」（National Telecommunications Program, NTP），是國科會第一個跨部會的國家型科技計畫，於 1998 年 8 月開始執行，為時五年（1998 年～ 2003 年）。

1990 年代是網際網路及行動通訊蓬勃發展的年代。架構在網際網路上的全球資訊網及網頁瀏覽器漸漸普及，深入社會各層面。1992 年 2G（第二代）GSM 網路開始商業營運，促成行動通訊的普及，使用者快速增長，1995 年全球使用者達到一千萬，1998 年更高達一億。1998 年成立的電信標準化機構 3GPP 接續規劃更高速的 3G 行動通訊系統。

台灣因應網際網路及行動通訊普及、電信自由化趨勢，立法院於 1996 年通過「電信三法」，交通部於 1997 年開放民營行動電話、無線電叫人、行動數據與中繼式無線電話等四項行動通信業務。

適值 1996 年第五次全國科學技術會議決議，為提升研發效能，創造新技術，以建立國家未來之競爭優勢，由國科會推動「國家型科技計畫」。國家型科技計畫須有長期明確目標、創新技術，具跨部會署及跨領域之特性，且具國際性、前瞻性。當時國科會張進福副主委、工程處吳靜雄處長配合電信三法，發起籌劃 NTP，以無線通訊及寬頻網際網路為計畫重點。

1998 年國科會劉兆玄主委聘請交大鄧啟福前校長擔任 NTP 總主持人，鄧校長聘交大魏哲和副校長為共同主持人，交大陳信宏教授為 NTP 辦公室執行長，台大陳俊雄教授及交大林一平教授為無線通訊領域召集人，我及台大蔡志宏教授擔任寬頻網際網路領域召集人。2001 年魏副校長就任國科會主委後，鄧校長聘交大電資院吳重雨院長及我為共同主持人。

2002 年 NTP 由總主持人鄧啟福校長（坐者左三）率領前往荷蘭考察，受到胡為真大使（中央坐者）接待。（鄧啟福總主持人提供）

第五章　成立電機資訊學院

第一期 NTP 於 2004 年元月舉行成果發表會，台灣通訊業產值達 3,100 多億元，為 1997 年之 3.5 倍，多項寬頻、無線產品在全球市占率數一數二，NTP 也為我國培育許多高科技網通人才。

第二期 NTP（2003 年～ 2008 年）由時任暨南國際大學張進福校長接續擔任總主持人，計畫重點除了無線通訊及寬頻網際網路，增加了「應用服務」。張校長 2008 年 5 月就任行政院政務委員後，由台大吳靜雄教授接任。

台灣通訊產業包括手機、WLAN、GPS、3G/4G 等通訊設備及零組件，在 NTP 十年的帶領下，其中無線區域網路設備、寬頻用戶設備（DSL CPE、Cable CPE）等重點產品，市佔率為全球之冠。

鄧校長在回憶錄《無求常安：鄧啟福口述歷史》（2020 年國立交通大學出版社出版）詳述 NTP 計畫的運作，立下推動國家型科技計畫的模式與典範。如參與 NTP 辦公室運作的教授要利益迴避，不能申請 NTP 研發計畫，全心為學界、產業界之產業技術研發效力，不似部分其他國家型科技計畫，主持人將計畫經費據為己有，往往引發外界的詬病。

NTP 的後續計畫「網路通訊國家型科技計畫」由吳靜雄教授擔任總主持人（2009 年～ 2014 年），以接取技術、通訊軟體與平台技術、應用服務技術及法規環境研究為計畫重點，協助台灣資訊、通訊、網路的產業技術發展。

在 NTP 及後續網路通訊國家型科技計畫的帶領下，台灣通訊產業從 1998 年 1,141 億元新台幣產值，迄 2014 年發展為兆元產業。NTP 在很多指標，如專利、技術移轉、促進投資皆有突出表

現,是非常成功的國家型科技計畫。[2]

回顧 NTP（第二期）及後續網路通訊國家型科技計畫,唯一的遺憾是協助政府推動兩個 4G 標準之一的 WiMAX 產業,因國際電信產業角力（Intel vs. 電信商聯盟）,Intel 宣布退出 WiMAX 產業,WiMAX 未被採納為 4G 行動通訊技術,造成台灣 WiMAX 產業界與投入營運的電信業者損失。政府錯估 Intel 的實力,不像韓國同時押寶 WiMAX 與 LTE 兩個不同系統,以分散風險。

我的生物課

2002 年 6 月,我在清華校園內書店水木書苑隨手買了《基因聖戰》（*GENOME: The Story of the Most Astonishing Scientific Adventure of Our Time—The Attempt to Map All the Genes in the Human Body*, by Jerry E Bishop and Michael Waldholz, 1990）一書,敘述科學家探尋致病基因的故事,如找到亨丁頓舞蹈症（Huntington's Disease）致病基因的過程,內容引人入勝,不禁一口氣讀完,開啟了我對以基因為基礎的生物學之興趣。

我在高中一年級上了第一門生物課,是由一位台師大剛畢業的老師任教的,至今只記得學到動植物分類,沒有其他印象。在大學求學過程中,我再沒有修過生物相關的課程。

曾聽幾位讀理工的同學、朋友提及,他們看了諾貝爾生理醫學獎得主詹姆斯·華生（James D. Watson）1968 年所寫的《雙螺旋》（*The Double Helix*）一書而轉念生物。我大約在 1990 左右

[註 2] 孫智麗、黃奕儒,〈國家型科技計畫績效評估與效率分析〉,《台灣經濟研究月刊》,32 (12),2009 年。

看了這本書,華生敘述他與同儕發現 DNA 雙螺旋結構的歷程,美國國會圖書館列為「塑造美國的書籍」(Books That Shaped America)之一。

華生領導(1988 年～1992 年)美國國家衛生院(National Institutes of Health, NIH)加入「人類基因體計畫」(Human Genome Project)。此計畫由美國能源部及 NIH 出資,1990 年開始執行,隨後,擴展為國際合作的計畫。原計畫長達 15 年,提前於 2000 年 6 月,由美國總統柯林頓與英國首相布萊爾共同宣布人類基因體計畫初步草圖('rough draft' of the genome)完成,當年是一全球矚目的新聞。

1980 年起我訂閱《國家地理雜誌》(National Geographic),常看到生物相關報導。1980 年代我已注意到,由於華生發現 DNA 雙螺旋結構,促成生物科技蓬勃發展。但因專注於正在起飛的資通訊科技之教學研究,我無暇他顧,直到讀了《基因聖戰》,燃起對生物學的興趣。

幾乎同時,清華生命科學院潘榮隆教授(曾任生命科學院院長)送我一本生物學教科書 Biology: Concepts & Connections(2nd Ed., 1997)。我去書店買了一本《牛津簡明英漢醫學辭典》,在 2002 年暑假,我一面查辭典、一面自學生物學,欲罷不能,將厚厚七百多頁的教科書從頭讀到尾,

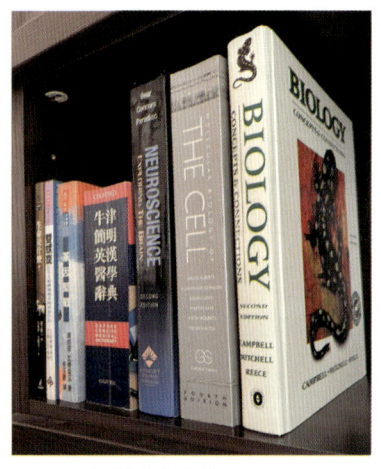

2002 年看過的生物書籍。

內容包括細胞的一生、細胞繁殖及遺傳學、演化、生物多樣性、動植物、生態等。

同一個暑假,我買了細胞分子生物學教科書 *Molecular Biology of The Cell*(4th Ed., 2002),共 1463 頁,我選讀了約 600 頁,內容包括細胞與基因體、細胞化學與生物合成、蛋白質、DNA 與染色體、DNA 複製、DNA 修復及重組、細胞讀 DNA 及製造蛋白質、基因表現控制、細胞膜運輸、神經傳導物質、細胞週期、細胞計劃性死亡、病原體、感染、先天免疫等等,增長了很多關乎生命起源的細胞之分子生物知識。

我對腦神經科學特別感興趣,以一個計算機(電腦)科學教授來說,是很自然的事。在機器學習領域的類神經網路(Neural Network),即是一種模仿生物神經網路的結構和功能的計算模型。從 2002 年 9 月,我開始讀神經科學教科書 *Neuroscience: Exploring the Brain*(2nd Ed., 2001),內容包括神經元、膜電位與動作電位、突觸傳導、神經傳遞系統、神經系統結構、感覺(視覺、聽覺、嗅覺、味覺、觸覺)神經系統、運動神經系統、腦與行為(驅動力、情緒、性、語言、注意力、睡眠、生理時鐘、精神疾病)、腦連結、突觸可塑性、記憶與學習等等。讀後收穫甚多,認識神經科學仍有很多有趣、重要的問題,值得更多研究者投入解答。

二十多年前涉獵這些生物知識,受益無窮,除了有助於吸收生物醫學新知,也讓我能較稱職地擔任生醫相關職務,包括擔任清華校長、2009 年規劃「新竹生醫園區」、2011 年擔任「智慧電子國家型科技計畫」總主持人、以及擔任「基因體醫學」及「生技醫藥」國家型科技計畫指導小組委員等工作。

不忘學術研究

自 1990 年代以來,我的研究除了平行處理,主要重點在寬頻網路、無線網路及行動通訊。由於架構在網際網路上的全球資訊網及瀏覽器普及加上行動通訊崛起,網路資訊流量大幅成長,我的研究團隊專注在高頻寬的資料交換系統、高品質視訊通訊編碼、無線及有線網路服務品質保證,以及無線行動通訊網路之基地台換手(Vertical Handoff)等

1999 年獲頒 IEEE 計算機學會 Technical Achievement Award。

議題。無論擔任教育部顧問室主任或電機資訊學院院長期間,我都維持相當規模、能量的研究團隊。2004 年我第四度被 IEEE 計算機學會聘為傑出巡迴講座,主講「無線通訊網路」(2004 年~2006 年)。

於 1999 年電資院院長任內,我獲 IEEE 計算機學會頒予「技術成就獎」(Technical Achievement Award),表彰我對平行處理與高速網路系統設計之貢獻,此獎項係頒給過去十五年內對計算機與資訊科學及工程領域有傑出與創新貢獻者,該年度僅三人獲此獎項,我是台灣至今唯一獲此榮譽的學者。IEEE 計算

機學會技術成就獎是該學會很重要的獎項，除了頒予獎狀，另頒 1,500 美元獎金，於 1999 年 11 月在美國俄勒岡州波特蘭舉行的超級計算會議（SC '99: the 1999 ACM/IEEE Conference on Supercomputing）大會上公開表揚。正巧前一周我在夏威夷參加 2000 年 IEEE ICDCS 籌劃委員會，由於行程緊湊，很可惜沒能參加表揚大會。

當時我已在國際學術界建立起一定的聲譽，也由於 1992 年創始 IEEE 平行與分散式系統國際會議（ICPADS）及擔任此會議之籌劃委員會主席，認識許多國際知名學者，2000 年很榮幸被推舉、擔任在台北圓山飯店召開之 IEEE 分散式計算系統國際會議（IEEE International Conference on Distributed Computing Systems, ICDCS）的大會主席。ICDCS 為分散式計算領域最重要的國際會議之一，首次來台舉辦，有三百多位學者、專家、學生參加此學術界盛會。

1999 年 11 月在美國夏威夷召開 2000 年 IEEE ICDCS 籌劃委員會，由籌劃委員會主席劉銘燦（Mike Liu，前排左二）教授主持，決定論文接受率、確認大會演講者等事宜。

此外，我於 2001 年首次獲頒教育部「國家講座」，這是教育部給予大專院校教師最高之榮譽，一任三年。2004 年我再度獲頒教育部國家講座，根據教育部規定，第二次獲頒國家講座者成為

2004 年獲教育部聘為終身榮譽國家講座，由陳水扁總統頒授聘書。

「終身榮譽國家講座」。在擔任六年國家講座期間，八次受邀到台大、交大、清華、中興等大學擔任通識講座，講題：未來資訊網路技術與應用。

帶領跨校的學術卓越計畫

除了帶領研究團隊做學術研究，我也不忘提攜新進教授。經過教育部嚴謹評審，於 2000 年 4 月榮獲擔任四年教育部大學學術追求卓越發展計畫「下一世代資訊通訊網路尖端技術與應用」總主持人，研究主題包括寬頻交換網路、網際網路行動計算技術、網路中介軟體及平台技術、資訊傳媒技術與應用、網路教育園區及其社會影響研究，研究團隊包括清華、交大數十位教授。因主持教育部大學學術追求卓越發展計畫，成效受肯定，經國科會嚴謹評審通過，從 2004 年 4 月起，擔任四年後續之國科會大學學

術追求卓越發展延續計畫「下一世代資訊通訊網路尖端技術與應用（II）」總主持人，此計畫為少數獲延續之大學學術追求卓越發展計畫，兩計畫總經費共 3 億 9,800 萬元。

兩期大學學術追求卓越發展計畫研究團隊之研究成果豐碩，包括利用高速網路處理器，設計具差異化服務功能，以提供服務品質保證，滿足不同應用之需求，如網路頻寬管理、即時的多媒體應用、網路安全之即時入侵偵測等之寬頻交換網路系統（黃能富教授團隊）。另提出具延展性、高性能之交換網路架構，被美國史丹佛大學高性能交換網路研發團隊，採納為下一世代的交換網路架構（張正尚教授團隊）。發展無線感測物聯網平台被許多國內、國際研究團隊採用，並被國科會指定為環境監測、醫療照護、自然生態等研究與應用平台（許健平教授團隊）。這些創新研究成果大幅提升清華、交大網路研究團隊之國際學術地位。

擔任台灣聯合大學系統研發系統副校長

1990 年代因教育改革，台灣大學校院數目大幅增加，然高教經費沒能隨之遞增，造成大學經費短絀的困境。根據 2008 年 9 月國立中央大學出版的《飛越：劉兆漢校長與中央大學》一書，在 2001 年清華劉炯朗校長任內，中央大學主動聯絡清華、交大、陽明等三所大學，共同組成四校聯盟，希望學術領域互補，進行校際合作。加上 2002 年教育部希望培養一至二所國際一流大學，推出「推動研究型大學整合計畫」，以競爭性經費鼓勵研究型大學整合，朝國際一流大學目標邁進。清華、交大、中央、陽明四校組成「台灣聯合大學系統」（University System of Taiwan，簡稱：

第五章　成立電機資訊學院

台聯大系統或台聯大）。2002年10月獲教育部核准通過試行，是台灣高教體系的第一個大學聯合系統，成為台灣三大研究主軸之一，三大研究主軸分別為台灣大學、台聯大系統、及成功與中山之聯合系統。

因聯合大學系統無〈大學法〉法源依據，四校草擬「台灣聯合大學系統組織與運作試行辦法」，送教育部審核，教育部於2003年10月核定此試行辦法。台聯大系統於11月正式運作，由中央大學劉兆漢前校長擔任系統總校長，下設研發、教學、行政三位系統副校長。徐遐生校長推薦我擔任研發系統副校長，我當時仍擔任電資院院長，至次（2004）年元月卸任，因此短暫身兼學院院長與研發系統副校長兩項職務。

台聯大系統提出「台灣聯合大學系統整合計畫」，2003及2004學年總共獲得教育部14億5,645萬元的經費補助，執行計畫分為三大項目，包括研究中心（佔總經費42.0%）、網路、圖書及教育（佔總經費25.6%）、校內整合（佔總經費29.0%），另外，還有系統運作所需（佔總經費3.4%）。[3]

台聯大系統執行的主要重點為設立跨校研究中心，台聯大下設腦科學研究中心、奈米科技研究中心、尖端資訊系統與電子研究中心和環境與能源研究中心，分別由陽明、清華、交大、中央主導，整合四校資源，進行跨校研究。我共擔任兩年三個月研發系統副校長，直至2006年2月擔任清華校長才卸任。我負責督導研究中心之運作，為其建立制度，在2003及2004兩學年教育部評鑑中，台聯大系統均優於台大及成大系統。

[註3] 陳正成（主編），《台灣聯合大學系統二十年》，國立清華大學出版社，2023年10月。

清華學術成就

任電資院院長期間，我曾著手比較清華與其他學術單位的學術成就，其中主要的指標之一是國科會的研究獎勵人數。

國科會研究獎勵制度從 1986 年實施，其中傑出研究獎勵成為學術研究者、各學術研究單位重要的學術成就指標，清華也曾以獲得國科會傑出研究獎教師比率遠高於其他學校而自豪。如 1986 年首次頒授傑出研究獎，獲獎教師中，台大有 24 人、清華 17 人、中研院 17 人、成大 5 人、交大 4 人，由於第一屆學術成就佼佼者大多參與競爭，以上得獎總人數相當程度能代表當時各單位的學術實力。考慮各校教師規模（1985 年台大約為清華 4 倍，成大約為清華 1.5 倍，交大為清華 7 成，未能查到中研院研究員人數）[4]，可見清華教授平均學術表現大幅領先台大、交大與成大。

1976 年我回清華任教時，清華各級主管非常重視學術研究，學校也提供教師很好的研究環境，例如全體師生住校，另外每位教授擁有自己的研究室，這是世界名校，如柏克萊加大，視為理所當然的安排。當時我非常訝異清華鄰校的同行計算機科學系教授，兩人共用一間研究室，也很訝異台大工學院某學系只提供一間教師共用的研究室，甚至一位政治大學資深教授告訴我，他沒有校內研究室，上完課即回家裡，住家的書房為他的研究室。

此外，清華學院系所大多已建立嚴謹的教師聘任、升等制度，

[註 4] 從教育部網站中查得各大學助理教授及以上職等人數。中研院人事室提供中研院博士後研究員、助研究員及以上職等人數統計資料，但無 1985 年的資料。

聘任的教師絕大多數具有博士學位及具研究潛力者；通常教師升等要經過國內外知名學者的審查，有些學院系所另設定每年教師升等通過比率上限。其他大學大多對教師學術成就要求不似清華嚴格，不乏教師只要滿足基本年資要求就給予升等的情形。

國科會實施研究獎勵制度近20年後，在2003年公佈傑出研究獎名單，清華有8位教授得傑出研究獎，成大亦有8位，交大則有10位，而台大更多達24位，中研院有17位。當時清華同仁憂心，清華的學術表現不再像過去鋒芒畢露，各大學都在進步，很明顯清華已不似以往，與台大、中研院並駕齊驅，得獎人數遙遙領先其他學術單位。我花了些時間分析歷年各大學及其他學術單位得獎情形，2004年元月撰寫〈從國科會傑出研究獎看清華學術成就〉一文，探究清華學術狀況。

我從國科會網站查到1986年至2003年之各大學、研究機構之傑出研究獎獲獎人名冊及統計表，台大、中研院、清華、成大、交大五單位傑出研究獎獲獎總人數並列前五名，分別為：274人、172人、105人、78人、56人；得獎人數占該單位前一年（2002年）總教師（研究員）人數比率則分別為：16.7%、24.7%、21.4%、8.4%、11.2%。清華教授獲得傑出研究獎比率高達21.4%，換言之，每五位教授，就有一位得過傑出研究獎。清華教授獲得傑出研究獎比率僅次於中研院，高於台大，遠高於交大、成大及國內其他大學。

得三次傑出研究獎者，可獲國科會聘為特約研究人員，獲聘總人數前五名依序為：台大86人、清華45人、中研院45人、成大22人、交大19人。清華特約研究人員總人數與台大、中研院並列前三名，遙遙領先其他單位。2002年清華教師規模僅為台

大之三成,中研院之七成,中研院又有豐富的資源(如 2002 年博士後研究員 356 人,2003 年更高達 483 人,幾與清華教授人數相當),清華特約研究人員總人數高達台大之 52.3%,與中研院相同,殊為不易,亦足見清華學術表現優異,學術成就甚受同儕肯定。

為了探究清華之學術表現變化,我將國科會實施獎勵制度的 18 屆分為前、後各 9 屆,與台大、中研院、成大、交大比較傑出研究獎獲獎總人數。我利用整理出來的各研究單位得獎名單,每一得獎者列入第一次得獎年份統計(一得獎者第一次得獎年份,表示該得獎者累積過去之努力,其研究於該年份達國科會傑出水準)。

前 9 屆(1986 年~1994 年)第一次得傑出研究獎總人數,各大學依序為:台大 149 人、中研院 93 人、清華 67 人、成大 36 人、交大 20 人;占各單位 1993 年總教師(研究員)人數比率分別為:台大 9.8%、中研院 18.1%、清華 16.1%、成大 5.0%、交大 4.9%。清華教授得傑出研究獎比率幾與中研院相當,大幅領先台大及其他各大學。

再看後 9 屆(1995 年~2003 年)第一次得傑出研究獎,依總人數排序為:台大 125 人、中研院 79 人、成大 42 人、清華 38 人、交大 36 人;前 9 屆未得傑出研究獎與新進教授(研究員),在後 9 屆獲得傑出研究獎人數占各單位 2002 年總教師(研究員)人數比率分別為:台大 8.4%、中研院 13.1%、成大 4.7%、清華 9.0%、交大 7.5%。清華後 9 屆得傑出研究獎總人數大幅滑落,交大大幅提升,其他單位保持既有腳步;清華教授獲得傑出研究獎比率遠低於中研院,僅與台大相當,不再如前 9 屆大幅領先台

第五章　成立電機資訊學院

大,而交大則緊追在後。清華就像龜兔賽跑中的兔子,停頓腳步,已脫離領先群,學術表現滑落之原因,值得深思與探討。

我也比較各單位在不同學術領域表現,在自然領域領先的單位為:清華、台大、中研院;在工程領域為:清華、台大;在生物、人文領域:中研院;在科教領域:交大。

整體而言,清華學術研究之成就甚受肯定,在自然、工程領域具學術領先地位,在生物、人文領域,教授平均學術表現亦有全國前三名水準。清華整體學術表現與中研院相當,優於台大,大幅領先其他大學,已建立起學術領先地位,清華實有可自豪者。

但清華卻有近憂:以往學術領先地位已失,整體學術表現落後中研院,僅與台大相當。清華有最高的國科會特約研究人員比率,似未建立機制,引導早期之學術研究佼佼者,帶領新進教授進一步提升清華之學術水準,甚為可惜。學術表現落後原因,值得清華同仁深思、探討與反省。

清華整體學術能力仍具優勢,清華仍有可為。如何善加利用國家與社會、校友資源,激勵清華全體教師並提攜年輕一代學者,以提升清華學術研究水準至國內領先地位及國際卓越水準,實為清華當務之急。

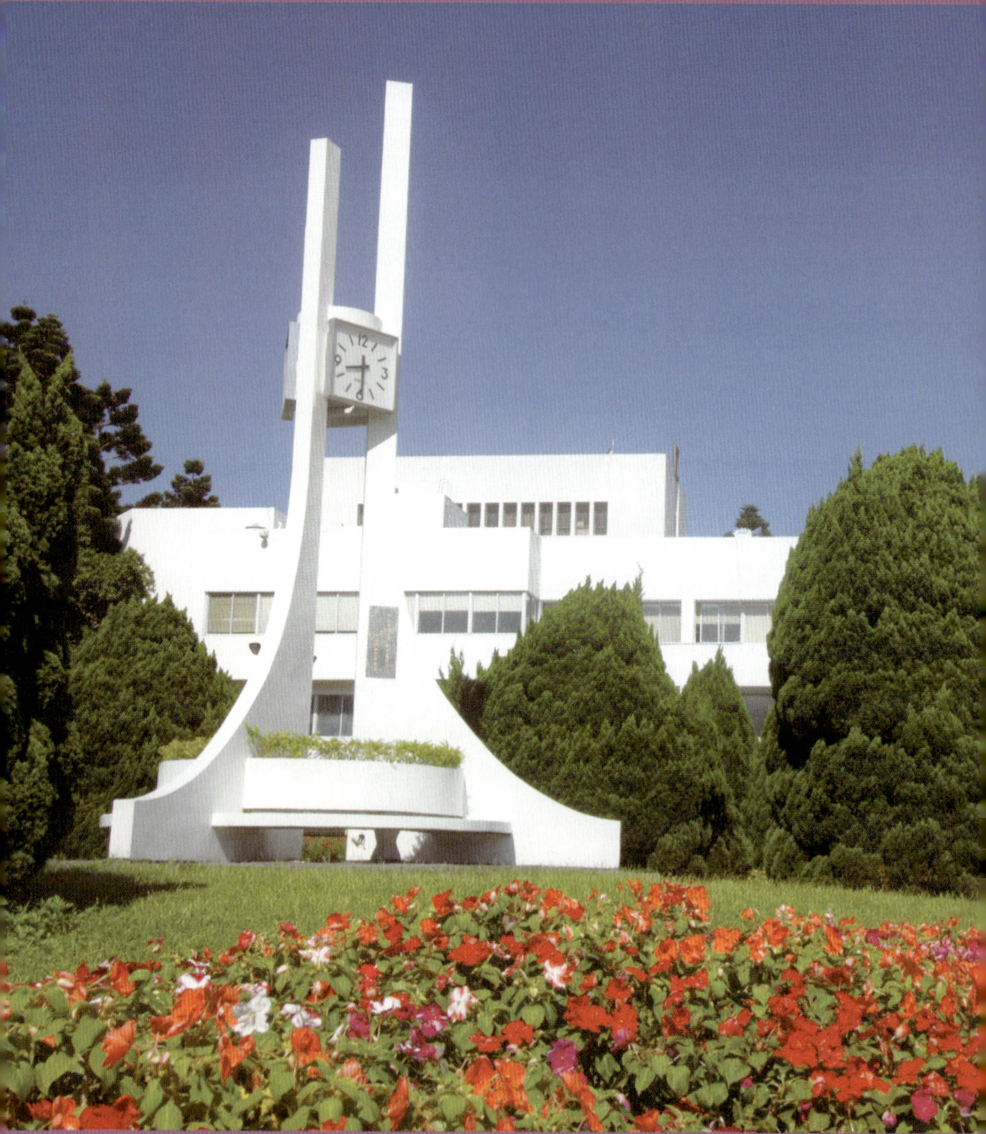

第六章

就任
國立清華大學校長

2005 年 3 月徐遐生校長宣布不尋求續任,我當時擔任台灣聯合大學系統研發系統副校長,即有同仁鼓勵我參與清華校長遴選。事實上,2001 年我曾參與清華校長遴選,我與徐遐生院士、郭位院士(曾任香港城市大學校長)三人出線,當時國立大學校長遴選採校內、教育部兩階段,被清華校長遴選委員會推薦到教育部;教育部隨後組成清華校長遴選委員會,確定聘請徐遐生院士為清華校長。

　　根據國立清華大學出版社出版的傳記《父子雙傑清華傳承》一書中,徐校長提及 2001 年清華校長遴選委員會推薦他的過程,以及他似已是清華校長內定人選,也提到在 2005 年爭取教育部五年五百億元案(邁向頂尖大學計畫之俗稱)及推動清、交兩校整併前,他「覺得擔任清華校長要做的事,大部分都做了,他已經想好不續任了。」[1]

　　2005 年大學法修正後,各大學據以修改組織規程,方採現行校內一階段校長遴選,由校內組成的校長遴選委員會決定校長人選,報請教育部聘任。不過,在 2005 年清華尚未修改組織規程,仍採校內、教育部兩階段遴選校長。

　　清華大學校長遴選委員會的組成,是由各學院代表及職技人員代表各一人、校友代表一人、及社會公正人士二人組成。2001 年及 2005 年的校長遴選委員會中,均由當時中央研究院李遠哲院長做為校友代表,並擔任召集人,社會公正人士遴選委員均包括台積電張忠謀董事長;2005 年另一位社會公正人士為曾任教育部長的中國醫藥大學黃榮村校長。

[註1] 參見《父子雙傑清華傳承》一書,2005 年清、交兩校推動整併,以獲得教育部多達每年 30 億元之經費補助,因交大校務會議沒通過,而沒整併成功。

清華的校長遴選活動相對寧靜，不似有些大學參選人須經過競選活動，方能進入校長遴選委員會做最後實質遴選。清華遴選委員會鼓勵校外人士參與遴選，甚至可自我推薦，遴選過程對參選人名單保密。因此得以吸引校外優秀人選參與遴選，過去二十多年來遴選產生劉炯朗、徐遐生、高為元等三位來自國外的校長，為清華注入更多元、接軌國際的治校思維。

參選人在清華校長遴選委員會說明治校理念，之後遴選委員會選出二至三位校長候選人，由全校長聘教師（研究員）投同意票。清華校長遴選委員會從同意票達二分之一門檻者，產生校長人選，再送教育部組成的清華校長遴選委員會，最後決定校長聘任人選。

過往熟悉校務運作

我很關心清華校務，在參選校長之前，對清華校務已有一定程度的了解。沈君山校長任內力求校務透明化，包括各教學單位經費與空間分配、教師員額配置。1995年對各教學單位教師員額提出可遵循的制度，我認為有不合理之處，於9月撰寫〈國立清華大學教師員額重新配置芻議〉一文。在該文的「前言」中即可看出我已熟知歷任校長推動校務的脈絡：

「本人在本校任教將近二十年，深知本校在發展過程中，此教師員額表隱含許多決策過程。如早期本校為了打破教育部一個研究所五個員額的限制，同一系成立多個研究所以爭取較多的教師員額，但實際還是在同一系所下運作。後來在教育部鼓勵所系調整政策下，保證員額不減，因此有物理研究所與應用物理研究

所合併,化學研究所與應用化學研究所合併,化工研究所與高分子研究所合併。另在民國七十年代,校方積極推動生命科學及人文社會兩個領域,除給予較寬裕之圖書儀器設備經費外,並給予較多的編制外員額。在同一時期,本人任職所長的資訊科學研究所較難聘請相關教師,當時的毛高文校長及沈君山院長答應只要找到合適人選,校方即全力配合,因此資科所即利用『重點科技』名額聘任 8 位教師,成立大學部以後,資訊所的 26 名總員額即包括此 8 位重點科技員額。相信其他系所在其教師總員額數字背後亦隱含許多校方決策的痕跡。

近年來國家財政困難,系所擴增減緩,學校可爭取到的教師員額比以往少得多。目前本校大部分系所定位也較確定,已聘教師亦接近滿額,這時本校重新檢討各教學單位之教師員額,以審慎運用剩下之教師員額應是一很適當的時機。」

我分析了「既有分配方案」,不同系所師生比差異頗大,確有改進之處,指出「學校公佈方案」太拘泥於歷史因素考量,顯不合理。進而提出「建議分配方案」,以大學部學生人數分配學系教師員額,並建議回歸行政院核定、教育部公佈之〈國立大學院校研究所教師員額及設備經費分配要點〉,分配研究所教師員額。

此外,1996 年我籌劃成立電機資訊學院,以及在 1998 年就任電資院院長六年任期中,參與學校各個層級會議,如校務會議、校一級主管行政會議、校務發展委員會議、校教師評審委員會議,更了解清華校務之運作。2003 年 11 月起擔任台聯大系統研發系統副校長,更了解校際間及其他大學之校務運作。

清華願景、治校理念與構想

2005 年 7 月我在幾位學界、產業界先進推薦下,參與了清華校長遴選。在給清華校長遴選委員會的推薦書中,我附了〈清華願景、治校理念與構想〉一文,這是我多年來對國內大學及國際知名大學的觀察、參考國內外知名教育家的高教論述,以及對清華在新竹建校四十多年校務發展之了解撰寫而成,摘要如下:

清華優勢

清華大學有輝煌歷史與優良傳統,曾培育出許多傑出校友。在新竹建校近五十年,已建立特色校園文化,發展為尊重學術自由、重視學術成就、學術氣氛濃厚的績優研究型大學。由於教授積極參與校務,在國內大學中,清華各項行政制度較為完備,聘任、升等制度較為嚴謹,對教師學術水準有較高的要求。清華學術成就高,難得的是:有超過 20% 教授得過國科會傑出研究獎以上的榮譽。現有各學院,在學術研究方面均衡發展,各具特色。

清華北校門於 1977 年擴建,有雕刻大師楊英風先生設計的校門立柱。

清華校園座落佳，與交通大學、國家衛生研究院、工業技術研究院、新竹科學園區、新竹生物醫學園區及國家實驗研究院之國家同步輻射研究中心、國家奈米元件實驗室、國家晶片系統設計中心、國家高速網路與計算中心、國家太空中心等為鄰，清華可就近與其他學術研究單位、主要產業研發機構及主要產業園區，做緊密的產學研合作。清華校園景觀優美，自然生態豐富，校地寬闊完整，佔地 105 公頃，有可供未來發展空間。清華不僅已成為我國最優秀的研究型大學之一，亦有潛力成為具國際水準的一流大學。

治校理念與清華願景

現代研究型大學既不是只傳授知識的「學堂」，亦不是僅追求學問的「象牙塔」，現代研究型大學是多元化的大學（Multiversity）。[2] 具國際水準一流大學是肩負發現知識、傳授知識，培育人才，與社會、產業緊密互動多元任務的現代研究型大學。我提出「發展清華大學成為具國際水準一流大學」的願景，並提出治校理念：

具國際水準一流大學，在學術方面，知識發現與技術創新，佔前瞻領先的地位。在教學方面，能提供可因應未來社會及科技發展的高品質教學內涵，能培育具優秀人格與人品、有獨立思考與終身學習能力、能創新整合、兼具國際觀之專業與領袖人才。另有優質的研究教學環境：完善的研究教學設施，豐富的圖書館

[註 2] Clark Kerr, *The Uses of the University*, Chapter 1, Harvard University Press, 2001.

藏，景觀優美、舒適怡人、安全無障礙的校園。在此環境中，師生員工融洽和諧，其福利受照顧，能尊重他人、寬容異見，能激發創新、發揮創意，無論教學研究、學習、工作，均有成就感。

具國際水準一流大學，有具特色之校園文化及優良傳統：尊重學術自由，追求學術卓越，重視教學，關心學生，關懷社會。學術創新是大學首要責任，大學應充分尊重學術自由、追求學術卓越。學生是教育的主體，學生的福祉應放在首位，大學教育應重視教學，融入高品質的教學內涵。亦應關心學生，在課業上與生活上給予輔導，精神上給予鼓勵與支持。大學是社會的一部分，是「良心」及知識所在，大學不能自外於社會，須關懷社會，為社會貢獻知識與建言，甚至做為表率，引導社會善良風氣，以善盡提升文化與服務社會的大學責任。

具國際水準一流大學，經營績效卓著，有妥善規劃的校務發展藍圖，卓越的校務制度與高品質的行政支援。透過產學合作、推廣教育、社區服務，與產業、社會緊密結合，與社區共榮，以促進產業、社會發展，回饋社會，服務社會。

具國際水準一流大學是一國際化大學，能吸引傑出國際學者訪問，國際學生就讀，進行國際合作，以達國際學術水準，並為全人類知識做出重要貢獻。由於辦學績效獲得社會認同，能爭取到社會資源，並善用社會資源，有很強的校友向心力，很強的募款能力。

清華大學在新竹建校，已有良好基礎，亦有受肯定的學術成就，應有潛力發展為具國際水準的一流大學，我勾畫「清華願景」如下：

（一）發展清華大學為：學術卓越、提供高品質教學、

有優質研究教學環境、學術領域完整且均衡發展之具國際水準一流大學。

（二）發展清華大學為：具特色校園文化、經營績效卓越、與社區及科學園區共榮、與社會及產業緊密互動之國際化一流大學。

面臨困境與挑戰

為實現清華願景，清華面臨許多困境與挑戰。在學術研究方面，目前清華整體學術表現雖受肯定，但尚未達國際卓越水準。受限於國內環境，資源平均分配，待遇齊頭式平等，教授大都採取個別研究。近年來，更因高教經費緊縮，各項研究支援惡化，很難再有更好的研究成績。欲更上層樓，須有突破性的做法。

在教學方面，社會快速變遷，知識倍數疊積，如何培育對未來社會有重大貢獻的人才是一大挑戰。就跟國內其他研究型大學一樣，清華教師也偏重研究，較忽視教學；重專業課程，較忽視通識教育。欲提供高品質教學，清華尚須努力。

在校務發展方面，近十年來，學校規模擴大，因缺乏經費整建，研究教學空間不足，校園環境、研究教學設施、圖書館藏實不理想，校務已受到很大的限制，研究教學環境亟待改善。清華在新竹建校以理工為主，對我國科技發展已做出重大貢獻，但對社會其他面向的影響卻很有限。為對社會做出更大貢獻，清華有必要發展為人文社會與科技領域並重，學術領域完整、均衡發展的一流大學。

在校務經營方面,面臨許多困境。國立大學長久以來,受限於公務預算制度,較沒有長遠校務發展規劃,也很少做財務規劃管理,清華目前無專責募款單位。政府未來對大學大多採「競爭性經費」補助,校務經費來源不確定性增高,清華亟待加強校務發展規劃與支援校務發展的財務管理,以及建立籌措充裕財源之機制。近年來校務多元化,欲實現清華願景,清華仍待建立權責分明、卓越化的校務制度。目前行政組織架構,行政決策、支援流程均須要調整,行政人員待充實,其職務能力待提升,以提高行政效率與行政品質,支援多元化的校務。另清華與社會、產業的互動及國際化程度仍待加強。

治校構想

四年前,教育部公佈〈大學教育政策白皮書〉,揭示教育鬆綁,大學自主趨勢,營造大學自由競爭、注重辦學績效的環境。最近教育部更有「邁向頂尖大學計畫」,紓解了大學經費不足困境,帶給清華邁向卓越的新契機。我治校的基本構想為:清華應掌握教育部帶來的新契機,在高教經費較充裕時,重建優勢研究教學環境,同時進行組織再造,強化經營體質,建立籌措充足財源機制,善用社會資源,以奠定邁向國際一流大學基礎;期於政府經費補助不足時,亦能確保校務的穩定運作,並持續追求學術卓越。

我提出學術卓越、高品質教學、妥善規劃校務、強化校務經營體質、積極籌措經費、加強清交合作等六項治校構想,除加強清交合作治校構想外,摘要如下:

一、學術卓越：大師，學術卓越環境，跨領域研究

清華前校長梅貽琦先生有一句名言：「大學者，非謂有大樓之謂也，有大師之謂也」，學術卓越最重要的是：要有「大師」傳承立論、主持學術研究。國際一流大學有大師與傑出教師，已是其學術卓越最顯著的表徵。我提出設立「學術卓越基金」的構想，期打破平頭主義，在每個學院設置若干「學術卓越講座」，聘請校內、外傑出教授主持學術研究，或開創新學術領域。學術卓越基金經費來源包括教育部邁向頂尖大學計畫補助與社會捐贈。預期八年內，學術卓越講座教授達全校教師10%（2004年史丹福大學教授中21%為講座教授），以全面帶動學術研究，大幅提升清華學術水準。

清華亦應創造學術卓越、孕育大師的環境，主動發掘並積極延攬傑出學者與具研究潛力新進教師，給予充分經費、行政支持，獎勵其學術成就。為激勵在職教師之研究、教學，可訂定彈性薪資標準，根據研究、教學績效，給予經常性加薪。另可擴大在教授等級以上分級，透過嚴謹升等制度，輔以客觀教師評量，給予彈性薪給，以獎勵在職教師在研究、教學之傑出表現。

社會快速變遷，科技發展日新月異，新興學術領域常要結合不同領域學者共同研究，實很難由個別教授單獨完成。因此清華除了做專業領域前瞻研究外，應特別加強跨領域的學術研究，如奈米科技、生物醫學與生物科技、腦科學、能源與環境、資訊電子與應用、科技與社會（包括管理）。因此除了專業領域研究中心外，應成立跨領域研究中心，設置專職研究人員，提供博士後研究機會，充實研究支援人力，創造跨領域學術研究環境。並加

強與國內、外研究單位,如交通大學、中央研究院、工業技術研究院、國家衛生研究院、中山科學院,國家實驗研究院之各國家研究中心及國外知名大學、研究機構共同合作,甚至共同運作跨領域研究中心,以追求跨領域學術卓越。

在教育部邁向頂尖大學計畫補助下,將有較充裕經費補助校內研究計畫,計畫補助以支持前瞻研究為原則。清華可透過研究中心及跨領域研究中心,規劃前瞻研究領域,邀請校外專家學者嚴謹評審前瞻研究計畫,並做計畫績效評估。另可將一部分經費當作配合款(Matching Fund),鼓勵教授向外爭取「競爭性經費」、產學合作與國際合作,以發揮教育部補助經費的加乘效應。

二、高品質教學:釐定教育目標,培育菁英

除了知識發現與技術創新外,知識傳承亦是大學的首要責任。清華實應發展教學與研究並重的教育制度,提供高品質教學,以吸引優秀學生入學。做為我國研究型頂尖大學,清華應負起培育社會菁英人才的責任。清華應釐定大學部、研究所教育目標,包括所培育人才應具備之專業知識、人文科技素養、基本能力及人格、人品特質,以訂定教學內容。各專業教學單位應考慮未來社會及科技發展,適時調整與充實專業教學內涵。應注重課程設計,甚至可鼓勵實驗性之課程設計,如增設跨科系整合課程,在教學過程中,鼓勵學生集體創作,發揮創意,激發團隊合作、整合創新潛能。清華可更加強跨領域學程設計,各教學單位給予學生較大選課空間,如降低專業必修學分,加強學生選課輔導,以增廣學生跨領域專業視野。

大學不僅在做專業知識的傳授,亦應重視教育對學生人格、人品塑造的重要性,及學生基本能力的養成,以培育對社會有較大貢獻的人才。清華應充實通識教育,包括科學、文學、藝術、歷史、社會、文化以及倫理等領域的教學內涵,以培育兼具人文、科技素養的通才。通識教育教學內涵尤應注重不同知識領域思考方式、分析方法等知識發現與價值判斷過程,培養學生對事物與知識之獨立思考、終身學習能力,以因應快速變遷的社會與知識的倍數疊積。清華在通識教育已有妥善的規畫,但仍須校方與各教學單位的全力支持與配合,以落實通識教育理念。

　　為因應全球化趨勢,清華應將全球化教學內涵融入課程,積極推動國際交換學生,加強招收國際學生,使學生有接觸不同語言與文化機會,鼓勵外語教學,以培養具國際視野及充分外語能力的人才。經常舉辦藝文表演展覽,鼓勵體育活動在校舉行,活潑學生社團,以豐富校園文化氣息,並培養學生領導才能與團結合群精神。尤應鼓勵服務性學生社團,以培養學生關心社會的胸懷與服務社會的熱忱。清華應落實導師制度,輔導學生、關心學生,對大學部剛入學新生投入更多的關注,給予學習輔導,讓其在大學四年養成正確學習態度。教師應注重身教言教,以培養學生謙卑、關懷、正直、責任、榮譽、道德勇氣等優秀人格、人品特質。

　　為提升教學品質,清華可規劃一有系統的教師發展計畫,讓教師有機會互相切磋,與校內外教師交換教法與教學心得,不同領域教師共同開發跨領域新課程。清華可考慮設立「教學與學習中心」,提供教學顧問與專業教學輔導人員,協助試教評鑑與改進,並為新助教做各種講習。推動教材上網,創造有網路支援的

學習環境,以促進師生互動,增進學習效果。另推動各項教學方法成效調查與評估計畫,並設想改進之道,且鼓勵教學創新。

根據所訂定的大學部、研究所教育目標,清華應定期做教學評鑑,將評鑑結果當作評量教學單位績效及教師升等、加薪、獎勵的重要依據。教學評鑑不只做各別課程評鑑,還要考慮整體課程是否符合社會、科技的發展,是否達成所訂定之教育目標。另對於課堂外之導師制度、學生生活輔導、諮商等績效,亦應定期評鑑與檢討,以讓學生在學期間,其人格、人品及基本能力得以完整養成。同時尊崇教學傑出的教師,設立「教學卓越講座」,並給予獎勵,使清華教師將教學當作重要的職責,對教學保持熱忱,並且對學生付出愛心。

三、妥善規劃校務:領域完整,改善環境

清華早於民國七十一年,即成立「長期發展委員會」,規劃五年校務發展計畫,但此委員會已不復運作。清華「校務發展委員會」早期負有校務發展規劃功能,近年來則較偏為校務會議各項議案的預審單位,不具主動規劃能力。清華實應邀請具學術聲望專家學者、傑出校友與社會賢達,組成「校務發展諮詢委員會」,對校務發展提供諮詢意見,以做為規劃校務的參考。清華應有常設校務發展規劃單位,依據校務發展諮詢委員會諮詢意見,做整體性、長期性校務發展規劃,並擬定校務推動優先順序據以執行。執行過程中,應做定期追蹤,且因應外在社會、科技變遷,適時調整校務發展方向與目標。

校務發展規劃的重點之一為學術領域的發展規劃。清華學術

領域發展應以學術卓越與社會需要為主要考量,且人文社會與科技領域並重。清華可適度擴大學校規模,除了卓越化目前較有基礎、具優勢的學術領域外,未來數年應特別加強生命科學、生物醫學、人文社會與管理領域,以成為學術領域完整、均衡發展的一流大學。其中生命科學、生物醫學為未來最有可能知識發現與技術創新,及增進人類福祉的學術領域,人文社會與管理則為清華提升社會文化,發揮社會影響力的重要學術領域。為擴大清華對社會影響層面,將來可逐步加強及開拓嶄新領域,如企管、法律、政治、教育、心理、藝術、傳播等,以培育人文、社會菁英人才,讓清華人帶動社會各層面向上提升。

清華各學術領域亟待加強與社會、產業互動,加快國際化腳步;清華應鼓勵教授參與社會議題討論與政策制訂,提升產學合作、國際合作的比重,以發展為對社會有影響力、國際化的一流大學。清華可透過研究中心、跨領域研究中心推動產學合作、國際合作。

校務發展規劃另一重點為大幅改善現有研究教學環境:整建校園環境,美化校園景觀,改善與充實現有研究教學設施、圖書館藏,整修校園館舍,增建研究教學空間,新建跨領域研究中心及學習資源中心,以提升為具國際水準的研究教學環境。另考慮配合鄰近研究單位、產業界、地方政府資源,共建具學術、文化氣息的「大學城」,如籌建國際會議中心、演藝廳、藝術中心,經常舉辦學術演講、藝文表演與展覽等活動。

清華早年提供教師與學生宿舍,讓全體師生住校,吸引了極優秀的教師與學生,成為一緊密互動的學術社群,清華學術成就遠高於國內其他大學。近十五年來,受限於高教政策與經

費緊縮,師生宿舍增建幾已停頓,但學校規模不斷擴大,現在教師與學生住校人數各僅約五成。清華校地廣闊,可妥善規劃,增建及改建教師與學生宿舍,以符現代化、舒適居住水準,讓願意住校師生都能住校,並增建學人招待所,恢復往年競爭優勢,以延攬最優秀的教師,邀請國際傑出學者來校訪問,及吸引最優秀學生就學。

清華於九十三年七月經校務發展委員會通過《中長程校務發展五年計畫》,計畫中未考慮教育部邁向頂尖大學計畫可能提供之補助,亦無配合之財務規劃。在給教育部之邁向頂尖大學計畫申請書,則未含各院系所之規劃。清華應以更前瞻、更長遠願景大幅修訂校務發展計畫,應擴充現有「校園規劃室」,成為常設「校務發展規劃室」,參酌校務發展諮詢委員會諮詢意見,重新規劃校務及配合之財務計畫,訂定校務推動優先順序據以執行,並定期追蹤,因應社會、科技發展變遷,適時調整校務發展計畫。

四、強化校務經營體質:卓越制度,特色校園文化,強化經營能力

為建立卓越化制度,於短期內,成立校務發展諮詢委員會,對校務發展提供諮詢意見,以做為規劃校務發展的參考。長期則配合大學法人立法後,根據學校「理事會」(或董事會)的建議,規劃校務發展計畫並對其負責。最近〈大學法〉修正案通過,清華應修訂「組織規程」,為支援多元化的校務,清華應檢討行政組織架構,考慮設立或強化校務發展規畫、募款、校友聯絡、國際事務、推廣教育、產學合作、創新育成、智慧財產權管理等專責單位。另應釐清學術、行政主管權限與責任,讓學術主管專注

於學術研究、教學成效的提升,讓行政主管有效率支援校務的發展。清華亦應建立各項校務績效考評制度,包括學術研究、教學、行政、產學合作、國際合作、教職員工表現等之考評。

　　清華在新竹建校,承繼「自強不息,厚德載物」校訓,「儉樸好學」校風,「致力學術,造成有用人材,為國家服務」社會責任感,及在歷任校長主持校務下,樹立了學術自主及教育風範,已建立了優良校園文化及傳統。但在學術方面,可更勇於創新,更重視學術倫理,如尊重智慧財產權、釐清智慧財產權的歸屬。在教學方面,教師應將教學當作最重要的職責之一。對學生,在課業與生活上給予更多輔導,付出更多愛心。對社會,有責任感,有道德勇氣,勇於建言,甚至做為表率,引導社會善良風氣。做為我國高等教育之頂尖大學,清華更應關心整體教育,善盡教育責任,特別引導中、小學教育正常發展。另清華應將兩性平等、

清華大禮堂,1973 年竣工,前牆嵌上校訓:自強不息,厚德載物。

關懷弱勢、珍惜生命、注重環保、永續發展等價值觀，融入校園文化中。

清華應建立具開創性，善於協調、溝通與規劃，具服務熱忱、高執行力的校務經營團隊，以強化校務經營能力。任命行政主管，唯才是用，行政主管最好有擔任系所、院學術主管歷練，能瞭解研究教學單位之問題與解決之道。受敬重、幹練、已展現行政才能之卸任系所、院學術主管，如能賦予行政主管重責大任，應能激勵其為清華繼續服務熱忱，且藉助其在校外累積豐富人脈，發揮清華影響力，同時也為清華、社會建立一條培養學術行政幹才管道。

在教育部對研究型大學的大幅補助下，清華應借重經營管理專才，增強校務經營、財務規劃、財務管理能力，根據長遠校務發展目標，將學校有限資源，包括經費、支援人力、建築空間、校地，做較佳配置，以發揮最大效益。另外校園景觀規劃、館舍維修，創新育成、推廣教育，均可聘請專業人才，以更有效管理經營。清華應訂定行政指標及優化決策、支援流程，對各項行政業務制定標準作業流程，並建立內部稽核制度，檢核規章、作業流程之遵循情形，以提高行政效率與行政品質。

清華在獲教育部邁向頂尖大學計畫補助下，行政業務量將大增，行政支援人力，尤其是總務人員亟待充實。現有行政人員職務能力亦亟待提升，如加強其行政事務規劃與外語能力，以建立高品質、國際化的行政支援團隊。並照顧行政人員福利，獎勵績優行政人員，激勵其服務熱忱，以支援教學研究單位、參與清華卓越化為榮。

五、積極籌措經費：充實校務基金，開源與節流

目前高教預算經費緊縮，政府對大學大多採競爭性經費補助，經費來源不確定性增高。又教育部雖提供邁向頂尖大學計畫補助，但每位教師與學生能獲得的資源，較之國際一流大學，仍相差甚遠，清華應積極籌措經費，充實校務發展基金，以確保校務的穩定運作。未來校務多元化，清華實須健全「校務基金管理委員會」運作制度，配合整體性、長期性校務發展計畫，做整體性、長期性財務規劃與管理。應出版年度財務報告，務求公開透明，並做財務規劃與管理績效考評。

籌措經費，開源與節流並重。在開源方面，積極爭取教育部對研究型大學之改善研究教學環境補助，國科會對整合研究及經濟部學界科專對產業技術研發之支持。積極推動產學合作，成立「產學合作聯盟」，或就特定研究主題與產業共同研究，共同開發智慧財產權，加強創新育成機制。建立經常募款機制，以過去辦學績效及妥善規劃的校務發展藍圖，爭取工商業界、社會人士對清華辦學認同，積極籌措財源。積極協助校友會運作，找回「失落的」校友，加強校友向心力，以關懷母校並回饋母校。在節流方面，將現有經費做最有效的運用，並實施節流機制，如建立使用成本觀念，避免「消化預算」，避免不必要的浪費。

校務發展目標

如有機會主持校務，將推動前述治校構想，預期可達成以下主要短、中、長、遠程校務發展目標：

第六章　就任國立清華大學校長

　　短程（二年內）規劃發展遠景：完成中、長程校務發展計畫，訂定各項支援校務卓越化的制度，包括建立學術卓越講座遴聘制度，釐定教師發展計畫，釐清學術、行政主管權限與責任，建立學術研究、教學、教職員工表現等各項績效考評制度，並訂定校務行政指標，優化決策、支援流程，訂定標準行政作業流程。

　　中程（四年內）強化經營體質：調整組織架構，強化校務經營、財務規劃與管理能力，加強校友聯繫，健全經常募款機制。完成通識及專業課程檢討與再規劃，持續改善研究教學環境，及推動跨領域學術研究，並逐步開拓新學術領域。進行多項國際合作計畫，大幅提升國際學生比率，四年內達5%。加強產學合作、推廣教育，協助成立多家創新育成公司。

　　長程（八年內）追求學術卓越：持續開拓新學術領域，預期清華於八年內，在三至五個重點研究領域，學術成就受國際肯定。透過產學合作、創新育成、推廣教育、社區服務，與社會、產業更緊密結合，發揮清華影響力。於八年內，大幅改善研究教學環境，大幅充實校務發展基金，建立籌措充足財源機制，完成二十年永續校務發展規劃，包括學術領域均衡、完整性，以及師生學校規模等規劃，以奠定邁向一流大學基礎。

　　遠程（二十年內）邁向一流大學：清華學術領域完整，人文社會與科技均衡發展，為社會與產業培育人文、社會、科技菁英與領袖人才。各學術領域逐步達到國際水準，超過十個學術領域在國際知名，清華成為具國際水準的一流大學。由於高比率國際學生就學，與國際學者交流頻繁，國際合作密切，清華成為國際化一流大學。與社區及科學園區共榮、與社會及產業緊密互動，結合鄰近研究單位、產業界及地方政府資源，建造具學術、文化

氣息的「大學城」。

我在「結語」中強調：大學就讀於清華，學成即回國，長期任教於母校，深知清華之傳統、過去與現況。任職近三十年來，除了學術求精進外，累積十多年行政經驗，每一行政工作均盡力而為，值得欣慰的是一步一腳印，在每一工作崗位上，均有開創性、受肯定的成就事蹟。深知我國教育、社會、科技、產業現況與發展趨勢，並累積豐富人脈，如有機會主持校務，應可為清華開創一新局。我任事一向全心全力投入並追求卓越，如有機會主持校務，當秉承「自強不息，厚德載物」校訓，本著清華歷年來所建立的優良傳統，懷著使命感，以追求卓越期許，竭力為實現清華願景，貢獻綿薄之力。

獲清華校長遴選委員會推薦

於 2005 年 9 月 29 日我向清華校長遴選委員會簡報「清華願景、治校理念與構想」，地點在台積電總部會議室，門禁森嚴。記得李遠哲院長問及我對「三校兩院」未來參與「新竹生物醫學園區」建置計畫之看法，我答以：三校（清華、交大、陽明）兩院（國衛院、工研院），尤其清華、交大與國衛院，結合工研院產業經驗，以在地之利，應可積極參與此生醫園區建置計畫，甚至居於主導地位，做出更大貢獻。

張忠謀董事長問及我近十年最大貢獻。我答以：除了學術成就，獲頒教育部終生榮譽國家講座等榮譽外，總結最大貢獻有三：籌劃成立電機資訊學院並擔任首任院長六年，創立電腦與通訊科技研發中心並擔任首任中心主任超過十年，以及共同主持、主持

經濟部與國科會輔導業界開發產業技術計畫之技術審查委員會，達十四年。

由於籌劃成立電機資訊學院，清華得以建立完整電機資訊教學研究體系，歷年來為院內同仁爭取到多項大型計畫，總經費約五億元。電資院成立以來，電機、資訊兩系大學聯考入學排名繼續保持領先交大，教授獲 IEEE Fellow、國科會傑出研究獎得獎比率均遠高於交大，僅次於台大，以交大之電機資訊領域規模優勢，清華有此表現，殊為不易。在擔任院長期間，建立學院各項制度，學院大幅成長（師、生人數成長均超過五成），學生人數僅次於歷史悠久的工學院，成為清華規模第二大學院，為我國培育產業亟需之資訊、通訊、電子、電機領域高科技人才。

電腦與通訊科技研發中心則每年被國科會評選為全國最佳的「電腦系統重點研發中心」，已與國內產業界、工研院、資策會，建立長期研發合作關係，與 Microsoft、Intel、Cisco 等國際知名公司進行多項合作、研發計畫。成立以來，電通中心經費完全自主，每年為清華爭取到數百萬元管理費，2005 年計畫總經費首度超過一億元，是清華非常成功的研究中心。

另共同主持、主持經濟部及國科會產業技術審查與輔導計畫，政府每年編列超過二十億元經費，補助產業界研發，受惠者涵蓋電子、資訊、通訊、精密機械、自動化、精密化學品與製藥、材料、環保、航太、生物技術等高科技產業數百家公司，大幅提升我國產業技術水準，至今已為我國產業創造數千億元產值，被公認是非常成功的重要政府計畫。也因主持此產業技術審查與輔導計畫，在產業界累積豐富人脈，如有機會主持校務，應有助於推展產學合作，為清華籌措校務經費。

黃榮村校長問及聘請講座教授來源，我說明：可三管齊下，在〈清華願景、治校理念與構想〉一文，提出設立學術卓越基金的構想，期打破平頭主義，在每個學院設置若干學術卓越講座，聘請傑出教授主持學術研究，或開創新學術領域。我會以創造清華學術卓越環境，培養校內傑出教授為優先；聘請國外傑出學者，尤其可長期任職者，以帶動清華學術研究，亦應為努力的目標；至於聘請國內他校傑出學者，或與清華相同領域教授，組成堅強學術研究團隊，對我國學術發展應具有正面意義。

三腳鐘為1929級（北京清華）校友於1971年捐獻，背景為清華行政大樓，於1981年完工，從毛高文校長以來，校長室就在二樓。

清華校長遴選委員會經多次討論、表決後，10月18日公布推薦現任台聯大研發系統副校長陳文村及現任行政院國科會副主委廖俊臣為校長候選人。校長遴選委員會對我的推薦書如下：

第六章　就任國立清華大學校長

　　陳文村教授為清華校友，1970 年畢業於本校核子工程系（現更名為工程與系統科學系），於 1973 年與 1976 年分獲美國柏克萊加州大學電機工程與計算機科學碩士與博士學位。畢業後即於 1976 年 3 月回國，在清華大學母校任教，迄今近三十年，半生奉獻於清華，貢獻至鉅，現為本校清華電機資訊講座教授。他在清華任職期間，參與創立資訊科學研究所，創立電腦與通訊科技研發中心，籌劃電機資訊學院，規劃跨人文與科技領域之全校性資訊傳媒學程，對本校在電機資訊領域維持強大之競爭力，厥功甚偉。他的行政資歷完整，歷任資訊科學研究所所長、自強科學研究中心綜合計畫處處長、電腦與通訊科技研發中心主任、電機資訊學院院長，目前擔任台灣聯合大學系統研發系統副校長。

　　陳教授在資訊所所長任內，擴充碩、博士班，建立從大學部至博士班之完整資訊工程系。根據 1996 年 ACM（Association for Computing Machinery）學會公佈的資料，清華資訊系學術排名居全亞洲第一，可比美歐、美知名學府相關系所。在電通中心主任任內，研究中心每年被國科會評選為全國最佳的電腦系統重點研發中心。電通中心成立以來，經費完全自主，今年至八月止，計畫總經費超過一億元，是清華非常成功的研究中心。在電資院院長任內，建立學院各項制度，學院大幅成長，師、生人數成長均超過五成，為我國培育產業亟需之電機、資訊、電子、通訊領域高科技人才。在擔任台聯大研發系統副校長任內，協調台聯大四個跨校研究

中心運作，為其建立制度，在過去兩次教育部評鑑中，台聯大系統均優於台大及成大系統。

　　陳教授也曾擔任教育部科技顧問及顧問室主任，長達七年七個月，負責全國大學科技與人文社會教育改進方案之推動，並參與多項教育政策之規劃。在教育部任職期間，規劃台灣學術網路（TANet）建設，推動校際遠距教學，重視基礎科學教育，在提升科技及人文社會教育水準上，不遺餘力，至今影響深遠。其中特別重視通識教育，協助成立中華民國通識教育學會，及發行《通識教育季刊》（由清華通識教育中心主編），至今通識教育已普受大學重視，教育部亦已對大學做通識教育評鑑。推動之工程教育則發展為國際性工程教育與研究學術網路（iNEER，International Network for Engineering Education and Research），現由美國國家科學基金會（NSF）接續我國，成為主導者之一。推動之超大型積體電路設計教育改進計畫，培育高品質IC設計人才，至今我國已成為全世界第二大無晶圓廠IC設計產業國，成效甚受肯定。為表彰陳教授推動此具前瞻性教育改進計畫之貢獻，台灣積體電路設計學會於民國九十三年八月頒予特殊貢獻獎。

　　過去三十年，陳教授先後致力於軟體工程、通訊網路、及平行處理之研究，皆有非常傑出的表現。他是軟體工程界先驅，設計出來之軟體自動測試系統，曾被美國陸軍、空軍及美國太空總署使用。資訊工業策進會也將陳教授所開發之軟體測試等軟體工程觀念，推廣至我

國軟體業者。陳教授於網際網路發展萌芽期，即開始通訊網路之研究，於民國七十二年設計出我國第一個資源共享區域計算機網路。民國七十三年因軟體工程及計算機網路之成就，獲得第一屆傑出資訊人才獎。陳教授於 1980 年代初期，因超大型積體電路製造技術進步神速，即開始進行平行處理系統之研究與設計，協助工研院電子所開發當時最先進的 IC 設計技術，設計出我國第一顆平行處理晶片及第一部平行處理系統。該系統具有 256 個處理單元，在很多重要應用可比單處理機系統快達一千倍。陳教授因設計此平行處理系統及其晶片，於民國七十八年獲中山學術文化基金會中山技術發明獎。

陳教授因軟體工程、通訊網路、及平行處理之傑出學術成就，連續三次獲國科會傑出研究獎，並於民國八十三年獲選為國際電機電子工程師學會（IEEE）Fellow，此為國際電機、電子、資訊與通訊研究領域最高榮譽之一。他隨後在民國八十三年底，獲得教育部學術獎（工科）；在民國八十八年獲 IEEE 計算機學會頒予 1999 年 Technical Achievement Award，此獎項係頒給過去十五年內對計算機與資訊科學及工程領域有傑出與創新貢獻者（該年度僅三人獲獎，陳教授為我國迄今唯一獲此榮譽者）；他又在民國八十九年獲潘文淵文教基金會研究傑出獎；並於民國九十年、九十三年獲頒教育部國家講座，受聘為終生榮譽國家講座。

近年來，他的主要研究方向在寬頻網路、無線網路及行動通訊，因表現傑出，於民國八十九年四月，榮獲

主持為期四年之教育部大學學術追求卓越發展計畫「下一世代資訊通訊網路尖端技術與應用」。特別難得的是，計畫研究團隊利用前瞻網路技術，融入人文社會應用，建立網路教育園區，並探討網際網路對社會的影響與衝擊。陳教授因主持教育部卓越計畫成效受到肯定，經國科會嚴謹評審通過，從民國九十三年四月起擔任後續之國科會卓越發展延續計畫「下一世代資訊通訊網路尖端技術與應用（II）」總主持人。此計畫為少數獲延續之教育部卓越計畫，陳教授也是本校首位兩度主持卓越計畫的教授。上述兩卓越計畫帶動清華電機資訊學院、人文社會學院、工學院、通識教育中心、生命科學院、及科技管理學院等單位共三十多位教授，二百多位研究生參與研究，研究成果豐碩。

陳教授是國內、外廣受敬重的學者，除了學術研究外，對服務學術社群也不遺餘力。曾擔任中央研究院資訊科學研究所發行之 Journal of Information Science and Engineering 編輯、總編輯，長達十年。此期刊在陳教授擔任總編輯期間，首次獲國科會學術研究傑出期刊獎勵，現為 SCI Expanded 期刊。陳教授四度獲邀擔任 IEEE 計算機學會傑出巡迴講座（Distinguished Visitor），另擔任 IEEE International Conference on Distributed Computing Systems 等數項重要國際會議的大會主席、大會主講人。陳教授於 1992 年召開首屆 International Conference on Parallel and Distributed Systems，並擔任創始大會主席，於 1993 年起擔任此

每年召開之會議的籌劃委員會主席（Steering Committee Chairman）。此會議已成為發源於我國、IEEE 主辦之國際性會議，大幅提升我國資訊與通訊領域的國際學術地位。

陳教授因上述資訊與通訊專長及長期投入推動我國人文、科技之研發與教育之貢獻，於民國八十五年獲選為傑出人才發展基金會傑出人才講座，於民國九十一年獲頒國科會傑出特約研究員獎，於民國九十二年八月獲聘為清華電機資訊講座教授，於民國九十三年三月獲中華民國資訊學會頒予學會最高榮譽之資訊榮譽獎章。另於民國九十三年十二月獲頒中華民國科技管理學會院士（Fellow）榮譽。這些榮譽除表彰陳教授之貢獻外，亦大幅提高本校校譽。

從上述的經歷與學術榮譽，可知道陳教授是一位傑出的學者，也是優秀的教育行政專才。他亦是教育、產業科技的推手，除了在教育部擔任科技顧問及顧問室主任外，陳教授亦擔任教育部大學院校中程校務發展計畫審查委員，長達十二年。共同主持電信國家型科技計畫，又曾共同主持、主持經濟部與國科會的產業技術審查與輔導計畫，達十四年之久。此計畫每年由政府提供超過二十億元經費，補助產業界研發，以提升我國產業技術水準，開發具競爭力高科技產品。十四年來，受惠的高科技公司達數百家，已為我國產業創造數千億元產值，被公認是非常成功的政府重要計畫，陳教授對提升產業技術貢獻殊偉。陳教授也長期擔任財團法人研究單

位諮詢顧問，現任經濟部技術處顧問及行政院科技顧問組顧問。陳教授與政府相關部會互動良好，在產業界人脈豐富，對我國產業與科技發展有深入的瞭解，應能帶動清華產學合作，及為清華籌募校務發展經費。近五年來，已募得全校性朱順一合勤獎學金，電機資訊學院榮譽學生獎學金，及聯發科技公司監事一席酬勞費。另配合校方，向校友募款整修大禮堂，協助校方募款整修合勤演藝廳，陳教授募款能力強、成效佳。清華將來要追求學術卓越，要對社會與產業有所貢獻，要對整體高等教育有影響力，陳教授具有這樣宏觀的教育、科技及產業經歷背景，是十分難得的校長人選。

陳教授在與遴選委員面談時，中肯地闡述其具前瞻性、現代化的治校理念，並對清華所面臨的許多困境、挑戰與未來發展，提出積極可行的想法與校務發展規劃藍圖。陳教授認為清華大學已發展成為尊重學術自由、重視學術成就的績優研究型大學，但必須更積極地再向上提升，追求卓越性、前瞻性與開創性，才能成為具國際水準的一流大學。他認為學生是教育的主體，學生的福祉應置於首位，大學教育應重視教學，更應融入高品質的教學內涵，以培育具備優秀人格與人品、有獨立思考與終身學習能力、能創新兼具國際觀之人才。陳教授更認為大學是社會的一部分，是「良心」與知識的所在，故大學教育必須關懷社會，為社會貢獻知識與建言，引導社會善良風氣。

陳教授所提出的清華願景:「發展清華大學為學術卓越、提供高品質教學、有優質研究教學環境、學術領域完整且均衡發展、具特色校園文化、經營績效卓越、與社區及科學園區共榮、與社會及產業緊密互動之具國際水準的國際化一流大學」,符合清華的特質與社會對清華的期待。遴選委員會亦認為陳教授提出的治校構想與校務發展目標,詳盡地說明本校面臨的挑戰與瓶頸,也提出了具體可行的解決方案,顯見陳教授具備了前瞻性與開創性的卓越領導能力與遠見,足以擔當帶領清華邁向國際一流大學的重責大任。

陳教授是清華校友,對清華有著深厚濃郁的情感,亦深知清華大學的優良傳統、校園文化特色、學術使命與社會期許。陳教授一向積極任事,善於溝通、協調,在清華服務期間,對於資訊系所的發展,電腦與通訊科技研發中心的產學合作推動,以及電機資訊學院的規劃成立,都可以看出他的開創性作為與能力。這些成績,足以顯示陳教授的領導能力,也可以確信由其領導清華的發展,必能開創一番新的氣象。在校內師生、員工的建言中多次提到,校長的人選應該對於清華有深切的瞭解與關心,有服務熱忱,也希望未來的校長能前瞻規劃與長期推動校務發展計畫。陳教授的學經歷完全符合這樣的期待,無疑是極合適的校長人選。綜合以上所述,本遴選委員會全體一致推薦陳文村教授為下任本校校長候選人。

清華於 10 月 26 日舉行候選人說明會,兩位候選人分別向全校教職員工及學生闡述治校理念。我在說明會的「結語」:

「本人十八歲離開家鄉,來到清華大學,就讀於核工系。到現在將近四十年,除了服兵役及出國留學,都沒有離開過清華。

民國六十五年三月五日,我在美國柏克萊加州大學繳出博士論文後,當天晚上就搭機回國。回到台灣,我帶著行李,沒有回家,直接來清華報到。近三十年來,我在清華教學、研究,我在清華結婚、成家,清華給我很好的環境,很大的支持。在學術有成後,曾有產業界與其他單位優厚禮聘,我都不為所動。本人非常感謝清華,給我這麼優異的環境,讓我在此成長、茁壯。

清華在新竹建校近五十年,歷任校長主持校務,非常有開創力,教授積極參與校務,清華已建立很好的基礎。但我也看到清華面臨許多困境與瓶頸,多年來,亟思解決之道。本人非常感謝校長遴選委員會,給我這個機會,在此向各位報告我的清華願景、治校理念與治校構想。

清華沒有各位的支持,不可能成功,不可能卓越。因為各位的支持與鼓勵,我將奉獻未來的歲月,為清華邁向國際一流大學貢獻所有心力。」

獲教育部聘任為清華校長

說明會後,由具長聘資格的副教授、教授投同意票,兩位候選人均超過二分之一門檻,送教育部清華校長遴選委員會。約兩個月後,於 2006 年元月 5 日我向教育部遴選委員會簡報,記得共有五位委員,包括三位教育部外聘委員,參與遴選。教育部遴

第六章　就任國立清華大學校長

至農曆年前才公布,我獲教育部聘任,於 2006 年 2 月 1 日就任清華校長職位。

元月 24 日清華陳信雄副校長打電話給我,告知我獲教育部聘任的消息,他問我校方須做那些安排。因值寒假中,農曆年將至,我只要求,煩請徐遐生校長安排見張忠謀董事長,當面向他致謝並請益主持校務事宜。元月 26 日,我與徐校長在台北世貿聯誼社,與張董事長共進中餐,我感謝他捐款建清華「台積館」與對我的支持,他親自簽名、贈我一本《張忠謀自傳（上冊）》。

因適值春節假期,教育部提前於除夕前一天（元月 27 日）上午,在中正紀念堂舉行校長交接典禮。校長交接典禮由杜正勝教育部長主持,同時宣誓交接的有中央大學李羅權校長、虎尾科技大學林振德校長及十多位高中校長。來觀禮的有清華劉炯朗前校長、新竹教育大學曾憲政校長、元智大學彭宗平校長、東海大學程海東校長、校友總會許明德理事長及我太太蔡惠晴,還有葉銘泉主任秘書及李香鈴校長室秘書。徐校長參加教育部交接典禮後,當天下午即搭機返美。

2006 年清華校長交接印信,由教育部杜正勝部長監交。

現在回憶起來，教育部收到清華校長遴選委員會推薦人選後拖了兩個月，在校長就任不到一個月前，才邀請候選人至教育部校長遴選委員會簡報，就任前幾天才公布新校長人選，以致新校長沒有緩衝時間，以了解校務現況、建立行政團隊。另教育部未能充分尊重各大學的不同文化與傳統，集體宣誓就職。又值春節假期，校方沒能在元月 27 日下午，在清華舉行任何校長交接儀式，以致清華師生、同仁、校友沒有機會參與校長交接典禮。

事後，劉兆玄前校長告訴我，交接典禮當天他在新竹清華校園撲了空。數年後我卸任時，希望教育部更尊重校內傳統，特別請求教育部，安排在清華校園內舉行校長交接典禮。

我與惠晴跟參加校長交接典禮貴賓合影，貴賓從左至右：元智大學彭宗平校長、清華校友會許明德理事長、東海大學程海東校長、清華葉銘泉主秘。

第六章　就任國立清華大學校長

獲柏克萊加大傑出校友獎

自 1976 年回清華任教以來，我在柏克萊加大的博士論文指導教授 Ram 一直非常關心我的學術生涯，我們也保持非常密切的聯繫。當我獲知教育部聘我為清華校長職位，在第一時間即打越洋電話、通知他這消息。他非常高興，隔幾天，即收到他的電子郵件，表示他將推薦我為柏克萊加大「計算機科學傑出校友獎」（CS Distinguished Alumni Award）候選人。沒多久，我即收到 EECS 系秘書寄來的通知，遴選委員一致推選我為傑出校友。

這個獎項頒發給在計算機科學領域有卓越貢獻的校友，歷年來獲此獎項的校友，都是非常傑出且極具影響力的世界級專家與學者，例如 Unix 作業系統的發明者 Ken Thompson、蘋果電腦創辦人 Steven Wozniak、Google 公司執行長及執行董事長 Eric Schmidt、電腦滑鼠的發明人 Douglas Engelbart，以及其他多位圖

2006 年接受 UC Berkeley 計算機科學傑出校友獎，歡迎會中，與指導教授 Prof. C.V. Ramamoorthy（右）、Prof. Lotfi A. Zadeh（左二）及 UCB 同學 Dr. Roger Cheung（左）合照。

靈獎得主。我是台灣第一位獲頒此殊榮的學者，2006 年共頒發五位傑出校友獎，另外四位獲獎者，分別為 Google 與 Yahoo 的研發長，以及 MIT 兩位國際知名教授。

2006 年 5 月，清華大學生醫工程與環境科學系許志楷教授正在史丹佛大學當訪問學者，20 日由他就近陪同我到柏克萊加大接受傑出校友獎。當天早上參加 EECS 系的歡迎會，見到 Ram 教授。也見到模糊邏輯發明人 Lotfi Zadeh 教授，他是我的博士生資格考試（Ph.D. Preliminary Examination）者之一，也是我博士論文資格口試（PhD Qualifying Examination）委員。歡迎會上還遇見同窗好友張志義（Roger Cheung）博士。

EECS 系計算機科學組副系主任 David Patterson 教授頒授 2006 年計算機科學傑出校友獎牌。

之後，由時任 EECS 系計算機科學組副系主任 David Patterson 教授陪同我參加大學部畢業典禮，並頒給我傑出校友獎。Patterson 教授因發明精簡指令集計算機（RISC）架構，獲得 2017 年圖靈獎。1980 年代我擔任計管所所長時，由我主辦、HP 公司贊助，來台做 RISC 學術交流，造成很大迴響，他現在是開源精簡指令集架構 RISC-V 基金會副董事長。

第六章　就任國立清華大學校長

晚宴中，見到葛守仁（Ernest S. Kuh）及王佑曾（Eugene Wong）兩位教授，他們都是中央研究院院士，對 EECS 系成立早期有很大的貢獻。1970 年代初葛教授偕同 Donald Pederson 教授設計出名的 IC 電路模擬器 SPICE。1968 年他接續 Zadeh 教授擔任系主任，促成合併文理學院計算機科學系，1973 年擔任工學院院長。當時我就讀 EECS 系，很敬佩他身為華裔、能在名校擔任系主任、院長。我擔任電資院院長時，曾聘請葛教授為院評鑑委員，記得他建議清華電機系大幅減少必修課，給學生更多修課彈性。王教授曾擔任美國白宮科技政策副主任，2007 年起應國科會之邀，主持台灣學術里程與科技前瞻（Foresight Taiwan）計畫及 2011 起推動研發成果萌芽（Germination）計畫。

2006 年接受計算機科學傑出校友獎後，晚宴中與葛守仁院士伉儷（左三、左二）、王佑曾院士（右二）及許志楨教授（左一）合照。

EECS 系有很優秀教授，無論教學或前瞻研究都非常傑出。除了 EECS 系，柏克萊加大幾乎所有基礎科學、工程、生命科學、人文、社會、法律、藝術各系院，都有很傑出的教學、學術表現。我主持清華校務，時時以柏克萊加大做為榜樣，做為追求教學及學術卓越的標竿大學。

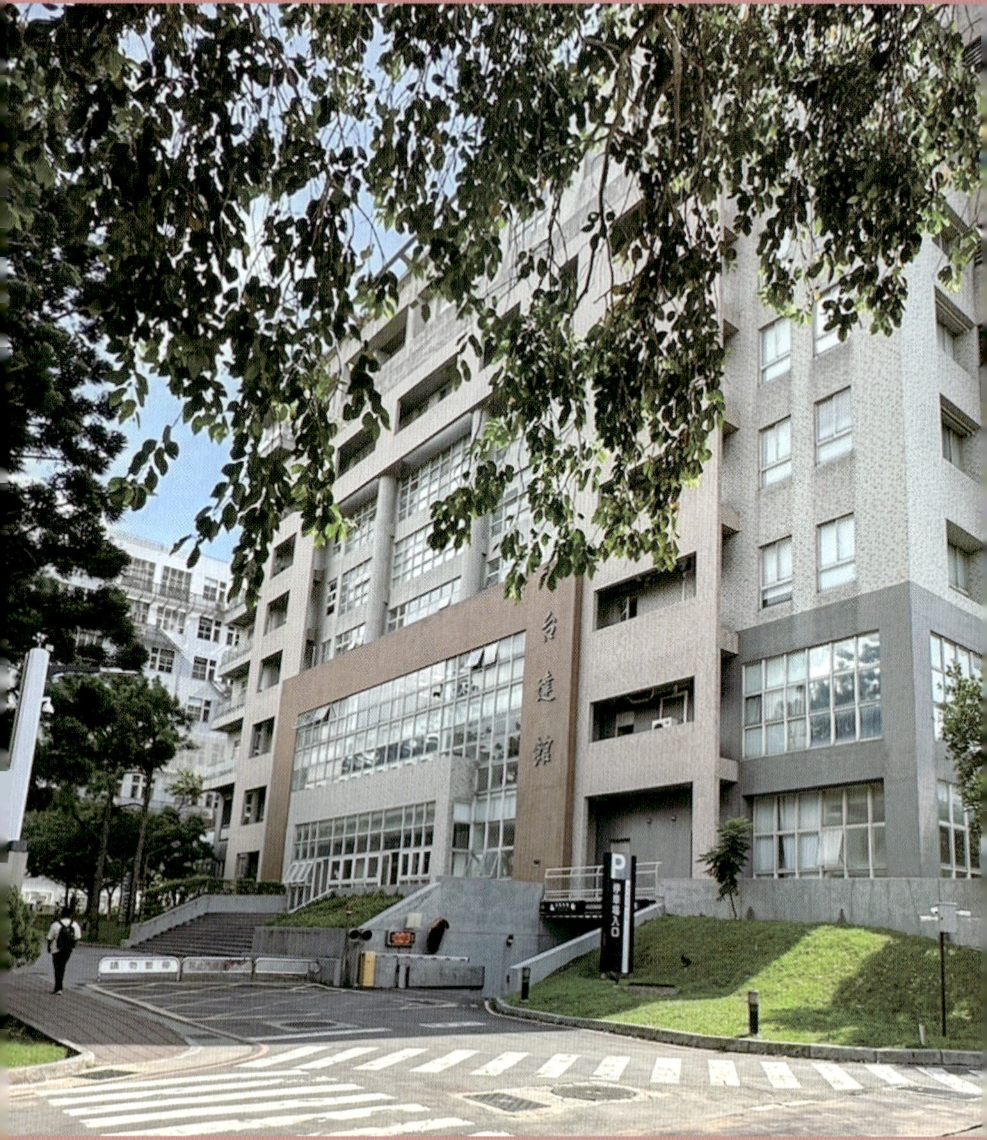
台達館

第七章

落實治校構想

我於 2006 年 2 月 1 日就任國立清華大學校長。春節假期後第一個上班日（2 月 6 日）清華舉行春節團拜，我向師生、同仁、校友提出〈清華願景與校務推動構想〉。沈君山前校長二度中風，不良於行，仍特別坐輪椅前來參加春節團拜，向我祝賀與嘉勉。我特別感謝他三十年前（1976 年）聘我回清華任教，也是他不遺餘力地促成電機資訊學院之成立。

在校長四年任內，我秉持治校理念，逐一落實校務推動構想。就任之前，我在清華任教三十年，擔任過所長、院長，另擔任電通中心主任及教育部顧問室主任。雖沒有緩衝時間，得以了解校務現況、建立行政團隊，我對於清華校務有一定程度的了解與想法。上任之際，除陳信雄副校長請辭、改聘為校務顧問外，我留任徐遐生校長任內行政團隊。半年後再組新行政團隊，聘請張石麟教授為學術副校長、葉銘泉教授為行政副校長、王茂駿教授為主任秘書、原陳信雄副校長及陳文華副校長聘為校務顧問。

沈君山前校長坐輪椅來參加 2006 年春節團拜，坐者從左至右：沈君山校長、陳文村校長、陳文華副校長、李敏總務長。（聯合報系提供／彭芸芳記者攝影）

規劃執行邁向頂尖大學計畫

2005 年清華獲教育部核定「邁向頂尖大學計畫」補助,接下來的兩年(2006 年、2007 年)為第一梯次(正式名稱為:發展國際一流大學及頂尖研究中心計畫),每年由教育部補助新台幣 10 億元。在 12 所獲補助的大學中,清華每位師生平均獲得經費與台大相當,高於交大、成大,遠高於其他受補助大學。

就任後,此計畫正式啟動,我一一檢視計畫內容,規劃如何有效執行此計畫,妥善應用補助經費,以將清華發展為國際一流大學,並促成幾個頂尖研究中心。在上任後第一、第二星期,立即與一級行政單位教務處、總務處、學務處、研發處、計算機與通訊中心、圖書館、會計室、人事室同仁密集座談,並約見各學院院長,以了解校務現況。基本上,我以先前提出之治校構想為主軸,定位邁向頂尖大學計畫,規劃學術卓越、高品質教學、妥善規劃校務、強化校務經營體質、積極籌措經費等五個面向之執行方案。

全國大學第一個秘書處

上任後前兩年,做了許多變革,其中之一,於 8 月將秘書室擴編,成立全國大學第一個「秘書處」。除了原來之議事、法規、幕僚外,擴大或強化之功能包括校務規劃、校友聯繫、公共事務、國際事務、財務規劃等。研發處原處長王茂駿教授負責邁向頂尖大學計畫之統整規劃,因未來校務將以邁向頂尖大學計畫為重心,我聘請他為主管秘書處之「秘書長」。不料教育部有意見,

認為只有行政院和總統府有此職稱,因而維持秘書處之主管職稱:主任秘書。

修訂清華大學組織規程

為了因應 2005 年 12 月公佈之大學法修正案,以及建立支援校務卓越化的制度,於 2006 年 3 月成立「清華組織規程修正小組」,由陳信雄校務顧問擔任召集人。於 2007 年上半年完成組織規程修訂,包括增加一級單位之秘書處;為提升校務決策品質,將校務會議人數減半;清華校長、院系所主管之遴選程序,均於組織規程中明確訂定,其中校長遴聘改為一階段遴選程序,院系所主管則改推選為遴選,並落實遴選委員會之職能,以利遴選優秀主管,推動校務之發展;降低各項會議之出席人數,以提高會議效率。

成立校務發展諮詢委員會

清華原本設有校務發展委員會,主要由校內一級主管組成,任務較偏校務會議各項提案之預審單位,不具主動規劃的功能。我上任之後,成立「校務發展諮詢委員會」,邀請具學術聲望專家學者、傑出校友與社會賢達,每年召開一次校務發展諮詢委員會議,對校務發展提供諮詢意見,以做為規劃參考。清華校發會曾於 2004 年 7 月通過《中長程校務發展五年計畫》,然而,當時進行校務發展規劃時,無法預見教育部邁向頂尖大學計畫之資源。因此,我上任之後,指定由新成立的秘書處協調邁向頂尖大

學計畫之執行,以及中長程校務發展規劃。

清華於2006年7月初步完成各學院及系所、中心之中長程發展計畫。為了追蹤中長程發展計畫的執行成效,邀請各相關領域國內外頂尖學者,自2007年元月起對各系所進行訪評,並於6月完成校內各系所之自我評鑑工作。另考量清華邁向頂尖大學計畫特別預算的規劃與執行成效,經參酌教育部考評委員的建議,於2009年7月底,完成下一個《中長程校務五年發展計畫》,預期藉由五年校務發展藍圖的執行,使得清華學術發展、校務經營更加卓越。

強化校友服務、連結

清華原本設有畢業生聯絡室,但三分之二以上校友失聯。以美國普林斯頓大學為例,幾乎可連絡到每位畢業校友,而且有40%校友每年固定捐款支持母校。2006年8月成立「校友服務中心」,以追蹤、聯繫與服務校友為目標,服務中心整合各系所之畢業校友資訊,透過多元管道(電話、Email、校友資訊系統等),主動提供校友母校訊息,期能建立緊密連結。此外,呼應北京清華企業家協會(Tsinghua Entrepreneur and Executive Club,TEEC)來訪,在智邦科技總經理盧崑瑞校友、科技管理學院史欽泰院長等人籌劃下,2008年9月成立「清華企業家網絡協會」(Tsing Hua Entrepreneur Network, TEN,之後亦更名為:清華企業家協會),凝聚清華企業界校友向心力,以拓展清華校友在企業界之影響力,並能支持母校各項募款計畫。

強化對外傳播工作

上任之前清華網站首頁較為靜態,提供給大眾的資訊有限,其他大學如台大、交大、成大之情況也相差不多。上任後,我請計算機與通訊中心參考世界名校網頁,清華網站全面改版。首頁除了摘要報章刊載之清華新聞外,新創「首頁故事」專欄,每星期報導一、二則校內重大新聞;專欄第一則報導為〈國立清華大學創校九十五週年暨在台建校五十週年校慶〉(2006年4月27日發布)。從十多年來累積的首頁故事,可一窺清華重要校務發展。2006年8月在秘書處下設「公共事務組」,做為清華對外與媒體聯繫的窗口,除了撰寫首頁故事,也主動發布消息,讓校內外人士了解清華重要活動及最新研究成果;大大助益學校對外的形象與溝通。

2006年及2007年清華網站首頁故事集結成《2006 & 2007 首頁故事專輯》,另2008年、2009年網站首頁故事分別集結成《2008 首頁故事專輯》、《2009 首頁故事專輯》。

2006年9月我到韓國釜山浦項工科大學參加「東亞研究型大學協會」(Association of East Asian Research Universities,

AEARU）會議。該協會由 9 所大學於 1996 年創立，清華為創始會員，2006 年已擴張為 17 所大學組成的協會，每年召開一次大會，由各大學校長率團參與。[1] 浦項工科大學於 1986 年成立，為浦項鋼鐵創辦人朴泰俊以美國加州理工學院的模式建校，二十年間已成為國際知名的研究型大學。該校為學生僅三千多位的小型大學，能定期出刊印刷精美的英文通訊刊物，讓我印象極為深刻。為提升清華的國際能見度，2007 年元月清華創刊英文季刊 *Tsing Hua Newsletter*，為台灣首創的大學定期校園英文通訊刊物；半年後台大跟進、創刊英文 *NTU Newsletter*。猶記得我花了不少時間仔細潤飾每篇英文稿，一年後才放手由人類學研究所陳中民教授全權負責編輯英文稿。

強化國際工作

在國際事務方面，原本教務處與研發處分別設有「國際及推廣教育組」及「學術合作組」。2006 年 8 月，在秘書處設「國際事務中心」，負責二組之外之國際事務，如外賓接待，主動推展與國際大學之學術、教學交流等工作。2008 年 8 月成立編制內「國際事務處」，綜理國際業務，任內簽訂學術合作之國際大學數量大幅成長 67%，國際交換學生數成長一倍。在我卸任後，更名為「全球事務處」。

[註 1] 2006 年 AEARU 會員包括：台灣大學、清華大學、東京大學、京都大學、大阪大學、東北大學、東京工業大學、筑波大學、北京清華大學、北京大學、復旦大學、南京大學、中國科技大學、香港科技大學、首爾大學、浦項工科大學、韓國科學技術院等 17 所大學。

PRESIDENT'S GREETINGS

January 5, 2007

Dear Friends and Colleagues:

Greetings from the beautiful Tsing Hua campus! As we enter a new year, may I wish you and your family a happy and prosperous 2007.

As one of the premier research universities in Taiwan, we are working toward the goal of becoming a world-class university in the foreseeable future. A concerted strategic plan for the university development was proposed and supported by the Ministry of Education with the Special Funds for upgrading Taiwan's higher education. One of the measures we are undertaking is to improve our communication with you, dear friends and colleagues who are concerned with the development of Tsing Hua. It is toward this goal that I have asked my staff to issue this Tsing Hua Newsletter and I am very happy that the first issue is here to be presented to you, thanks to the efforts of the able editorial team led by Prof. Mao-Jiun Wang. Our plan is to issue the Newsletter quarterly and hope to update you with what has happened during the previous few months as well as what will take place in the near future. I hope the Newsletter will not only keep you informed on what my colleagues and students are doing but also to invite your feedbacks so that we can further enhance the growth and development of the University! Feel free to write me or the editor of the Newsletter if you have anything that you would like us to know and hope this new bridge will keep us in close contact with each other.

Happy New Year!

Wen-Tsuen Chen
President, National Tsing Hua University

| National Tsing Hua University | 2007 Vol.1 No.1

2007年元月清華英文 *Tsing Hua Newsletter* 創刊號校長祝賀詞，四年校長任內共出刊13期。

第七章　落實治校構想

2006年9月參加東亞研究型大學協會年會，與浦項工科大學朴讚謨校長簽訂學術合作備忘錄後合影。

強化財務規劃

就我所知，除了台大之外，其他國立大學可動用的校務基金都很有限。上任之際，清華可動用的校務基金只有一億多元，所幸獲得教育部邁向頂尖大學計畫之補助，我得以在上任後推動許多創新校務。但是，為長遠校務發展著想，仍須要自籌校務基金。上任之初，我利用在台建校五十週年校慶，席開百桌，廣邀校友回校，推動校友小額捐款；來自校友的捐款，從我上任之前的每年二千萬元，增加到2009年的一億元。此外，校內的重大建設案，積極尋求社會人士之捐助，如台達電子鄭崇華董事長慨捐兩億兩千萬元，其中兩億一千萬元做為籌建教學大樓之配合款，以及一千萬元產學合作經費。

2006年國立清華大學創校九十五週年暨在台建校五十週年校慶大會，出席校長左起：劉炯朗校長、李家同代理校長、劉兆玄校長、毛高文校長、陳文村校長。

2006年校慶午宴席開百桌。

　　2008年於秘書處成立「財務規劃室」，做長遠財務規劃，聘請曾任中興保全集團總裁、人脈豐沛的校友會理事長許明德校友為首任財規室主任，將校務基金做有效之財務規劃。

自 2006 年迄 2010 年，在我卸任前，校友及社會各界捐助達九億九千七百多萬元。

我非常感謝上任初期陳信雄校務顧問、陳文華副校長 / 校務顧問、張石麟學術副校長、葉銘泉主任秘書 / 行政副校長、王茂駿研發長 / 主任秘書等人之協助。

新創教師獎勵及薪階制度

1994 年〈大學法〉修正，明定教師職責有授課、研究及輔導，各大學據以訂定組織規程。清華組織規程中之教師職責多了「服務」一項，為教學、研究、服務及輔導。

大家熟知的教師獎勵，大多偏重研究成就，如國科會傑出研究獎，較少獎勵其他三項教師成就。

1982 年毛高文校長任內，為獎勵優秀教學，設立傑出教學獎，清華是國內最早設立校內教學獎之大學。在我校長任內，2007 年由林永隆研發長設立「傑出產學合作獎」，獎勵教師產學合作；2009 年由陳信文學務長設立「傑出導師獎」，獎勵教師輔導學生。清華對教師各項職責之優異成就，均給以肯定。

國內有許多大學、尤其是教學型大學為鼓勵教師研究，常以教師發表論文篇數給予獎勵。教育部邁向頂尖大學計畫執行期間，有數所獲補助大學為衝高論文篇數、爭世界大學排名，也以此方式獎勵教師研究。台大為該補助計畫指標學校，設計一套遴聘及獎勵研究辦法，除了設置講座與特聘教授外，亦包括以發表論文篇數獎勵研究。

2006年2月我上任時,台大已準備就緒,開始執行邁向頂尖大學計畫。上任之初,我請陳文華副校長參考台大新推出的教師獎勵辦法,草擬一套可長可久的獎勵制度。清華重視長期研究成就,排除短期的論文發表篇數獎勵(事實上,清華教師人均發表論文篇數不輸邁向頂尖大學計畫標竿大學美國爾灣加州大學);又學生為教育主體,也應重視教學成就,獎勵教學優秀教師。

2006年6月清華校務會議通過「國立清華大學講座及特聘教授設置辦法」及「教師學術卓越獎勵辦法」,實施講座、特聘教授薪階及彈性薪資制度,以遴聘優秀教師及獎勵教師研究、教學。薪階為教師終身榮譽,彈性薪資定期(每三年或五年)審核調整。

記得開了三次校務會議才通過此設置與獎勵辦法,會議中有位校務會議代表提出修正議案:此辦法僅適用於設置與獎勵辦法通過後、教師所獲得的獎項,之前所獲的獎項不能計算在內,以讓所有教師站在同一起跑點獲得獎勵。此議案表面似「公平」,但很多獎項,如教育部學術獎,一生只能獲得一次,不能一得再得,此議案對得過這些獎項的教師顯不公平。很意外此修正議案獲得通過,違背此設置與獎勵辦法的原意。葉銘泉主秘請一位校務會議代表緊急提出覆議,經過一番議事程序,才推翻此臨時提出的修正議案,通過原擬條文。

相關辦法中,制定清華教師得兩次傑出研究獎或三次傑出教學獎者晉升為「特聘教授」,教育部學術獎得主或三次傑出研究獎者晉升為「講座教授」,中研院院士或教育部國家講座晉升為「特聘講座教授」,具其他特殊成就教師由清華「講座審議委員會」議決晉階。因國科會傑出研究獎頒發制度曾中斷及獲獎次數更動,另考量國科會後來又設立傑出產學研究獎及清華設立傑出

2007年頒予物理系朱國瑞教授特聘講座聘書。

導師獎,我卸任後,此設置辦法做了些微調整。

獲晉升講座與特聘教授由校長核以彈性薪資,其他未晉升教師有一定比率,由系所院每年按研究教學績效排序,送校方核定彈性薪資。彈性薪資財源來自教育部邁向頂尖大學計畫,後來國科會亦從研究計畫管理費提撥一定比率,挹注彈性薪資經費。我任內全校大約45%教師獲彈性薪資獎勵,近年來應已提高獎勵比率。

2010年卸任前,清華特聘講座及講座教授共55位,配合一百週年校慶,提出「百位學術卓越講座募款計畫」,希望五年內學術卓越講座教授達全校教師15%(相較於2008年史丹福大學教授中,有22%為講座教授),以全面帶動學術研究,大幅提升清華學術水準。

推動學術卓越與產學合作

除了薪階制度及彈性薪資獎勵教師,清華亦運用邁向頂尖大學計畫,每年編列額外經費,補助各領域教師進行拔尖、增能研究計畫,以激勵教師研究成長、拔尖,期望數年內能有所突破。

清華為了推動拔尖、增能研究計畫,整合研究資源與研發能量,2006 年 6 月合併材料科學中心與奈米微系統中心為「奈微與材料科技中心」,另 7 月新成立「生物醫學科技研發中心」、8 月成立「人文社會研究中心」及「基礎科學研究中心」,以強化對相關領域發展之支持。同時,規劃全校性共同實驗室——清華實驗室(徐遐生校長任內提出),以整合共用性強且使用頻率高的儀器設備和實驗室技術人員,提升人力資源及儀器之運用效益。

清華選擇四項已具基礎、且有潛力成為國際頂尖之研究領域為重點,並支援負責推動的研究中心,包括基礎科學研究(國家理論科學中心/基礎科學研究中心)、奈米與材料研究(奈微與材料科技中心)、生物科技研究(生物醫學科技研發中心/腦科學研究中心)、資訊電子研究(電腦與通訊科技研發中心/積體電路設計技術研發中心)。另外,考量清華傳統特色與科技發展趨勢,規劃兩個策略研究領域,包括能源與環境研究(能源與環境研究中心)、科技、社會暨管理之跨領域研究(人文社會研究中心)。

有別於大部分大學推動研究計畫採取由上而下配置經費,清華推動拔尖、增能研究時,由各研究中心整合、推動研究團隊,透過校外專家初審、複審,遴選出數項最有可能達到國際頂尖的計畫,給予最大的支持。2007 年獲選為拔尖研究計畫者有四組研

究團隊：（一）腦科學研究：果蠅全腦基因表現資料庫建構計畫（江安世團隊）。（二）量子世代之核心科技：III-V 族與鍺奈米電子暨自旋電子學研究（洪銘輝、郭瑞年團隊）。（三）前瞻生醫科技：生物結構組裝觀測微系統平台暨藥物傳輸與再生醫學研究（范龍生、薛敬和團隊）。（四）下一世代網路與通訊之前瞻研究（張正尚團隊）。

增能研究計畫則補助具研究潛力教師或研究團隊，進行具前瞻創新潛力之研究。期表現優異的教師，能發展出拔尖研究團隊，或直接在重點領域突破。此外，透過「新聘教師學術研究專案補助辦法」，提供開辦費協助新進教師快速建立研究環境與設施，並對展現優異潛力年輕教師加大補助。

清華對進行中之拔尖計畫與增能計畫逐年檢視、汰弱留強，聘請國際級頂尖學者檢視績效，據以將增能計畫升格為拔尖計畫或淘汰表現欠佳的計畫。預期在 2010 年邁向頂尖大學計畫結束之前，有四至五個計畫能達到國際一流的水準。

清華也加強與國內重要研究機構合作，並積極尋求產學合作。清華、交大兩校相鄰，數十年來良性競爭，教學研究密切合作。合作項目包括共同主導「國家理論科學中心」運作、共同主持大學學術追求卓越發展計畫、共同指導研究生、學生可跨校選課。

清華與國內研究機構合作者，還包括中央研究院、國家衛生研究院、工業技術研究院、同步輻射研究中心、國科會所轄各國家實驗室、動物科學所、食品科學所、生物科技中心、核能研究所、榮民總醫院、長庚醫院、馬偕醫院等，期發揮人才交流與資源整合。

清華與中央研究院之合作交流非常密切，已合設五研究所學程及國際學生學程，清華合聘中研院研究員人數僅次於佔地緣之利的台大。翁啟惠院長 2006 年 10 月 19 日接任中研院院長，就任的第一個星期，即接受清華的邀請，於 10 月 21 日蒞臨清華，廣泛研討中研院與清華進一步合作事宜。

中研院翁啟惠院長（右四）2006 年就任的第一個星期，即蒞臨清華。

　　清華與同步輻射研究中心合作，包括建立同時以電子及同步輻射 X 光為光源而成的超級能譜顯微技術，並開發新光源以利未來發展基因體、蛋白質體、代謝體等之生醫科技研究。另共同規劃開設先進光源學程，為 3 GeV Taiwan Photon Source（TPS）先進光源基礎研究儲備人才。

　　清華與國家衛生研究院共同規劃成立「醫學生物科技博士班」及「醫學科學學程」，強調與臨床相關的基因診斷、藥物研發、生物資訊及分子影像等重點研究方向。另共同推動醫學科學（Medical Science）的大學部學程與醫師科學家（Physician Scientists）博士學程。

　　清華與工業技術研究院多年來密切合作，為進一步提升雙方

第七章 落實治校構想

之研發水準，並將清華研發成果落實至產業界，2007 年特別簽訂「清大與工研院重大合作（Grand Challenge）計畫」，設立「清華/工研院聯合研發中心」，選定系統晶片設計、下世代記憶體材料與太陽能電池等三個研究項目，共組研究團隊，雙方每年共同投入 4,000 萬元經費，進行前瞻產業技術研究。

根據調查，2006 年清華有四分之一教授的研究與生物醫學有關。清華雖未設有醫學院，從 1980 年代即與榮民總醫院進行生物醫學之合作研究。長庚醫院有全國最豐富（約有全台灣四分之一人口）的臨床資料庫，為了更擴展清華生醫合作面向，我於上任之初，透過柏克萊加大朋友王雪齡（台塑集團董事長、長庚醫院創辦人王永慶先生的千金）之關係，2006 年 5 月拜訪林口長庚醫院陳敏夫院長，表達合作意願，獲得長庚醫院之熱烈歡迎。同年 11 月，與長庚醫院簽訂學術合作協議，進行「長清計畫」，雙方每年各提供 1,000 萬元（後來增為 2,000 萬元）經費支持共同提出的生醫研究計畫，在我校長任內是非常成功之生物醫學合作研究計畫。

除積極進行與國內重要研究機構之合作外，並與產業界合作。任內促成台達電子、聯發科技、聯詠科技等產業界知名公司，在清華成立前瞻產業聯合研發中心。2007 年台

2007 年拜訪日本理化學研究所，與 2001 年諾貝爾化學獎得主野依良治所長合影。

達電子承諾為期 10 年、每年贊助 1,000 萬元研究經費，進行能源及先進磁性材料、先進電漿源、功率晶片設計等前瞻計畫；2008 年聯發科技提供 5 年共贊助 6,000 萬元研究經費，成立「前瞻性嵌入式系統設計實驗室」，進行嵌入式系統、具感測與網路功能之智慧機器人等前瞻計畫；2009 年聯詠科技提供 5 年共贊助 5,000 萬元研究經費，設立「前瞻性系統晶片實驗室」。另與美國卡內基美隆大學進行智慧機器人、服務軟體系統研發合作，以及與 Cold Spring Harbor Lab、日本理化學研究所（RIKEN）、Microsoft 及 Intel 等國外研究單位與企業合作，以擴增清華與國際研發鏈結。

2008 年與聯發科技蔡明介董事長簽約成立前瞻性嵌入式系統設計實驗室。

大學部教育改進工作小組

　　大學除了專業知識的傳授，亦應重視教育對學生人格、人品的塑造，及學生基本能力的養成，培養學生對事物與知識獨立思考、終身學習能力，以因應快速變遷的社會與知識的倍數疊積。為了達上述教育理念及目的，於2007年7月成立「大學部教育改進工作小組」（Task Force on Undergraduate Education），下設基礎必修課程、通識教育、清華學院三個小組，對學生的校園生活、人格養成、通識教育及基礎課程，進行全面性的檢討，並規劃教育改進的方案。小組成員包括校內資深教授及校友代表，重新釐定清華大學教育目標，再交由行政部門及相關院系據以執行。

　　材料科學工程系陳力俊特聘講座教授2006年2月接續我擔任台聯大系統研發系統副校長，我聘請陳教授擔任召集人。此次教育改進之重點，在課程規劃上，藉共同必修課及通識課之組合，與新設計之基礎數學、物理、化學、生命科學、資訊及人文與社會等相關課程結合，確保學生兼具人文與科學素養。在課程品質上，就課程目標之確定、授課與學習成效、教室設備之改善等項，訂定評估機制，該工作小組於2008年5月完成初步報告。

　　2008年5月陳力俊教授獲聘為國科會副主委，改聘電機系王小川教授接續擔任工作小組召集人。王教授在我電資院院長任內擔任副院長，對教學改進非常有創新想法與熱忱，曾規劃、並整合電資院電機與資訊兩系課程。2010年元月依據改進小組報告，教務處擬定《國立清華大學大學部教育改進白皮書》。

設立清華學院

　　大學教育不只是課堂上的學習，亦應重視課外的學習機會。「清華學院」擷取世界頂尖大學住宿學院（Residential College）之精神，打破現今國內大學宿舍生活之刻板傳統，帶給清華學子嶄新的學習與校園生活環境。2007 年 5 月我特地率領王天戈教務長、賀陳弘學務長以及計算機與通訊中心唐傳義主任，前往美國訪問哈佛大學、麻省理工學院、耶魯大學等著名學府，考察美國主要大學在大學部教育的新穎政策，以及執行通識教育的作法。此行最大的心得是，哈佛、麻省理工、耶魯等三校十分重視大學部的教育，尤其在學業之外的課外教育，包括為人處事、領導才能、團結合作與終身學習等培養健全人格的教育。而傳統上清華學生在校住宿所建立的獨特校園文化，具有十分適合進行課外教育的環境。

　　經過數月的籌劃，包括聘任輔導老師、規劃生活與學習課程、裝修適於學習的學生宿舍環境，2008 年 2 月 1 日清華學院

2007 年拜訪麻省理工學院大學部教育主管，由該學院教授、清華原子科學研究所第一屆（1958G）校友陳守信院士（右二）安排及全程作陪，左為王天戈教務長，右為賀陳弘學務長。

宣布正式成立，聘請生命科學院李家維教授為清華學院院長，唐傳義教授為執行長。2008 學年自各院系新生招募 150 名學員，集中住宿於新裝修完成之實齋宿舍，成為生活群體。初期每年由新生自主報名，從中甄選 150～200 名，2008 學年試行，視成效逐年擴大。

2008 年與第一屆清華學院學生合照。

　　宿舍輔導設多元導師，包括生活導師、課業導師、校友導師。專任輔導老師替學生規劃宿舍內外系列活動、生活與學習課程。受過訓練的輔導學長陪同住宿加上熱心的導師群，提供身心及課業輔導，協助成長及生活規劃。針對清華學院的學生，特別新設計富創意之通識課程，以小群方式帶領同學往心理、社會、世界、藝文等各個層面探索人生。其最終目的在培育文理兼修、氣質高雅、氣度恢弘之未來社會領袖菁英。

到了 2009 學年度住宿學院已擴展為「厚德書院」與「載物書院」，共招收 18% 新生。厚德書院為原清華學院，特色課程以自我探索與社會參與為核心。載物書院以探索跨領域的學習方法與態度，連結專業發展與社會議題的合作關係。經十多年的經營，清華的住宿學院已「體制化」，唯待精進，畢竟歐美住宿學院多有數百年歷史，方能形成學生學習的特有文化。

繁星計畫成效

清華向教育部提出大學部招生「繁星計畫」，以「各高中推薦保送」方式，給予城鄉高中平等之機會，可縮減城鄉差距、培養更多不同面向的優秀人才、使校園的氛圍更多元。繁星計畫獲教育部核准後，於 2006 年 9 月公告，新穎之招生理念引起廣大迴響、普獲社會肯定。2006 學年清華單獨招生，評審標準是高中生在全校成績前 5%，且學測成績達「三項標兩前標」門檻，初估全國約有 130 至 190 所高中符合標準，每校推薦一名學生保送清華。清華各學系、院學士班均參與招生，各系院沒有限制招生名額，全校總名額約 180 人至 200 人。

同年，教育部呼籲其他邁向頂尖大學計畫之大學加入，核定由該計畫之台大、交大、政大等 11 校聯合辦理繁星計畫。初公布時，有部分台大主管不認同，強調要招收「最優秀的學生」，因此台大法律系、電機工程系、醫學系不參加繁星計畫。事實上，在資源匱乏的偏鄉學校，學生如能名列前茅，可能比明星高中靠補習的畢業生更有潛力。清華教務處分析歷年清華畢業生學業表現，佐證了這項觀察，繁星學生的學業表現普遍優於其他管道入

學的學生,印證都會明星高中不是大學招生的唯一選項,多元化高中生的來源與其在校表現也應該受到關注。

2007 年 3 月清華第一屆繁星計畫招生放榜,許多未曾有學生考上清華的高中,因繁星計畫而有學生擠進清華;根據清華統計,2006 至 2008 三學年中,約有三百六十多位學生以繁星計畫入學,他們就讀的高中,在繁星計畫之前,其中約有 40 所,過去從未有畢業生進入清華大學。繁星計畫讓偏鄉學生有機會考進一流大學,讓偏鄉高中有被矚目的機會,真正達到照顧弱勢、區域平衡的目的。

2007 學年,教育部進一步擴大辦理,有 26 所大學參與招生,提供 1,770 個招生名額。經試辦四年,2009 年 10 月,教育部提請大學招生委員會聯合會通過,從 2010 學年開始,以繁星計畫取代「學校推薦」,更名為「繁星推薦」,成為正式的大學甄選入學管道。

改善學生生活、體育環境

清華創立早期提供學生宿舍,所有學生均住校。多年來,由於學生數大幅增加、高教經費拮据,我上任之際,學生住宿率低於五成,當時交大則高於六成。此外,清華學生宿舍大多沒有裝設冷氣,交大則有 80% 學生宿舍裝設付費冷氣。

我上任後,於 2006 年暑假提撥校務基金約 4,000 萬元,增強學生宿舍區變電設備及電力管線,並由學生宿舍自償經費將所有宿舍裝設冷氣,提供學生較舒適的生活、學習環境。

2006 學年開學後,為了瞭解學生住宿環境,我與賀陳弘學務

長、林樹均總務長、學生住宿管理主管探視明齋、平齋、華齋等學生住宿區，發現宿舍牆壁剝落、管線外露，亟待整修。我所了解的原因是，多年未調漲住宿費，以致學生宿舍自償基金經費短缺，年久失修。我隨即請會計室撥款專案補助，整修後，宿舍煥然一新。

2006年11月與賀陳弘學務長（左一）、林樹均總務長（左二）、周易行總教官（左三）、學生住宿管理主管探視學生住宿區。

2008年8月新建的學生宿舍學齋、儒齋正式啟用，共增加996床位。我參觀了單人學生宿舍後，慨嘆我們學生時代住的是四人房，如今台灣經濟改善，學生幸福多了，可選擇較隱私的單人宿舍。此外，於2009年7月發包1,004床的清齋改建工程，校長任內共增加2,000床，達宿舍區6,963床最高容量，可提供超過六成學生住宿。

清華校園西邊的棒球場、籃球場是我從西院教師宿舍區到資電館研究室必經之地，晚上如有學生練球，水銀燈燈火通明，但大多時候，只留幾盞路燈。就連網球場、羽球館使用率也不高。上任後，方知許多學生走「清交小徑」到交大運動，因交大有較

佳的體育設施。原來由於校務經費短缺，1994 年之後，清華的體育場地與設施沒有再進行過大幅整修。

清華的傳統非常重視體育，我乃請體育室規劃，2006 年起提撥約 8,000 萬元的校務基金，進行大規模的體育場地與設施的整修。依序完成田徑場翻土重鋪跑道，並在草皮足球場加裝抽水噴灌系統、拆除田徑場西邊看台並增設跳遠場地、排球場整修加上夜間照明、各室內外網球場整修翻新、游泳池盥洗室與加熱系統更新、體育館換新地板與通風改善。任內亦規劃棒球場整修，預計 2010 年進行，最後的籃球場工程，則安排在教學大樓台達館完工後再進行整修。

另也增聘體育教師，提升體育教學內涵。梅竹錦標賽是清交兩校盛事，啦啦隊卻苦於沒有樓頂夠高的練習場所。且清華師生人數增加，原有體育設施已不敷課程安排及課餘活動使用，亟須增加體育設施空間。乃選定棒球場西側之空地，新建一「多功能體育館」，規劃 13 米挑高 8 面羽球場及數間舞蹈教室，總樓地板面積達 2,834 平方公尺。

體育活動、梅竹錦標賽是清華校友的共同記憶，校友應樂於捐助體育設施，規劃全由校友捐款一億七千萬元，建造此多功能體育館。2008 年我帶領葉銘泉行政副校長、王茂駿主任秘書與財務規劃室許明德主任拜訪欣興電子曾子章董事長，期望他能捐款贊助。當募得二千萬元後，全球遭逢金融危機，企業營運大受影響，被迫暫緩捐款活動。因這次拜訪，曾子章董事長更關心清華校務，熱心於校友活動，2009 年當選為清華大學校友會理事長。

在 2009 年，通過多功能體育館工程構想書，完成專案管理公司招標，卸任校長前夕，正進行徵選建築師，作細部設計中。

此多功能體育館由陳力俊校長接續向校友募款,命名為「校友體育館」,2012 年 11 月落成啟用。

持續台積館、學習資源中心工程

　　2000 年 8 月,在劉炯朗校長任內,台積電文教基金會捐贈 1 億 8,000 萬元,另配合教育部補助款,興建科技管理學院大樓,命名為「台積館」。於 2005 年正式開工,地下一層、地上九層,總樓地板面積 21,891 平方公尺,總工程款超過 5 億元;歷經艱辛的籌劃、興建過程後,於 2008 年 4 月 18 日正式啟用。我代表清華致贈感謝狀予台積電張忠謀董事長及曾繁城副董事長,感謝他們對於台積館及科管院之支持,並致頒張董事長清華大學「榮譽特聘講座」聘書,隨後,張董事長以「領導人的培育」為題,發表演說。

2008 年台積館開幕典禮,左起:科管院史欽泰院長、台積電曾繁城副董事長、台達電子海英俊執行長、陳文村校長、劉炯朗校長、元智大學彭宗平校長。

2008年致頒台積電張忠謀董事長清華大學榮譽特聘講座聘書。

為整合圖書資源、網路與藝文學習之服務機制與資源,清華於劉炯朗校長任內規劃建設「學習資源中心」。2001年11月旺宏電子捐贈3億元,同時獲教育部補助3.5億元,興建學習資源中心,包括圖書館、國際會議廳、遠距教室及校行政中心,命名為「旺宏館」。由於選擇興建地點,延宕多年,我上任之前,決定興建於北校區大草坪西南邊,為材料科學中心及科學儀器中心原址。由於多年來清華規模擴大,可周轉的校舍空間有限,為了安置兩中心拆除後之實驗室與辦公室,行政團隊費盡心思。

學習資源中心為地下一層、地上七層,總樓地板34,866平方公尺的鋼構與鋼筋混凝土建築,造價近10億元。在我任內,建築外觀幾經修改,最後選定建築平面配置,有如一本打開的書

（圖書館、遠距教室及校行政中心）和一只滑鼠（國際會議廳），象徵可同時提供豐富多元、即時新穎的實體與虛擬學習資源和服務，建築外觀上採白色及粉褐色系設計，與保留之林木色系相融。2007年10月教育部通過規劃書後，建設工程幾經流標，由於2008年金融危機，缺工問題紓緩，發包總工程款節省一億多元，2008年12月動工。經過冗長的施工及內部裝修，於2013年4月11日啟用，提供即時、新穎與便捷之整合型學習資源服務。

2008年12月學習資源中心旺宏館動工典禮，旺宏公司胡定華董事長（前排右五）、總經理吳敏求（前排右四）均蒞臨。

2013 年 4 月學習資源中心旺宏館啟用。

新建教學大樓台達館

　　我擔任電資院院長六年,電機、資訊兩系師生人數擴增超過五成,教學、研究空間嚴重不足,曾請校方協助,但一直沒得到具體解決方案。當時我曾請總務處提供各教學單位的空間,因此,在上任校長前,我對清華校舍的使用情形已有概略的了解。

　　在我上任前十年間,清華全校學生增加 4,500 多人,根據總務處統計,每位學生的平均使用教學樓地板面積從 1995 學年度的 36.7 平方公尺,降到 2005 學年度的 23.1 平方公尺。上任後,我即有新建教學大樓的想法,林樹均總務長全面丈量各教學單位的使用空間,得到較精確的使用情形,以作為未來新建教學大樓的依據,以及解決各教學單位教學、實驗與研究空間的優先順序。

上任之初，我即積極尋找可建教學大樓的基地，我與惠晴有幾次晚飯後到校園散步，順便尋找適當地點。有一天散步到教育館旁的「星光大道」，當時燈光昏暗，不小心踢到阻擋車輛的水泥樁，向前撲倒，造成左手肘骨折，幾個星期後才痊癒。

靠近籃球場的舊圖書館紅樓，為一棟三層樓之建築，是在我大學三年級那一年（1968年）興建完成。外牆的棗紅色砌磚非常搶眼，館前廣場有一日晷，是校園著名的地標。隨著1985年圖書館搬遷，紅樓先後做為人文社會學院、通識教育中心、材料科學中心之用。當時紅樓外牆掛了許多排氣管、冷氣機，已失去過去之風華；再者，樓地板面積僅約4,900平方公尺，1999年「921大地震」後，又被列為危樓，整修效益不高。我請校園規劃室李雄略主任，評估紅樓拆除、興建教學大樓的可行性。

經過校內程序，及說服教育部提前拆除紅樓後（當時只使用37年，未達使用年限55年，依規定不能拆除），決定在面積5,000平方公尺的基地上，建造教學大樓，總樓地板面積約29,000平方公尺，地下二層（停車場、防空避難室）、地上九層，供教學、實驗及研究空間較嚴重不足的教學單位使用，包括電機資訊學院、材料科學工程系及奈米工程與微系統研究所。建造總經費約8億元，除邁向頂尖大學計畫經費5.8億元外，我擬向台達電子鄭崇華董事長籌募部分經費。

鄭董事長是很成功、熱心公益的企業家。2001年劉炯朗校長任內，鄭董事長捐贈100萬股台達電子股票給清華（當時市值超過一億元），設立「孫運璿科技講座」。我當時擔任電機資訊學院院長，在捐贈典禮上，第一次見到鄭董事長，深覺他是清華人的典範。在我上任校長的第一年6月，清華頒授鄭董事長名譽工

第七章　落實治校構想

學博士學位,並聘請他擔任清華校務發展諮詢委員會委員。

　　2007 年 10 月底,我偕同劉炯朗前校長及校內主管,到位於台北市內湖的台達電子總部拜訪鄭董事長,他很親切招待我們參觀公司產品展覽廳,且很誠懇表示會考慮捐款一事。兩星期後,他透過台達電子技術長、清華 1975 級化工系校友梁榮昌博士告知:鄭董事長個人擬捐贈新台幣 2.2 億元,配合邁向頂尖大學計畫經費興建教學大樓,命名為「台達館」,其中一千萬元為贊助清華與台達電子產學合作的第一年經費,並答應未來十年持續與清華進行產學合作。

2008 年 10 月底教學大樓台達館動土典禮,鄭崇華董事長(前排右五)、梁榮昌技術長(前排右二)蒞臨參與,我的計算機程式啟蒙老師李曾邁教授(前排右四)是鄭董事長成功大學同屆摯友,特邀請參加。

2011 年 10 月教學大樓台達館落成。

　　2008 年將原有紅樓拆除後，10 月底舉行動土典禮，興建教學大樓台達館，於 2011 年 10 月落成，並取得內政部綠建築標章，是清華邁向綠色校園具指標性的建設。

　　在清華百年（2011 年）校慶出版的《人物清華》中，鄭董事長受訪時，提及「劉炯朗校長是一值得信賴的好校長」，慨捐台達電子股票給清華。另提及 2007 年「覺得陳校長的態度十分誠懇實在，便一口氣允諾二億二千萬的捐款」，協助興建綠建築台達館，解決電資院與工學院空間不足的問題。2009 年 6 月清華畢業典禮，我特別邀請鄭董事長擔任致詞貴賓，與學子們分享他的人生經驗及創業哲學。

建造奕園、奕亭

沈君山前校長為圍棋、橋牌高手，曾榮獲美國本因坊圍棋冠軍，及代表台灣獲世界橋牌大賽百慕達盃亞軍。在清華校園建造奕園是沈校長多年的心願，然因設置地點，校內一直未能獲共識，以致時程一再遷延。直至 2007 年初，我與化學系沙晉康教授到沈校長西院宿舍探視，他再度提起希望捐出美國普渡大學的退休金，設置講座與獎學金，並做為興建奕園的基金，我即交代校園規劃室李雄略主任妥為規劃。

我多次與沈校長討論設置地點，沈校長原屬意梅園入口處，於 2006 年 10 月 10 日手書，提及：「余自 1956 年與清華結緣，1973 年返台，迄今 33 年。以後亦不會離開清華，對清華有特殊感情，故捐助奕園，原則如下，1. 地址需在清華校園，若可能在梅園，希望在梅園石碑之對面，隔道相望。2. 園中不砍一樹，只立一碑，碑上刻一詰棋（可請張栩製作），沈君山題，全園少用水泥（最好不用）。」

但梅園腹地不大，我與沈校長討論後作罷。我提議南校區三合院附近，然沈校長反對；沈校長任內，為處理南校區三合院，以作他用，遭校內教授抗爭，他一直耿耿於懷。他對我表示，與其奕園建在三合院，他寧願不捐。

2007 年初校園規劃室開始規劃南校區的水域生態景觀區，工作項目包括木欄杆步道、涼亭、碎石路步道等。6 月中，我與李雄略主任探視臥病中的沈校長，由李主任說明規劃中之南校區水域生態景觀區。規劃中之周遭景觀，依循原始地形地貌設計，非常自然。其中天然湧泉屬碳酸冷泉，正好規劃成濕地生態區；坡地

生態自然平衡、多樣，則保留為森林區。晨昏之際，優遊於木棧道間，可聽到蟲鳴鳥叫聲，是散步與沉思的絕佳地點。我與李主任建議將此景觀區規劃為奕園，其中設置奕亭，沈校長欣然同意。

沈校長在寫給圍棋徒弟施懿宸先生（曾是應昌期圍棋教育基金會青少年棋手，沈校長曾任該基金會董事長）的信中，提及：「告訴你一個小小的私密，清華後山有一個鬱鬱蔥蔥、群翠環繞的人工湖……現在我有一由我捐助的計畫，也已經得到學校的初步同意，就在這小丘上植一樹，樹前築一亭，亭名『奕亭』，亭中放置不易腐蝕的木椅若干，當然也有一副圍棋，棋盤用清大材料系發展出來耐久的材料製成，供遊人休息；當然也可以下棋，不過真正來下棋的恐怕不多，但那也沒有關係。」[2]

不料，沈校長卻於次月 6 日第三度中風昏迷，未能參與後續之規劃。我於 2007 年批准了奕園、奕亭設計監造費及施工費用共 1,482 萬元（含鄰近生醫工程與環境科學系廣場）。期間劉炯朗前校長向某匿名企業家募得 200 萬元捐款，其餘建造費用由校款支應。

2008 年 7 月楊振寧教授來清華訪問，與夫人翁帆女士探視沈校長。

在沈校長第三度中風昏迷一周年（2008 年 7 月），於北京清華講學的1957 年諾貝爾物理獎得主楊振寧教授特地來清華訪問，並與夫人翁帆女士探視沈校長。清華聘請楊教授為「梅貽琦榮譽特聘講座」，在頒授典禮上，他表示，此講座對他而言，別具意

[註 2] 沈校長寫給施懿宸先生的信，來自清華圖書館策劃之「大隱之美—清華奕園記事」校史特展。

第七章　落實治校構想

義。主要是除了曾與梅貽琦校長有著深厚的因緣,而居中牽成的,更是他的摯友——沈君山校長,因此他是以非常高興的心情,來接受此榮譽任務。

2008年清華致頒楊振寧教授梅貽琦榮譽特聘講座聘書。

歷經兩年之設計、施工,於2010年元月20日,我卸任校長前,奕園、奕亭完工啟用。奕亭上匾額之「奕」字是由沈校長的信函(蔣亨進教授提供)取字描繪,「亭」字由校史館保存的沈校長墨寶提供。奕亭採木構,造形古樸簡雅,可作為戶外教室,並適合對奕、談心等靜態活動。

2010年元月奕園、奕亭完工啟用,奕園規劃者為校園規劃室主任李雄略教授(右二)。

沈校長非常維護大學校園安寧、自主。記得1980年代有一天，沈校長（時任理學院院長）搭我的車到百齡堂餐敘，途經大禮堂，被一批軍人指示改道，原來是軍方借大禮堂集訓後備軍人。沈院長當場下車，喝叱軍人讓開，並要求校方，不准軍人在校內指揮交通。之後，清大保持黨政軍退出校園、選舉候選人不得在校園演講之傳統。

沈校長對清華校務發展有很大的貢獻，尤其人文社會學院、生命科學院、電機資訊學院、科技管理學院的成立，都靠他籌劃、大力促成。我很欣慰能在卸任校長之前，完成沈校長的心願，分外覺得有意義。

在2011年，沈校長家屬代表捐贈沈校長在美國普渡大學的退休金，設置圍棋公共藝術，2013年6月1日舉行奕園公共藝術揭幕典禮。

鋪設全校地下共同管道及步道

清華校園時常為了鋪設污廢水、電力、資訊網路等管線開挖馬路，造成行人、車輛交通的不便。於2003年開始規劃全校地下共同管道系統，管道內寬2.5米、高2.5米，兩邊壁寬各30公分，可集中管理全校污水、廢水、電力、電信、資訊網路、消防、自來水等維生管線，減少因管線維護而時常造成道路開挖情況。此外，全校的生活污水管集中起來，透過地下管線一直通到大門，接到校外，連接新竹市府的管線，交由市府處理，如此就不必自建污水處理廠（交大很羨慕清華，因為他們須建污水處理廠，做營運管理）。

第七章 落實治校構想

地下共同管道系統從南校區到光復路大門,另有支線遍布全校園,工程分為A、B、C、D及L等五段施工,總長度2,676公尺。在我任內,A、B、C及L等四段工程陸續完工,只剩最後一段D段工程尚未完成。

國立清華大學地下共同管道路徑圖
98年12月現況:
A、B、C、L段已完工,D段施工中

2010年元月全校地下共同管道地圖。

當中B段(小吃部到荷塘)管道正處於南北校區唯一交通幹道,在興建過程中,來往南校區的人社院或生科院師生、員工,就必須繞道;又因施工過程中,開挖到事先沒預期之管線,施工期延宕數月,連接南北校園的主要幹道中斷,造成交通黑暗期,不免引起許多抱怨。但由於興建地下共同管道系統,使得往後十幾年來,清華校園不再看到挖馬路的情形,不論維修或興建新大樓,都從地下共同管道進去施做維生管線,完全不影響校園交通。

清華校園地形起伏大,各段道路分別完成於不同時期,部分路段路形不佳、坡度過陡(如生命科學館與人文社會大樓之間路段),影響行車舒適度及安全。藉由地下共同管道完工、道路復原的機會,重整路形及坡度,構築完整舒適的無障礙人行步道並改善排水系統。地下共同管道的人員出入口位置,亦設計成造型大方的候車亭及休憩亭,供行人駐足歇憩。B段管道施工期間,也增設行人木棧步道,避免人車爭道之險象。此外,成功湖畔步道亦在任內大幅改善與美化。

隱身在候車亭後方的地下共同管道入口,所有水、電、網路等全校維生系統,可以在管道中輕易維修、汰換,不再須挖馬路。

小吃部至楓林小徑之行人木棧步道,避免人車爭道之險象,背景是雅齋女生宿舍。

頒授名譽博士學位

清華自 1996 年頒授名譽博士學位予在學術或專業上,對文化、學術交流、世界和平,或對清華有重大貢獻者,迄 2005 年,頒授楊振寧、吳大猷、李政道、李國鼎、孫運璿、李遠哲、張忠謀、丘成桐、俞國華、陳省身、徐賢修、顧毓琇、丁肇中、胡定華、史欽泰、刁錦寰、紀政、李亦園、林家翹等 19 位名譽博士學位。

遵循清華頒授名譽博士學位之傳統,2006 年 6 月 22 日頒予台達電子鄭崇華董事長名譽工學博士學位,表彰他長期致力於環境永續發展、以及全球電子產業發展的卓越貢獻,他在頒授典禮中發表感言:「創業,讓我體會到的人生價值」,收錄在 2022 年遠見天下文化出版的《鄭崇華演講集》中。

2006 年頒授台達電子鄭崇華董事長名譽工學博士學位。

頒授台達電子鄭崇華董事長名譽工學博士學位後合影，從左至右：劉炯朗校長、史欽泰院長夫婦、鄭崇華董事長夫婦、陳文村校長、陳文華副校長。

　　鄭董事長於1949年13歲時隻身隨舅父來台，在台中一中求學，大學畢業於成大電機工程系。1971年白手起家、創立台達電子，是很成功、熱心公益的企業家。在2010年出版的《實在的力量》一書中，自述一生際遇、創業過程與經營理念。鄭董事長持續地贊助大專院校科技研究專案及人才培育，也長期協助清華推動各項教學、學術研究，並贊助產學合作及學術交流活動，包括2001年捐獻孫運璿講座基金、2007年捐助建造教學大樓台達館。

　　2007年「清華名譽學位推選委員會」一致通過，頒授聯發科技公司蔡明介董事長名譽工學博士學位。蔡明介董事長長期致力於積體電路技術研發超過三十年，於1997年成立聯發科技公司，從光碟機晶片開始，擴展到數位影音光碟晶片，進而跨入無線通

訊手機晶片,十年間帶領公司成為全球手機晶片、數位電視晶片重要的供應商。尤其,熱心贊助學術機構從事前瞻性科技研發與人才培育,為積體電路產業樹立產學合作之典範,為實至名歸的積體電路產業領航者及高科技產業創新與經營管理者。

2007 年,當我告訴蔡董事長清華通過頒授名譽工學博士的消息,他以聯發科技剛成功推出無線通訊手機晶片,還須要帶領公司鞏固、開拓市場,希望暫緩頒授名譽工學博士學位。2008 年適逢金融危機,延至 2009 年 4 月 20 日,清華舉行蔡明介董事長名譽工學博士學位頒授典禮。

蔡董事長致詞時提及他跟清華的淵源:「我常常去人社院的天鵝湖(相思湖)運動,清大就像自家的後院,處處充滿家的溫暖,環境優美,不愧是水木

2009 年頒授聯發科技蔡明介董事長名譽工學博士學位。

清華。」並以「台灣知識經濟產業演進之見證」為題,發表專題演講。蔡董事長是農家子弟出身,以自身成長經驗見證知識經濟產業之演進,談到科技產業的本質是創新,包括技術及商業模式。以聯發科技掀起的山寨機風潮為例,「今日山寨,明日主流」,強調持續創造新的價值,終會成為主流。

貴賓致詞中,劉炯朗校長以《水滸傳》的「山寨英雄」來

比喻蔡明介董事長,而技術與智慧財產權,則是山寨英雄的實力,他並以「替天行道」四個字作結,推崇蔡董事長對國家社會的貢獻。

頒授聯發科技蔡明介董事長名譽工學博士學位後合影,從左至右:張進福政務委員、陳文村校長、蔡明介董事長、電資院徐爵民院長、劉炯朗校長、竹科管理局顏宗明局長。

1990年代初期,我已認識蔡明介董事長,當時他是聯華電子公司第二事業群總經理,提出開發 Intel 30386 相容 CPU 晶片,爭取經濟部主導性新產品計畫支持,在評審過程中順利通過;聯華電子後來成功開發出更進階的 Intel 40486 相容 CPU 晶片(參見第四章)。

2003年蔡董事長打電話給我,欲聘我為聯發科技董事,當時我擔任清華電機資訊學院院長,並兼經濟部輔導業界開發產業技術計畫之技術審查委員會召集人;我考慮到有利益迴避的疑慮,建議蔡董事長聘劉炯朗校長為聯發科技監事,為清華每年挹注數百萬元之監事費用。在蔡董事長二十多年來領導經營下,聯發科

技於2020年營收首度超過100億美元門檻，其行動通訊之技術層次已能與世界領先公司美國高通（Qualcomm）匹敵。

清華校務發展諮詢委員王汎森院士（曾任中研院史語所所長、副院長）是余英時院士在美國普林斯頓大學之門生，2008年初，他安排余院士來台參加7月中研院院士會議之行程，擬來清華演講，打電話給我。余院士榮獲2006年美國國會圖書館克魯格人文與社會科學終身成就獎（John W. Kluge Prize，有人文諾貝爾獎之美譽），我們提及清華頒授余院士名譽博士學位，認為是恰當的安排。

我隨即請張石麟學術副校長召開名譽學位推選委員會，一致通過頒授余院士文學名譽博士學位。2008年4月28日我去函：「……先生望重國際人文學界，本校榮譽學位推選委員會一致議請，希望您能接受本校的榮譽博士學位，並不吝給予清華必要之指導……。」5月1日余院士親筆來函表示「卻之不恭，受之有愧」，並致「最誠摯之謝忱」。

清華於2008年7月7日頒授中央研究院余英時院士名譽文學博士學位。典禮結束後，由余院士與李亦園院士（清大人文社會學院創始院長）為人文社會研究中心揭牌開幕，由黃一農特聘講座教授擔任中心主任。

清華於1984年創立台灣第一所人文社會學院，創院院長李亦園院士建立了優良的傳統，擁有一批專業的頂尖學者。余院士在給我的信函中，特別提及人社院創立第一學年中，應毛高文校長及李亦園院長之邀，於1985年6月參加畢業典禮及演講，之後刊行《中國近世宗教倫理與商人精神》一書，並列為清華文史講座叢刊之一種。

余院士 2021 年辭世，中研院發追悼文：「……余英時院士為全球極具影響力的史學大師。他深入研究中國思想、政治與文化史，貫通古今，在當今學界十分罕見。尤其是思想史和文化史方面的研究，皆扮演開創性的角色，更提出許多發人深思的議題。學術研究之外，他亦為具社會關懷、維護自由民主價值之公眾知識分子……。」

2008 年頒授余英時院士名譽文學博士學位。

2022 年 8 月余院士逝世周年，聯經出版公司出版了余英時文集，其中《余英時書信選》收錄了余院士 2008 年 5 月接受清華頒授名譽博士學位的〈致陳文村函〉。

召開校務發展諮詢委員會

根據我提出的治校構想，清華新成立校務發展諮詢委員會，第一屆委員有東吳大學劉兆玄校長、香港科技大學朱經武校長、

第七章　落實治校構想

工研院李鍾熙院長、國衛院伍焜玉院長、台達電子鄭崇華董事長、聯發科技蔡明介董事長及中央研究院曾志朗院士、劉炯朗院士、徐遐生院士、蒲慕明院士、李亦園院士、郭位院士、孔祥重院士共十三位，之後陸續再聘請王汎森院士、黃秉乾院士。校務發展

2006年第一屆校務發展諮詢委員會，左起：伍焜玉院長、劉兆玄校長、陳文村校長、曾志朗院士、蒲慕明院士、鄭崇華董事長、劉炯朗院士。

諮詢委員會每年召開一次委員會議，是一宏觀檢視校務發展方向、注入寬廣視野的平台。清華網站的首頁故事報導在我校長任內召開的四屆委員會議情形，第一屆校務發展諮詢委員會議，以「為清華勾勒未來」為題，報導如下：

　　2006年10月22日召開第一次校務發展諮詢委員會議，在陳文村校長和校內一級主管的歡迎下，開始了整天的會議流程。首先由張石麟副校長為清華所推動邁向頂尖大學計畫的整體規劃對與會委員做報告，其中包括了資源整合、延聘人才、改善研究與教學環境、國際

化、培育菁英領袖人才等五個大方向;緊接著由各院院長分別在資通訊、奈米與材料、基礎科學、生物科技、人社與科管、能源與環境等領域所做的拔尖計畫簡報;中午略經休息後,由周懷樸教務長的「教學及國際化簡報」和葉銘泉副校長的「基礎建設與組織運作調整簡報」為下午的會議開啟熱烈的討論,並延續至傍晚方結束整天的議程。整整一天的會議行程,為清華未來整體發展樣貌做了簡約的瀏覽,並給了未來個別發展大略的輪廓,委員們並對清華校務與邁向頂尖大學計畫提出寶貴的建言。

會後,數位諮詢委員持續寄來較詳細、具體的建言,有助於未來校務發展之規劃與調整。

2007年7月舉行第二屆校務發展諮詢委員會議,出席委員包括東吳大學劉兆玄校長、工研院李鍾熙院長、國衛院伍焜玉院長、台達電鄭崇華董事長、聯發科蔡明介董事長及中央研究院曾志朗院士、劉炯朗院士、蒲慕明院士、李亦園院士、郭位院士、孔祥重院士等人與會,除檢視清華近一年的成果表現,並為清華未來發展方向提出建言。首頁故事報導第二屆校務發展諮詢委員會議如下:

> 本校於今年7月20日舉行第二次校務發展諮詢委員會議,在陳文村校長和校內一級主管的熱情歡迎下,開始了整天的會議流程,上午主要議程為,陳文村校長提出本校推動邁向頂尖大學計畫的現況、優勢及願景,

第七章　落實治校構想

2007年第二屆校務發展諮詢委員會，左起：鄭崇華董事長、郭位院士、李亦園院士、曾志朗院士、陳文村校長、劉炯朗院士、劉兆玄校長、蒲慕明院士、孔祥重院士、伍焜玉院長。

以及相關執行目標和策略；校內拔尖研究則由林永隆研發長報告本校研發能量、研發成果及拔尖研究。王天戈教務長簡報學術全面提升計畫，就再塑「清華人」、大學部教育改進、多元化招生、教學卓越、圖書資源、國際化及擷取 Undergraduate College 與 Residential College 之精神的清華學院等執行方向；而葉銘泉副校長則對校內組織運作調整與強化基礎建設做系統性的介紹及提出改善方向，讓與會的各委員對本校現況與規劃未來之發展做初步瞭解。

下午會議行程分基礎科學、工程、人文社會與管理三領域分組討論並邀請各院院長及系所主管參與，基礎科學包含理學院、生科院，由伍焜玉院長、蒲慕明院士、劉兆玄校長共同討論；工程領域包含工學院、電資院及原科院，由孔祥重院士、李鍾熙院長、蔡明介董事長、

鄭崇華董事長、陳文村校長與會；人社及管理領域由李亦園院士、郭位院士、曾志朗院士、劉炯朗院士共同參與。在各院院長簡報現況及願景後，分別討論可行之方向，對本校學術、環境發展提出具體建議，最後再合併各領域做一綜合統整討論。

一整天的會議，各委員竭盡心思以期開創清華更燦爛的未來，讓清華學子能擁有更好的環境學習、研究，創造最耀眼的成果。

爭取第二階段邁向頂尖大學計畫

在校長任期的前兩年，我花很多心思在如何有效執行計畫，妥善運用經費。首先確定清華邁向頂尖大學計畫執行架構，包括在秘書處設立「計畫專案推動辦公室」，下設四個推動小組：拔尖研究推動小組、卓越教學（學術全面提升）推動小組、基礎建設推動小組、組織運作調整推動小組，四個推動小組呼應我的治校構想：學術卓越、高品質教學、優質研究教學環境、卓越校務經營；除成立校務發展諮詢委員會，亦成立校務發展規劃顧問委員會，視整體計畫進展調整清華五年中程校務發展計畫，另設績效考核委員會，負責整體計畫執行之績效追蹤考核與改進建議。

清華執行邁向頂尖大學計畫兩年，整體表現均衡且突出，在教育部年度考評中，僅有清華與台大二所大學被評為「2006及2007年度考評結果均為優異，執行成效值得肯定」。2008年元月18日，我到教育部簡報清華執行邁向頂尖大學計畫成效，以

爭取第二梯次邁向頂尖大學計畫後三年（2008年～2010年）的補助經費。

我花不少心力親自製作簡報資料，首先報告清華現況，有理學、工學、原子科學、人文社會、生命科學、電機資訊、科技管理等7個學院、17個學系、20獨立研究所。專任教師610位，含54位講座教授（佔9%）。全校學生11,350人，生師比18.5：1。其中大學生5,409人（佔48%）、研究生5,941人（佔52%），研究生佔比超過半數，清華是一典型的研究型大學。修讀學位國際學生203人，佔1.8%，二年來成長90%，但還有很大成長空間。

清華大學邁向頂尖大學計畫執行架構圖。

清華校務基金約五億元，非常薄弱，亟待充實。2006年度總經費約53億元，包括教育部一般預算14.4億元、學費4.9億元、國科會計畫13.5億元、其他計畫（含產學合作）5.9億元、其他收入（含技術移轉費、捐款）4.3億元、特別預算（即邁向頂尖大學計畫補助）10億元。教育部一般預算加特別預算佔46%，來自教育部之高教經費佔不到年度經費之一半，亟待教育部增加挹注。國科會計畫及其他計畫共19.4億元，每位教師獲得國科會

研究經費冠於全國,每位教師的計畫經費平均達 332.8 萬元,與 2003 年度相較,成長 20%,但清華仍須拓展其他財源。

清華教學研究受肯定,各學院均衡發展,在新竹建校五十餘年,培育出許多傑出校友,包括一位諾貝爾獎得主(中央研究院李遠哲院長)、12 位中央研究院院士、超過 340 位總經理級以上高階主管。任職教師榮獲中央研究院院士 10 位、教育部國家講座 12 位、教育部學術獎 37 位、傑出人才講座 25 位、國科會傑出研究獎 114 位,清華有 20% 教師得過上述榮譽,比率冠全國。

我詳細分析歷年來重要獎項獲獎教師總人數,包括中央研究院院士、教育部國家講座及學術獎、傑出人才講座、國科會傑出研究獎、傑出特約研究員獎及吳大猷先生紀念獎。考慮清華的教師人數、規模較小(台大約為清華 3 倍、成大約 2 倍、交大略大於清華),清華教師平均學術表現最優秀。在分析歷年來自然科學、工程、生物醫學、人文社會四大領域獲得國科會傑出研究獎的總人次,考慮教師規模,清華教師平均表現在四大領域都居領先地位。另外,我也分析論文篇數、被引用次數等指標,清華每位教師發表論文質、量均非常優秀。

清華有優良產業服務、產學合作傳統,如 1973 年成立「財團法人自強工業科學基金會」,培訓 20 萬人次高科技人力;與台電、原子能委員會核能所合作,支援核能發電(當時佔全國 20% 電力);培訓核能專業人才(包括多位核電廠長)、核電廠安全、放射性廢料處理;徐賢修前校長創辦新竹科學工業園區;1998 年清華即成立創新育成中心,孕育 77 家公司,五度獲頒「全國績優創新育成中心獎章」(2001 年、2003 年~2006 年)及 2007 年「最佳創業輔導獎」,得獎次數冠於全國各大學。

第七章　落實治校構想

　　清華積極創新、規模適中，已建立優良基礎，最具備條件與機會成為國際一流大學。我提出清華願景，發展為：學術卓越、高品質教學、與社會產業緊密互動、人文社會科學與自然工程科學均衡發展的精緻研究型大學。

　　我提出計畫目標，在 10 年內進入世界前 100 名，有五、六個具潛力成為世界級之重點學術領域；在 15～20 年進入世界前 50 名，十個以上學術領域國際知名。第一梯次清華執行邁向頂尖大學計畫，以美國爾灣加州大學（在上海交大學術排名 45）為標竿學校，第二梯次增加師生人數相當的美國卡內基美隆大學（排名 60）、日本東京工業大學（排名 99）為標竿學校。如獲得更充足經費，可提前達成以上計畫目標。

清華以爾灣加州大學為標竿大學，2006 年 4 月拜訪校長 Dr. Michael V. Drake，2020 年他被選為加州大學系統第 21 任校長。

經標竿分析與 SWOT 分析，提出執行策略與具體措施。在學術卓越方面，延聘及孕育一流人才，未來五年目標，由 610 位專任教師增加到 725 位，生師比降至 17：1，講座級教授比率從 9% 提高至 12%。具體措施包括增置薪階制度、實施教師薪資彈性化、改善學術環境、增加新聘教師開辦費、增聘約用人員（含博士後研究人員）；籌設「清華高等研究院」（Tsing Hua Institute of Advanced Studies），以聚集頂尖一流人才，不受現有制度束縛，有長駐教授、訪問教授、年輕學者。另整合校內外資源，以增強研發能量、帶動周遭產學研發展，成立人文社會研究中心、生物醫學與科技研究中心、基礎科學研究中心。

　　清華規劃六大重點研究領域的拔尖研究計畫，並由相關研究中心推動：包括基礎科學、奈米與材料、生物科技、資訊電子、能源與環境及科技社會與管理。由於執行拔尖、增能研究計畫，2006 年論文成長 24%，高引用論文成長 36%、達 53 篇，另有 5 篇 Science 及 Nature 論文發表。預期在 2010 年邁向頂尖大學計畫結束之前，有四至五個計畫達到國際頂尖的水準。

　　在高品質教學方面，提出卓越教學計畫，以培育菁英領袖與專業人才為目標。具體措施包括推動繁星計畫、院招生等多元招生。全面釐清清華教育目標，成立大學部教育改進工作小組，下設基礎必修課程、通識教育、清華學院三小組。

　　清華推動教學國際化，與中研院、聯發科等機構合作多元招收外籍生，過去兩年國際學生成長 90%，交換生成長 135%。成立「國際學生活動中心」，做國際學生服務、文化交流，並推動全國首創的「國際志工」。另有新進教師研習營、教學助理教學知能發展，以提高教學成效。

第七章 落實治校構想

　　在優質研究教學環境方面,基礎建設計畫包括全面改善校舍與教學設施、美化及建設無障礙校園、新建學習資源中心旺宏館及教學大樓台達館、貸款增建學生宿舍 1,000 床。

　　在卓越校務經營方面,以朝法人化方向經營為目標,因應 2005 年大學法修正,2007 年完成組織規程全文之修訂;訂定標準作業流程,以提升行政效率、品質;實施職技人員增能,到國外參觀、研習,加強其企劃、外語能力。

　　推動產學合作,以自償方式規劃 3,000 建坪的「創新育成中心」。前瞻產業技術研發方面,經濟部學界科專執行中計畫 8 件,2006 年總經費達 2 億多元,為全國之冠;與工業技術研究院進行 Grand Challenge 計畫;與長庚醫院及台北榮總分別進行長清計畫、榮清計畫;台達電子與聯發科技在清華設立產學前瞻實驗室,另與卡內基美隆大學進行智慧機器人、服務軟體系統等國際研發合作。

　　為加強國際化,在秘書處成立國際事務中心統籌國際事務,2008 學年擬成立國際事務處,兩年來與 36 所國際大學/研究機構簽訂學術合作協議,累積達 70 餘所,有實質研究合作之國際大學/機構 65 所,清華現有外籍教師 24 位、客座教授 5 位、博士後 39 位,預期未來數年將進一步擴增。現有國際學生佔全校學生 1.8%,預期未來每年成長 30%,五年後達 5%。

　　2006 年清華每位教師經費 0.28 百萬美元,相較國際一流大學每位教師經費偏低,如哈佛大學 1.30 百萬美元、史丹佛大學 1.49 百萬美元、柏克萊加大 0.73 百萬美元、麻省理工學院 1.87 百萬美元、牛津大學 0.60 百萬美元、東京大學 0.77 百萬美元。清華須充實校務基金,開源節流並重。已成立校友服務中心,加

強校友聯繫，2006、2007 年已從校友、企業界籌措超過 4 億元經費；加強創新育成、智財管理，規劃成立「清華卓越基金」做財務管理；另節流方面，有效運用經費，落實預算執行考核，避免不必要浪費。

最後，擬出未來三年特別預算經費需求，每年 20 億元，共 60 億元。強調清華在台建校五十一年，不斷求新求變，已建立優良基礎，在人文、科技各領域有卓越成就；清華積極創新、規模適中，最具備條件與機會晉升為學術卓越、教學卓越的精緻國際頂尖大學；充足的資源支持是清華邁向頂尖大學的關鍵推手；清華將持續積極爭取校友、社會人士之支持，透過創新育成等工作，增加自籌財源。教育部如能給予更多資源的挹注，定能早日實現清華願景。

補助經費變化

在教育部簡報過後數天，我即從一位德高望重的考評審議委員得知，教育部第二梯次邁向頂尖大學計畫擬汰弱留強、擇優補助，以扶植數所頂尖大學。清華整體計畫表現非常好，初步建議每年 16 億元補助，較第一梯次每年增加 6 億元，三年總補助經費共 48 億元。

審議結果公布前，即有傳聞，至少有一所大學校長要求面見教育部高層，試圖變更審議結果。教育部直到農曆除夕前一天（2 月 5 日）才公布邁向頂尖大學計畫第二梯次審議結果，共有 11 校獲得補助，總經費 96.5 億元。清華成績亮眼，未來三年，每年將可獲得 12 億元補助，較第一梯次每年增加 2 億元補助。相對

台大、成大分別維持 30、17 億元，交大增加一億元、獲補助 9 億元，清華是所有獲選補助學校中，增加額度及幅度最高者，也是每位師生獲最高補助的大學。

　　清華每年獲得 12 億元補助，與我所預期的 16 億元有很大的落差。考評審議時，教育部長在場，理應尊重考評審議委員建議，我即請秘書處約見教育部長，希望能恢復至審議委員之建議補助金額。但教育部以農曆新年將屆為理由，沒答應安排面見部長，邁向頂尖大學計畫第二梯次審議結果就此公布定案。

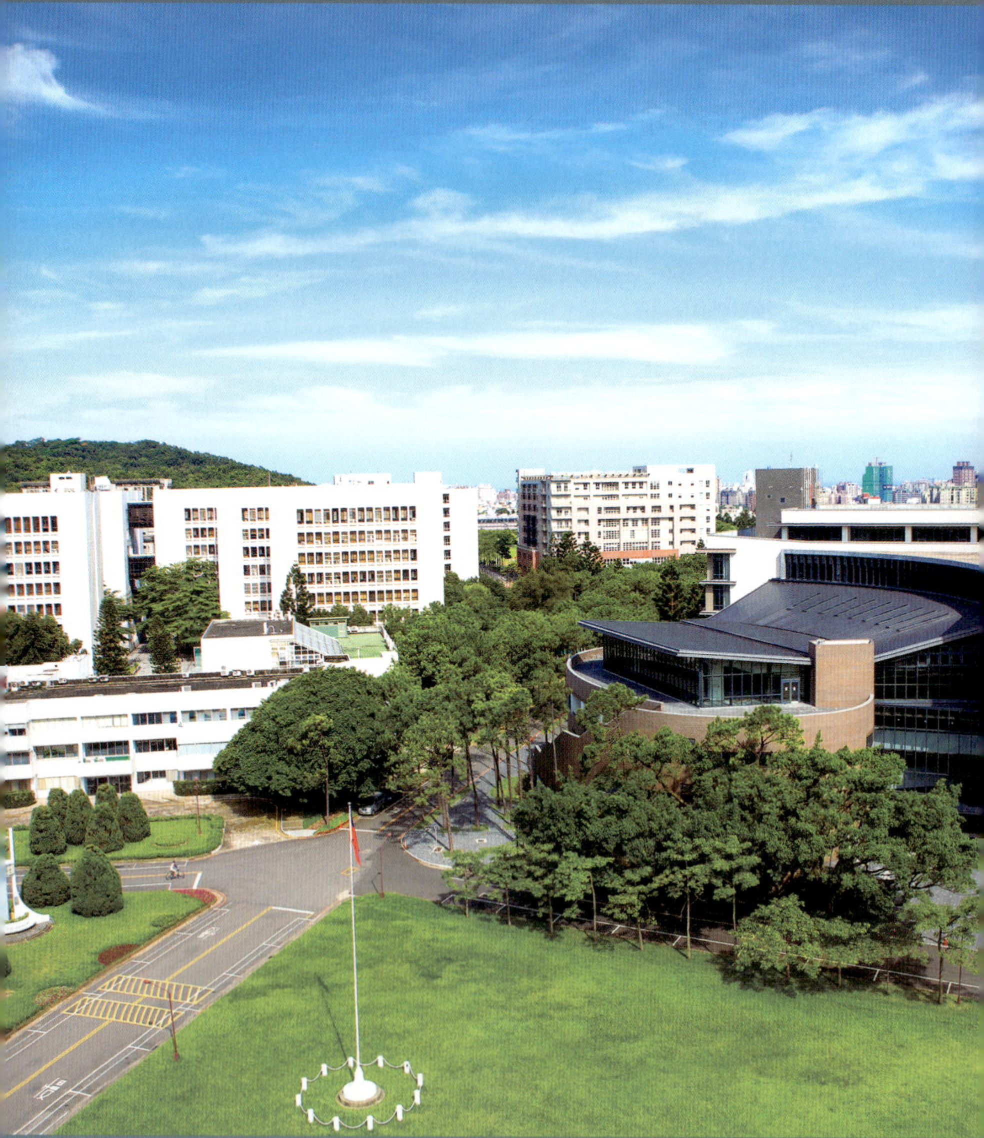

第八章

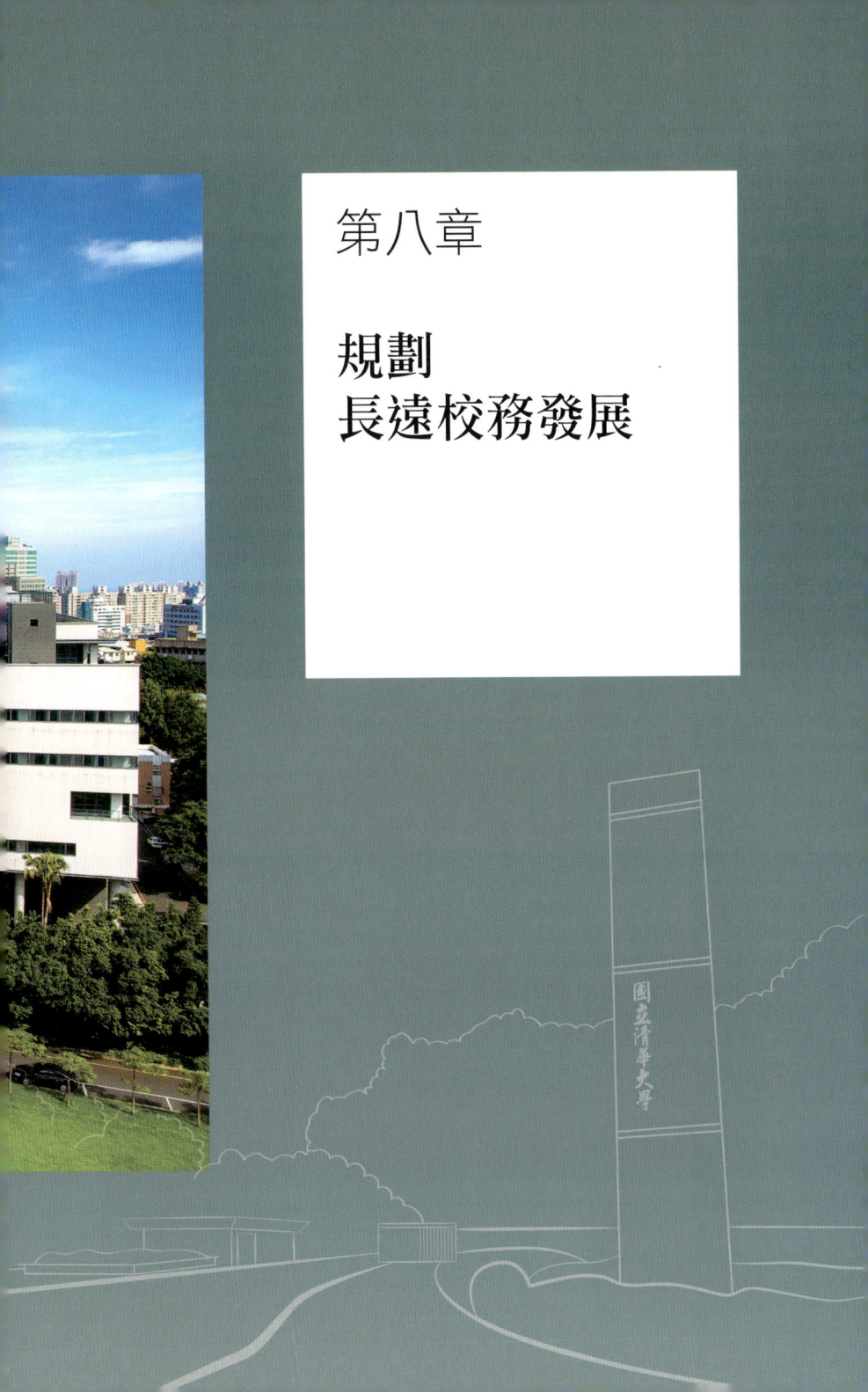

規劃
長遠校務發展

校長任內前兩年，在行政團隊及校內同仁、校友、社會人士支持下，推動邁向頂尖大學計畫，逐步落實我提出的治校構想，並有許多創新校務措施，獲得教育部考評委員的肯定，兩年考評結果均為「優異，執行成效值得肯定」。在 2008 年初邁向頂尖大學計畫第二梯次審議，清華因執行成績亮眼，獲得往後三年每年 12 億元補助，較第一梯次每年增加 2 億元補助，是平均每位師生獲最高補助的大學。

由於推動拔尖、增能研究計畫，六大重點研究領域已有可觀進展，教師研究質量漸精進；大學部教育改進工作持續進行，並順利於 2008 年 2 月成立清華學院，以培育未來社會領袖菁英。此外，校內教學研究大樓、基礎建設次第展開，除了校園多了許多建築工地及地下共同管道工程，造成師生不便，推動校務非常順利。行政團隊也正規劃 2011 年百年校慶活動，包括教學大樓台達館、學習資源中心旺宏館之落成，以及編撰一系列清華回顧書籍。

我帶領行政團隊開始構思、規劃長遠校務發展，包括領域擴充，其中較重要者為：規劃與新竹教育大學合校，以擴增教育與藝術領域，以及爭取主導規劃新竹生物醫學園區及籌設生物醫學相關系所，以加強清華生物醫學領域。為讓整體學術研究更上層樓，籌劃清華高等研究院，以及 2008 年 8 月成立國際事務處，加速國際學術交流、國際合作。

與新竹教育大學合校之議

台灣由於少子化趨勢，加上許多大學紛紛設立師資班培育國

第八章　規劃長遠校務發展

中、國小教師,使得專以培育義務教育教師為主的新竹師範學院備受壓力,亟思轉型。新竹師院於 2005 年 2 月 24 日召開臨時校務會議,通過優先以清華或交大為洽商整併之對象,並授權校長進行整併意向之洽商。2005 年 8 月,新竹師院更名為「國立新竹教育大學」,為台灣七所教育大學之一。

當時清華是在徐遐生校長任內,他時常早起打網球,與當時竹教大曾憲政校長一起打網球時,談及清華與竹教大整併之議。之後,兩校各組成六人小組(校長及相關學院院長、中心主任),小組成員於 2005 年 12 月 16 日首次集會,討論兩校整合發展之可能性。12 月 20 日徐校長與曾校長主持第一次兩校整合發展會議,會議備忘錄中有六點共識:(一)清華在文、理上的優勢若能與竹教大的教育結合,將能提升我國的中小學教育,對社會有更大的貢獻。(二)考慮合校時,學校的傳統應該尊重維護,但未來的發展更重要。(三)合校事宜應透明地談,有何疑慮儘管

2006 年元月新竹教育大學曾憲政校長(左一)參加清華校長交接典禮。

提出。雙方可各自進行合校的 SWOT 分析，結果提供給各院系進行調整與補充。兩校可再合起來作 SWOT 分析。（四）合校可以 5～10 年為緩衝期，緩衝期間雙方逐漸整合學術與工作標準。目前竹教大仍有 30 名員額可資運用。（五）若合校，新學校應有藝術及教育學院。（六）兩校現階段可加強互動，如合辦學位學程、教師合聘、學生互選教育學程，亦可考慮兩校間校車往返。

2006 年 1 月 5 日清華校務發展委員會通過兩校合作／合併專案九人小組名單（六人小組及教務長、主秘、彭明輝教授），26 日兩校代表至教育部參加「大學校院整併推動委員會」第 5 次會議，報告兩校進行整併之意願。

2006 年 2 月我接任校長後，非常贊成與竹教大合併，也與我上任前增設教育與藝術領域之治校構想相符。清華若設有教育學院，對提升我國的中小學教育將有更大的貢獻；清華設立藝術學院，將為清華校園增添藝術氣氛，帶來校園文化蛻變。

5 月 19 日我與竹教大曾校長在清華主持第一次兩校合併事宜座談會，決議兩校合併目標為：以十年為過渡期，所有系所必須在教學、研究及輔導、服務上追求卓越，經由高等教育評鑑制度，在國內名列前茅。透過兩校相關院、系、所逐級會議，提出合併案細節及所需資源，送兩校校務會議及教育部核定。

6 月 13 日兩校校務會議同意進行整合發展會談，並行文教育部成立專案小組，安排兩校與教育部三方座談。8 月教育部回函組成「教育部整併推動小組」（由教育部、清華、竹教大各 3 人組成），共同推動整併事宜。

11 月兩校整併推動小組彙整兩校整併事宜相關資料，包括目標與願景、經費與員額補助、整合步驟等原則。當時清華學

生 11,040 人、教師 589 位,竹教大學生 3,568 人、教師 165 位,清華規模約為竹教大三倍;師生比部分,清華為 1:18.7,竹教大為 1:21.6。清華年度總經費約 50 億元,竹教大約 8.5 億元,清華平均每位學生經費約 45 萬元、竹教大約 24 萬元,且清華平均每位學生樓地板面積 33.90 平方米,遠大於竹教大的 19.53 平方米。如欲達成合校後教學研究卓越願景,教育部應增加經費補助與教師員額,以提高學生平均經費、樓地板面積及降低生師比。

教育部於 11 月 27 日召開整併推動小組第一次會議,會中決議:請兩校儘速研提合校計畫書到教育部審議;有關整併經費,請兩校校務會議通過具體整併計畫並報行政院核定後,始予補助。

2007 年 2 月 6 日兩校實質討論整併步驟,確認校名維持「國立清華大學」名稱;學院、建築名稱尊重竹教大傳統予以命名。兩校各成立教育、藝術、人社、理學、行政等五個工作小組,進行院系架構發展方向及合校執行層面問題之討論。也決議成立教育、藝術、人社領域諮議委員會,由兩校工作小組建議校內、外學者專家組成之,共同研擬院系架構,以建立卓越的教育、藝術、人社學院。由於兩校分別為研究型、教學型大學,合併過渡期內,兩校教師仍依各校原升等辦法辦理,但應有落日條款。5 月 3 日兩校九人小組聯合會議中,確認兩校教育、藝術、人社三領域之諮議委員名單、合校計畫書大綱。

經一年餘的工作後,2008 年 5 月 7 日實質討論兩校院系所整併,新增教育、藝術學院架構,及未來的行政組織組成。爾後,因清華辦理校長續任程序,兩校整併會議暫停,但五個工作小組持續進行。

加強生物醫學領域

在治校構想中,我提及:生命科學、生物醫學為未來最有可能知識發現與技術創新,及增進人類福祉的學術領域。2006 年我上任時,根據調查,清華有四分之一教授的研究與生物醫學有關,我特別注意清華生物醫學之研究,也給予必要之協助。除 2006 年 11 月促成長庚醫院/清華大學之長清計畫外,首度(2007 年)獲選為拔尖研究計畫的四組研究團隊中,即有兩研究團隊屬生物醫學領域,分別為生命科學院江安世教授之腦科學研究「果蠅全腦基因表現資料庫建構計畫」及工學院范龍生與薛敬和教授之前瞻生醫科技「生物結構組裝觀測微系統平台暨藥物傳輸與再生醫學研究」;兩計畫都有突破性的研究成果。

生命科學院相較於清華其他學院,規模較小,約為工學院之三分之一,專任教師不到四十位。我很樂見生命科學院擴大規模,新成立「醫學科學系」,以培育優秀醫學科學人才,為全國首創以「人的科學」為中心的前瞻生命科學系,2010 年正式成立招生。我也樂見工學院在我任內籌劃「生物醫學工程研究所」,重點研究包括生醫感測器、生醫材料工程、奈微米生物醫學等方向,於 2012 年成立招生。

根據 Essential Science Indicators(ESI)資料庫,清華在生物暨生化(Biology & Biochemistry)及臨床醫學(Clinical Medicine)兩領域分別於 2009 年 7 月及 2010 年 1 月首度入選、成為進入世界論文被引次數前 1% 之大學。這是清華第六、第七個入選領域,另外五個領域為化學、物理、材料、工程及計算機

科學。這是台灣首度有未設醫學院之大學進入生物暨生化排行榜，代表著清華在生物醫學領域達國際水準的重要里程碑。

籌設清華醫學院

成立醫學院是清華歷任校長的願望。我上任校長之初（2006年5月），率領一級主管拜訪陽明大學吳妍華校長，談合作、合校之事，為清華增設醫學院。但吳校長顧及2001年陽明已與交大簽了兩校合併意願書，而且經兩校校務會議通過，此趟為清華、陽明合校之拜會無功而返。

行政院於2003年3月核定規劃建置新竹生物醫學園區，位於竹北高鐵站旁的38.3公頃內，擬設醫學中心（包括綜合醫院、臨床試驗病房、癌症中心）、研究大樓群（共同研發中心、實驗動物中心……）、創新育成中心，以發展我國之生物醫學產業，並提供竹苗地區優質醫療服務。由台大進行先期籌備，園區預計於2006年8月營運。由於台大籌備延宕，主管園區建置的國科會於2006年初與台大解約。

生醫園區之發展對清華之生醫領域研發將有深遠的影響。清華校長為「新竹生物醫學園區規劃推動小組」委員，2006年7月我參加在國科會召開的園區規劃推動小組會議，會中決議：竹北優先規劃醫材相關研發及產業推動（由國家衛生研究院整合），南港規劃轉譯醫學相關研發（由中央研究院整合）。新竹生醫園區之規模被大幅縮小，交大張俊彥校長在會議中甚為不滿。

會後我協助國衛院規劃，希望生醫園區原先之規模不致太受影響，於2006年11月完成《新竹生醫園區醫材與產業推動規劃

小組規劃報告》，建議園區設立四個中心，包括跨校院生醫研究中心（由清華、交大主導）、醫療器材試驗（產品研發）中心（由國衛院籌劃）、醫學中心（由台灣大學籌設）、產業育成中心（由工研院經營）。

於 2007 年元月舉行的全國大學校長會議中，我遇見當時國科會主委，詢問此規劃報告的下文，他未明確回答，國衛院的規劃報告應未被國科會採納。事後才知，國科會於 2006 年 9 月改組規劃推動小組，新竹地區之清華、交大校長卻被排除在外。至 2007 年 5 月，國科會共召開三次規劃推動小組委員會議，決議：暫緩醫學中心與生醫研究中心設置。

雖經清華、交大、國衛院極力爭取，2007 年 11 月行政院核定新竹生物醫學園區規劃修正版，確定「園區醫學中心、研究中心之建置暫緩執行」，園區定位為：以扶植產業育成為宗旨，以發展藥物與醫療器材產業為主軸，不設醫院。

2008 年 5 月 20 日馬英九總統就任，8 月 27 日國科會召集新竹生醫園區規劃小組預備會議，我受邀參加。當時各界對恢復醫學中心與生醫研究中心之設置，結合我國資通訊產業優勢，以帶動醫材與製藥等生醫產業，已有高度共識。

我彙整 2007 年生醫園區修正版待商榷之處：（一）未考慮新竹地區學研界、產業界及其眷屬殷切需求的高水準醫療。（二）園區基地近高鐵、為精華區，實不宜作為產業公司之生產基地。（三）未結合新竹科學園區資通訊產業特色，以發展醫材產業。（四）園區應結合產學研以研發、育成為主，未就近整合大學、研究機構之研發能量。（五）納入衛生署疾病管制局防疫中心，已讓新竹生醫園區定位失焦。

第八章　規劃長遠校務發展

　　2008年9月初，我在台灣聯合大學系統（於2008年元月獲教育部核准正式成立）會議中，簡報「新竹生物醫學園區規劃構想」，指出世界成功的生醫園區，大多由鄰近大學與大學醫學中心參與推動、規劃與經營。台聯大系統決議積極爭取新竹生醫園區的規劃主導權。

　　在地方首長、民意代表、台聯大系統四校校長（陽明吳妍華校長兼代理台聯大系統校長、清華陳文村校長、交大吳重雨校長、中央蔣偉寧校長）陪同下，馬總統於10月25日視察新竹生醫園區推動現況，指示儘快成立建設醫學中心專案推動小組，精細分工中央、地方政府，以及即將參與的台聯大系統四所大學的職掌。

　　我認為大學醫學院應有優秀的基礎科學及人文社會系所的支持、較能培育專業、社會關懷兼具的優秀醫生，清華有很優秀的基礎科學及人文社會系所，應是國內最具條件成立醫學院的大學。又現代醫師不只臨床看診，還被賦予醫學研究的任務，教育部的醫學生招生員額上限（1,300位）應有適度放寬的空間。[1] 台聯大系統主導新竹生醫園區的規劃，將是清華成立醫學院的好時機。

　　清華於2008年12月29日召開「醫學領域策略規劃會議」，決議：近期向教育部提出成立醫學院之計畫書，授予醫學士學位。[2] 之後我委由生命科學院潘榮隆院長規劃清華增設醫學院，並撰

[註1] 當初設定醫學生招生員額上限是以全國醫療需求估算，如一位醫師平均有兩成時間作醫學研究，招生員額上限應可提高至1,625（1,300 ÷ 0.8）位。

[註2] 此規劃會議與會者包括：張石麟副校長、陳文華系統副校長、林永隆研發長、生科院潘榮隆院長、電資院徐爵民院長（請假）、生醫中心薛敬和主任、同步輻射中心吳文桂副主任、中央大學理學院院長胡紀如院長（借調）、原科中心周鳳英主任、廖俊臣教授、蘇青森教授。

寫清華成立醫學院說帖；2009 年 2 月我偕同張石麟學術副校長、潘榮隆院長，拜會國家衛生研究院創辦人吳成文院士，並聘為籌設醫學院校長特別顧問。

2009 年 2 月聘請國家衛生院創辦人吳成文院士（中立者）為籌設醫學院校長特別顧問，致贈聘書後，與吳院士、潘榮隆院長合照。

籌設清華高等研究院

為追求學術卓越，提供創新的自由發揮環境，孕育重大科技及人文創見、思想及學說，我大約於 2007 年 9 月教育部訪視清華邁向頂尖大學計畫之前，即有規劃成立清華高等研究院（Tsing Hua Institute of Advanced Studies）之構想。設於美國

第八章 規劃長遠校務發展

紐澤西州普林斯頓的高等研究院，是世界著名理論研究中心，提供各領域的科學家做尖端研究。創立初期，普林斯頓高等研究院匯集了阿爾伯特·愛因斯坦（Albert Einstein）、羅伯特·奧本海默（J. Robert Oppenheimer）、約翰·馮·諾伊曼（John von Neumann）、庫爾特·哥德爾（Kurt Gödel）等眾多學術大師。但它不屬於普林斯頓大學，世界各地的大學也有仿照普林斯頓高等研究院而建立的高等研究院，如美國明尼蘇達大學及香港科技大學的高等研究院。

清華規劃的高等研究院，具體作法將以募款方式，配合邁向頂尖大學計畫，在制度上，以更大彈性禮聘大師級學者主持前瞻性研究，可不受限於清華教學任務，並聘請訪問學者、有潛力之年輕學者及博士後，以客座、進修或短期研究方式，參與學術活動，期孕育頂尖學者。此外，舉辦高水準學術論壇，使此一高等研究院成為討論前沿學術，開創重要研究領域之世界重鎮，初步規劃之研究領域包括自然科學、腦神經科學、生物醫學、人文社會等。規劃中的高等研究院將與清華各教研單位緊密互動，優秀教師可參與高等研究院之學術活動與前瞻研究。

當時聘請一位任職於美國國家衛生院之中研院院士參與籌劃，另有多位中研院院士協助與洽談中，並向企業人士募款。2008年劉炯朗校長陪同我拜會台積電張忠謀董事長，向他請益對清華籌設高等研究院的看法，及尋求可能的支持。他對籌設高等研究院沒表示多少看法，倒是對清華建造科技管理學院大樓台積館延宕多時稍有微詞，另期許科技管理領域有更前瞻、創新的成果。

2008年初，在爭取後三年邁向頂尖大學計畫補助時，考評審

議委員認為籌設清華高等研究院是一很好的構想。2010年我卸任校長後，可惜此構想無疾而終。籌設高等研究院確非一蹴可成，需要較長時間規劃，以爭取校內及校外人士之認同及所需經費。

前三年校務推動成績受肯定

清華第三屆校務發展諮詢委員會議，於2008年12月15日舉辦，委員們除對於清華近年的各項表現，表示肯定外，亦針對中長程發展計畫及邁向頂尖大學計畫，提出整體性、長期性的寶貴建議。首頁故事報導第三屆校務發展諮詢委員會議，以「集思協力，擘劃清華前景」為題，如下：

全日的會議流程，由陳文村校長致詞及推動邁向頂尖大學計畫簡報，揭開序幕，緊接著依序由林永隆研發長、王天戈教務長及葉銘泉副校長，分別就清華的拔尖研究、學術全面提升及組織調整與基礎建設作報告。而下午場次，則分別進行分組討論及綜合討論。其中分組討論共分基礎科學、工程及人文社會與管理三大領域，除由相關系所主管列席外，並邀請校內教師參與，並在各院院長進行策略方向簡報後，熱烈展開意見交流。

而綜合座談時段，委員則就校務整體發展，作統整建議。曾志朗院士稱許清華，是台灣的大學中，最為踏實、用心做事的學校，尤其在人社領域的發展，更是有所堅持，並表現出色。其他諮詢委員，亦普遍對於清華校務運作，給予相當高的評價及中肯建議。郭位院士強

調「Master Plan」對清華非常重要;王汎森院士則表示,要辦好人文社會學院非常困難,清華人社院能持續穩定發展,令人欣慰,但聘任人才困難問題,應再突破,至於科管院在力圖補足商管師資之後,是否能維持原有特色,亦應審酌注意。劉炯朗院士認為,面對國內外日益增強的師資競爭,如何爭取到優秀師資,是非常重要的一個課題。

最後,主持人曾志朗院士總結表示,清華的表現,有目共睹,陳校長所報告的中長程計畫很完整,去年諮詢委員所提意見,也已經納入考量;而邁向頂尖大學計畫內容,亦有很清楚的方向敘說;至於拔尖計畫的一些研究,在國際間更是漸露光芒;不過應特別注意教學卓越,不可偏廢。另外,未來與交大、中央、陽明共同爭

2008年第三屆校務發展諮詢委員會議,左起:王汎森院士、李亦園院士、陳文村校長、曾志朗院士、徐遐生院士、劉炯朗院士、郭位院士及旺能光電梁榮昌董事長(代表鄭崇華董事長)。

取的新竹生醫園區計畫，也是一個非常值得努力與把握的契機。

多年來，我受聘為教育部、經濟部及行政院科技顧問，協助國家推動科技相關工作。1995年起，擔任了三屆教育部學術審議委員會委員，2007年起擔任兩年學術審議委員會常務委員，參與教育學術政策制定，主持教育部學術獎、國家講座選拔。2005年擔任行政院科技顧問組顧問，2006年7月起為期四年擔任行政院科技顧問，參與國家科技政策制定，推動重點科技；從2005年開始，為期四年擔任經濟部科技顧問，2007年起，為期三年擔任經濟部科技專案績效考評委員會召集人，參與產業政策制定，推動重點產業，及產業績效考評。2008年台聯大系統向政府爭取新竹生物醫學園區之規劃主導權獲政府同意。我對外代表清華，積極為清華爭取校外資源。

校長續任意外受阻

根據清華組織規程，「校長第一任任期屆滿一年前，由校務監督暨經費稽核委員會徵詢校長續任之意願。」另規定「校長擬續任時，除由教育部辦理校長續任評鑑外，校務監督暨經費稽核委員會依校務會議決議之方式，辦理對校長政績之意見徵詢。」及「教育部評鑑報告送達學校後一個月內，校務監督暨經費稽核委員會應將教育部評鑑報告及政績意見徵詢結果（含校長之回應意見）提供校長同意權人參據，並辦理續任同意之不記名投票，得同意票達投票總數二分之一（含）以上者即為同意，報請教育

第八章　規劃長遠校務發展

部續聘。」

接任清華校長之初,我即以任職八年來規劃校務。2008年10月中,校監會主席周更生教授徵詢本人續任意願後,啟動續任程序,並提供草擬之續任程序,包括校務會議決定意見徵詢方式、一至二次公聽會、確定問卷內容、發出問卷含校長政績自述、回收問卷並完成統計、發出續任同意票(含問卷結果統計、教育部評鑑報告、公聽會摘要、校長回應)、完成同意投票並開票統計結果,以及整體作業之預定時程。我與行政團隊完全尊重並配合續任程序之進行。

清華大學在新竹創校以來,只有1996年沈君山校長啟動校長續任程序之先例,當時教育部沒有「教育部評鑑報告」的要求。2008年11月下旬,秘書處將我撰寫的《國立清華大學校務說明書》報到教育部,以利對清華校長之評鑑。教育部沒有給我到部親自說明的機會,遲至2009年元月下旬才寄來評鑑報告。

另一方面,校監會於2008年11月中更換輪值主席,新主席未再與行政團隊確認續任同意程序及時程,逕自取消原預定之「一至二次公聽會」,也取消「校長政績意見徵詢時,同時隨送校長政績自述」之程序。

在1996年清華校監會辦理沈校長政績意見徵詢時,隨同送出沈校長撰寫之《校務發展之回顧與前瞻》。一般而言,清華大部分師生、同仁忙於分內工作,無暇深知校務發展與校長政績全貌,校長續任政績意見徵詢作業,本應提供充足資訊以供師生、同仁參據,校監會沒遵照1996年慣例,迫使秘書處另函送出我的政績自述,顯見對當事人之不尊重。

在此情況下,清華師生同仁做政績意見回覆時,很可能不知

校長政績,例如有同仁針對問卷之提問,回應「無具體及可明確歸屬的政績」、「不知道校長具體的成果」、「不知道校長募款之成效」等等。

此外,校監會決定採用電子作業做政績意見徵詢,事後才知校監會直接指揮校計通中心程式人員設計電子系統,且未經過第三者認證,其公正性、可靠性不免啟人疑竇。校監會公告政績意見徵詢時程從2008年12月8日下午至12月15日中午;在此徵詢期間,校監會委員竟全時輪班、監看師生同仁上網進行意見回覆。因教育部校長續任評鑑報告可能延至12月下旬完成,校監會竟任意延長既定徵詢時程一星期,至12月22日中午!這是一般辦理公正、公平選務工作,不應該也不可能發生的事。

12月26日校監會寄達校長室之「校長政績滿意度調查結果統計」,268位答題的教師中,滿意與不滿意人數相當;91位職員中,滿意遠高於不滿意人數超過三倍;912位學生中,不滿意高於滿意人數20%。意見徵詢期間,校園網路上流傳不實訊息,加上校監會沒有按照1996年慣例,竟拒絕隨送《校長政績自述》。在不了解校長政績全貌情況下,有此結果當不意外。

而26日寄達校長室之「個人對校長政績文字意見表達結果表列」,則經過校監會再處理,如將64位教師意見拆成115條,以致行政團隊無法對每位教師一一回應,且造成有一百多位教師表達負評之假象。另外校監會自行加入「行政效率太差」、「遠見不夠」等十幾條主觀認定的標題,無一正面標題,顯見校監會在處理過程中,有失公正立場;經秘書處提出異議後,才將標題刪除。

2008年12月31日,秘書處收到校監會前一日寄出的信件,

校監會表示將於 2009 年元月 6 日校務會議中，公布校長政績滿意度調查結果統計，以及師生、職技員工個人對校長政績意見表列，並指控校長未遵循迴避原則，上網填寫續任意見徵詢問卷。校監會限元月 5 日中午以前，由我或秘書處回應解釋。

　　然而，扣除新年假日，僅有一個工作天，要求我或秘書處回答 41 頁政績意見徵詢結果，顯不合理。實際上，教育部校長續任評鑑報告與清華校長政績意見徵詢是兩個獨立的程序，不宜一個程序未完成前，公布另一個程序結果，以避免干擾各自之獨立性。秘書處認為應待教育部評鑑報告送達清華，參酌清華徵詢結果與教育部評鑑報告，一併回答之後，再對全校公布較適宜。對照 1996 年清華辦理沈校長政績意見徵詢時，當時校監會將徵詢結果放在各學院院長室，且不可攜出與影印，以示對當事人的尊重，也保護清華之聲譽。

　　有關校長新任、續任、去職之投票，清華〈組織規程〉並未規定當事人需要迴避，且本屆校監會並沒有訂定「迴避原則」。依組織規程，任何具清華教授資格者，均為清華校長新任、續任、去職之同意權人，有權參與投票，也可以自主決定不投票，並無迴避問題。我國各項選舉罷免法，並未規定選舉人成為候選人時，須要迴避，公職候選人可參與投票也是眾所皆知的事。

　　當時我的資訊工程系信箱總共接到七封電子郵件，催促我上網回覆，我填了滿意度，並沒有填文字意見。算是自評，也盡了清華教授表達意見的義務，絕無影響徵詢結果的意圖；而且在約六百位教授有權參與徵詢下，也不可能影響徵詢結果。校監會任意改變續任程序、採用沒認證過的電子作業、監視教職員及學生政績意見徵詢、認定校長未遵循迴避原則、再處理對校長政績文

字意見表達結果,都可能影響校長續任同意權人之抉擇,不無可議之處。

2009年元月5日秘書處去函校監會,說明無法於元月5日回覆及不宜於元月6日校務會議公布徵詢結果的理由,並質疑校監會認定校長未遵循迴避原則之法源依據,而且,如果校監會認為校長該迴避,為何一再催促校長上網回覆?以及質疑此次電子作業之身分隱密性。事實上,校監會沒有公布上述資訊之急迫性,卻不願給予較充裕的時間,等我或秘書處給予回應解釋,也沒有回應元月5日秘書處提出之質疑。校監會仍逕自於元月6日校務會議中,公布徵詢結果並指控校長未遵循迴避原則。

2009年元月下旬教育部寄來校長續任評鑑報告,秘書處兩次去函校監會,要求提供未經處理之原始徵詢結果,以便與教育部校長續任評鑑報告一併回覆,校監會卻拒絕提供。

校監會於2月23日至3月9日中午辦理校長續任同意投票,不採電子作業,採紙本作業,隨送問卷結果統計、個人對校長政績文字意見表達結果、教育部評鑑報告及校長回應,由符合資格之466位教師及5位研究人員進行續任同意投票。

清華辦理校長續任同意投票第一天(2月23日)下午,不幸發生計量財務金融系二年級葉昊定同學,在校內體育館打球時,由於籃球不慎掉在活動看台後方,因座椅下鐵架漏電,昊定在探身撿球之際,遭電擊而失去反應。現場同學發現後,立即合力將葉同學拉出,由體育老師輪流做CPR,同時緊急通知救護車,在意外事件發生25分鐘內送馬偕醫院急救並通知家長,但仍很遺憾急救無效,而宣告不治。26日我在追思會致慰詞時,沉痛地表示:「我代表清華向昊定的母親及親人致最哀慟的歉意,行政管

理的疏失而引起的不幸,造成天人永隔的遺憾,學校不會逃避責任,將協助辦理所有後事及善後事宜,也已全面進行校內所有公共設施檢討與檢查,絕對不容許此事再發生,不會讓昊定白白地犧牲。」

校長續任同意投票截止前三天(3月6日至3月8日),清華、交大舉行 2009 年的梅竹總錦標賽,在兩校間激烈展開。歷年來清華輸多贏少,閉幕賽前一天,清華仍以總分 2：4 落後,閉幕賽當天,足球、橋藝及晚上閉幕賽男排、女排,全部獲勝,清華扭轉賽局,以 6：4 拿回睽違八年的梅竹總錦標!當時我高舉學生設計的海報,寫著:「報告梅校長:這場,我們拿下了。」全校師生興奮之情溢於言表。

3 月 9 日下午校長續任同意投票開票,同意票未達投票總數二分之一,續任未通過。據特地到開票現場觀看開票情形的物理

2009 年清華奪得梅竹總錦標,高舉海報「報告梅校長:這場,我們拿下了。」

2009年睽違八年，清華奪得梅竹總錦標，與啦啦隊合影。

系朱國瑞特聘講座教授告知，同意總票數與投票總數二分之一相差不多，很可惜未達半數。多年後，劉兆玄校長向我表示，如沒發生葉同學的不幸事件，以及梅竹總錦標賽在續任同意投票前舉行，應能順利續任。

我則認為校監會辦理續任同意投票不公平、不公正，整個過程中有明顯的缺失，例如有心人士可散佈不實消息，透過文字徵詢意見，校監會再將這些不實消息給續任同意投票人參考；又如校監會不能秉承公開、公正原則，有編輯文字徵詢意見之空間，不給校長展示政績的機會，這些都可能影響投票人的認知。

我請陳信雄校務顧問將相關問題了解後彙整，做為以後修正清華組織規程的參考。我卸任後，校方修訂組織規程，將「辦理對校長政績之意見徵詢」與校長續任脫鉤，改為「校長任期過半後一學期內，辦理對校長政績之意見徵詢，僅提供校長參酌辦理

校務」，以及校長新任、續任、去職之投票，改由新設立的「校長同意權人投票事務委員會」辦理，而校監會僅擔任監督的角色。

繼續盡心主持校務

校長續任同意投票開票後第二天（3月10日）一早，劉炯朗校長特地來校長室慰問，許多同仁來信表達惋惜，我很感激他們的支持與鼓勵。我雖遺憾不能如願主持八年校務，我以平常心看待投票結果。3月14日我赴教育部做第三年邁向頂尖大學計畫考評報告，清華執行績效被考評委員評為最高等第：「優」。

於3月24日召開的校務會議，我特致校務會議代表：

「本人1976年3月起任職於清華，至今已滿三十三年，本人一向認為清華擁有優良傳統：每位師生同仁，可就事論事。但在葉副校長及王主任秘書代表本人協商校長續任同意程序過程中，本人方知本屆校務監督暨經費稽核委員會，幾無就事論事之轉圜餘地，校務監督暨經費稽核委員會之決定，即為最後之決定。校務監督暨經費稽核委員會對校長續任同意程序之決策模式及對當事人之不尊重，超乎本人對清華優良傳統之認知，本人質疑校務監督暨經費稽核委員會辦理校長續任同意選務之公正性。本次校長續任同意過程是否符合公正原則，請各位校務會議代表公評。校務監督暨經費稽核委員會不當決策，由誰來『監督』，請各位校務會議代表公議。

本人接任清華校長職位三年來，由於各位校務會議代表的支持與協助，校務推展順利，本人特在此致謝。本人當如過去三年，在任內繼續盡心主持校務，並為清華奉獻心力。」

4月30日收到任職於香港大學的龍應台教授來函：

文村校長，

　　這幾天才聽說，您將在校長任期屆滿後，回歸教學。

　　時間過得真快，感覺上您好像才剛上任呢，怎麼任期已到。

　　您一定心中明白：愈是勇於任事的人，愈是容易得罪人。而眾人所「愛」者，卻往往是那投眾人所好者，反而未必有真正的建樹。

　　我想您一定是帶著清澈的良知接下這個重任，而後又以淡泊致遠的寧靜卸下這個重任的。

　　還記得您剛上任時，應台曾提醒您，時間很短，挑選可完成的項目去做。現在既然決定卸任了，用最後的時間作美好的收場，也是一門智慧學問呢。

　　香港科技大學朱經武校長也要離任回美了。那天他告訴應台「文村，也是清水中學」的，要我特別向您致意。

　　他覺得，您在任內非常用心，成績顯著；雖然時間不夠長，但可以為自己的理想實踐而驕傲的。我也聽到很多您不再續任的惋惜之聲。但我想，君子之志如大鴻，您所做的，一定留下清晰的痕跡。

　　特問候，盼珍重。

　　　　　　　　　　　　　　　　　　　　　　　應台

　　在我校長任內，龍應台教授曾任清華講座，舉辦「思沙龍」引起很大迴響；2006年起朱經武校長擔任清華校務發展諮詢委員會委員，並於2009年獲清華頒予清華榮譽講座。5月5日我

第八章　規劃長遠校務發展

回以：

　　Dear 應台，

　　這幾天一直忙東忙西，很抱歉今天才得回信。收到來信，心裏有一股暖意。

　　這次校長續任結果確出乎我的意料，三年前一頭栽進清華校長職務中，每天所想的，無非清華校務，三月九日公布結果，才恍然大悟，校內同仁告訴你不要再做了。

　　這樣的結果原因很多，最讓我不能釋懷的是：辦理選務單位的校監會自始不能把持公正原則（請見附檔，校務會議記錄很長，可不看），以及xxx教授在整個過程中強力杯葛。我在清華任職三十多年，首次遇見教授如此運作。

　　事實上，我抱平常心接受此結果，三年來，我已盡力，多少留下痕跡，問心無愧於清華。我服務清華已三十三年，夠長了，剩下的九個月，我還是做該做的事，一心為清華。

　　這個月來，我也重新思索，除了清華，未來仍還有很多事，可以做的，或許我該放慢腳步……。

文村

　　中央研究院李遠哲前院長擔任2005年清華校長遴選委員會召集人，我認為有必要向他報告清華校務及說明這次校長續任過程，5月初，我專程到他在中研院基因體中心的辦公室拜訪。他

表示肯定我三年多來的清華政績,惋惜不能續任,感嘆才隔四年,又被推選為下屆清華校長遴選委員會召集人。他表示我有權可再參與校長遴選,我則表示尊重清華校長同意權人的抉擇,沒考慮參與下屆校長遴選。離開時,李院長送我到電梯門口,跟我說:「我很敬佩你對清華的奉獻。」

2007年中央研究院李遠哲前院長擔任畢業典禮貴賓致詞前,在校長室合影,張石麟副校長作陪,背後牆上掛著沈君山校長留下來的墨寶:「莫因身在最高層,遂叫浮雲遮望眼。」

持續推動與竹教大合校

2009年4月17日清華重啟與竹教大合校之議,召開合校領域工作小組召集人與兩校九人小組聯合會議,確認合校SWOT分析、合校後新建工程經費預估、竹教大教師升等及評量過渡期、合校後院系架構整併、設立竹師教育學院及藝術學院、兩校5月舉辦校園公聽會等事宜。6月15日再度召開合校領域工作小組召集人與兩校九人小組聯合會議,報告兩校公聽會摘要,確認計畫

書草案之撰寫與分工。

7月15日我與曾校長一同赴教育部拜會鄭瑞城部長，報告兩校合校案進度與資源經費需求，尋求教育部支持。鄭部長為舊識，1990年代我在教育部顧問室主任任內，曾聘鄭部長為教育部人文社會顧問。8月19日兩校代表與鄭部長指示成立之合校專案小組共同召開會議。

鄭瑞城部長9月卸任，吳清基部長繼任。9月28日接獲教育部來函說明教育部資源挹注項目與範圍，其中內容與兩校預期相差甚鉅。10月13日我與曾校長拜會新上任的吳清基部長，建議修改教育部資源挹注內容。

於10月16日接獲教育部來函回覆：「經衡酌併校後之發展願景及考量高等教育經費可負擔之原則下，基本需求額度仍為原先兩校經費加總，另配合併校後增聘師資需求，以8年為期限，逐年增加補助款新台幣2,000萬元（可聘任20位教師經費），直至第8年（含）為止。工程經費包括南校區二期土地清除費用，及校舍建築補助工程經費以28億元為原則。」

竹教大為教學型大學，教育部編列每位師生經費比清華少，如併入清華，理應以清華標準編列預算，才有可能轉型為教學與研究卓越的大學。10月19日我與曾校長再與吳清基部長會面，爭取合校後基本需求額度，應以清華標準編列預算。

10月26日教育部來函，維持原議，兩校乃決定暫停合校進程，清華合校案不送校務發展委員會討論，但兩校各領域溝通協調持續進行，待教育部有正面回應，再啟動合校進程。11月6日我給全校師生、同仁發表公開信：

「本校與新竹教育大學合校一案，歷經近四年之努力，兩校

代表多次溝通討論、諮詢校外專家完成合校案計畫草案與願景規劃，各自進行兩校合校案全校公聽會，並向教育部積極爭取所需資源補助；然審慎斟酌教育部承諾資源挹注內容，恐未能有效支持合校相關發展願景，故暫緩本案之進行。惟日後兩校仍將持續密切合作，俟時機成熟，或教育部重新斟酌補助內容，再重啟合校議題。本案之發展經過，謹說明如下：

民國94年底，清華大學與新竹教育大學代表首次集會討論兩校整合之可能性；歷經多次洽談，95年6月兩校校務會議均通過，同意進一步討論兩校整合發展事宜，至此，新竹教育大學與清華大學為合併案進入實質規劃討論。三年多來，兩校陸續成立六人小組、九人小組、整併推動小組及各領域工作小組，多次召開整併發展會議討論協商；各領域工作小組各自召開諮議會議，邀請校外專業人士擔任諮議委員，為合校計畫提供寶貴建議；兩校行政主管親赴對方校園，與教師們就合校相關議題面對面進行座談溝通；兩校並於今（98）年5月間各自召開首次校內公聽會，聽取全校教職員生對合校之意見。

今（98）年7月至10月間，本人與新竹教育大學曾憲政校長四次拜會教育部次長、教育部長，就合校案積極爭取相關資源經費補助；部長除對本案表示肯定支持，並指示成立專案小組協助本案推動。經與教育部多次溝通協調，獲其承諾資源挹注內容如下（教育部中華民國98年10月26日台高（三）字第0980184873號函）：

一、基本需求額度除原先兩校經費加總之外，另配合併校後增聘師資需求，以8年為期限，逐年增加補助款新台幣2,000萬元（約可聘任20位教師），直至第8年為1億6,000萬元；原則

上,清華大學承諾在教育部經費支持下,八年內進入世界百大。至於第 9 年以後經費補助,則依整併成效及是否進入世界百大,再行評估。

二、南校區二期土地清除費用,在新竹市政府願意辦理無償撥用及竹教大各學院有搬遷需要之前提下,依實際經費需求,教育部予以經費補助。

三、扣除具自償性質之校舍工程,如學生宿舍等,教育部不補助之外,其餘校舍建築因確屬需要,教育部同意補助工程經費以 28 億元為原則(含搬遷及家具設備費),惟各棟建物之工程規模仍需俟審議結果而定。

四、合併過渡期間,相關競爭型經費計畫(如發展國際一流大學及頂尖研究中心計畫)審議時原新竹教育大學教研提升計畫納入優先考量。

幾經審酌評估以上教育部承諾之補助內容,其中基本需求並未依本校標準編列,未來新清華大學資源恐因合校而稀釋;而 9 年後即使進入世界百大,也可能因合校成效等主觀因素而無持續經費補助。基於不可抗拒變數過多,在本校校務會議通過機率甚渺,故暫緩本案續行。

同時,新竹教育大學曾憲政校長將於明(99)年 1 月底任期屆滿,惟因與本校共同推動合校一案,一再延緩其新任校長遴聘作業。在目前未獲教育部合理資源補助承諾之情況下,合校案暫緩提送校務會議討論;為避免延誤新竹教育大學新任校長之遴聘,以致產生空窗期,影響其校務推展與全校師生之不安情緒,兩校共同決定暫緩合校案之進行。日後兩校仍將持續密切合作,俟時機成熟,或教育部重新斟酌補助內容,再重啟合校議題。」

十一年後兩校終合校

合校案暫緩之前,我與曾校長共開了十多次兩校整合會議,兩校整併推動小組,各領域工作小組也開了無數次的會議,兩校應已建立很好的合作、合校的基礎。在賀陳弘校長任內,兩校重啟合校進程,2016年將合校案送校發會及校務會議時,賀陳校長請我支持合校案,我於3月16日寫了一封信致清華同仁、學生、校友如下:

「本校與國立新竹教育大學合校案,起始於徐遐生校長任內,至今超過十年,歷經四位校長。在本人校長任內兩校代表有十多次溝通討論、諮詢校外專家完成合校案計畫草案與願景規劃,各自進行兩校合校案全校公聽會。本人與新竹教育大學曾憲政校長四次拜會教育部次長、教育部長,就合校案積極爭取相關資源經費補助;部長除對本案表示肯定支持,並指示成立專案小組協助本案推動。然斟酌教育部承諾資源及當時時空環境後,暫緩本案之進行。近年來經校方多方評估,再重啟合校議題。本人期盼各位能給予最大的支持,理由有二:

一、合校後的新大學,將成為一所綜合性大學,具有更多元的教學環境與學術研究面向。新竹教育大學能夠強化清華在師資培育、藝術、體育、推廣教育對社會的貢獻。各領域人才匯集,清華形成最佳博雅教育環境,最適全人教育理想之實現。

二、世界頂尖大學教師人數大多遠高於清華現有規模。合校後規模適度擴大,有利學校營運,更能有效運用兩校資源,強化兩校現有領域,開拓新領域。

清華同仁對於合校案或有疑慮,如兩校具有不同的文化、傳

統及制度,合校後短期不易融合等。本人四十年前來清華服務,當時的挑戰更多:如資源有限、教師不易留任、領域太偏理工等等,但清華有非常優良的傳統,數十年來建立了優良的制度,在前人有遠見地規劃校務發展方向,才有現在的初具規模、優良的學術表現。本人很樂見與新竹教育大學合校,發展師資培育、藝術等領域,相信以清華優良傳統及優良的制度,在社會期許下國家挹注資源,應能大幅提升該領域之水準,清華除了理工、人文社會,應也能在教育、藝術等領域為國家、社會培育下一代,做出更大的貢獻。本人非常期盼合校案之實現,也期盼清華在未來開拓醫學等新領域,成為一世界頂尖的綜合性大學。」

2016年11月1日清華與國立新竹教育大學正式合併,校名仍稱國立清華大學,原竹教大校地改設為清華「南大校區」,清華新增竹師教育學院、藝術學院,成為台灣第一所設有教育學院、藝術學院的綜合研究型大學。

台聯大系統爭取生醫園區規劃主導權

行政院於2009年3月26日宣布啟動「台灣生技起飛鑽石行動方案」,主要內容包括強化產業價值鏈中產業化研發能量、成立生技創投基金、推動整合型育成機制,以及成立食品藥物管理局(TFDA)以建構與國際銜接的醫藥法規環境等四項重點。4月22日在國科會研商新竹生物醫學園區計畫會議中,台聯大系統簡報新竹生醫園區籌建計畫初步構想,國科會李羅權主委總結:新竹生醫園區之開發,為行政院生技起飛鑽石行動方案之一。李主委並於6月24日新竹生物醫學園區後續推動會議中表示:「新

竹生物醫學園區推動組織架構調整及配套措施規劃方案」已獲行政院函復，國科會將據以成立指導小組，負責園區政策、整體之規劃、與三大中心之協調工作。

經近一年規劃，9月台聯大系統提出《新竹生物醫學園區計畫書》，設立三大中心：（一）「國立新竹醫院」（臨床醫學中心），規劃為一般急性病房500床及特殊病床200床之臨床醫學中心，定位為國際一流的醫學研究機構，同時提供優質醫療，以服務竹苗地區民眾，並規劃為國家新藥、新技術或新儀器臨床試驗與效能評估中心，以讓園區成為國家生醫產業研究與育成之重鎮。（二）「生醫科技與產品研發中心」，以醫療器材通用技術為發展主軸，並在我國資通訊研發與產業基礎上，研發醫療保健產業中具有市場潛力之技術與產品。（三）「產業及育成中心」，以促進生醫產業為重點，與一般科技產業之育成中心之定位不同，須仰賴國立新竹醫院與生醫科技與產品研發中心之完整銜接，業務包括：創業輔導、驗證諮詢、快速商品化、專利技轉及技術加值等。

其中經濟部主導籌設產業及育成中心，委由工研院經營。國科會主導籌設生醫科技與產品研發中心，於2009年9月委由清華負責規劃、並成立中心籌備處。我擔任籌備主任，聘請清華生物醫學科技研發中心主任、生命科學院王雯靜教授為籌備處執行長，以半年時間（2009年10月～2010年3月）做先期規劃。生醫科技預估包括電子與光電測量科技、生醫材料暨藥物科技、資訊暨影像測量科技，以及支援技術包括元件驗證、機構暨構裝製造、法規驗證、風險管理等。

衛生署（現今衛福部）則負責國立新竹醫院之建置。記得在

2009 年 11 月舉行的行政院第 29 次科技顧問會議中，一位曾任台大醫學院院長的行政院科技顧問發言反對國立新竹醫院之建置。我當時也是行政院科技顧問，記得當場生醫領域科技顧問對此意見沒有後續討論，他的發言卻成為科技顧問會議的結論：「為避免資源重複，『新竹生物醫學園區』之『國立新竹醫院』定位可再審慎評估或調整，或利用國內現有之臨床醫學中心或國外醫院合作進行相關臨床試驗。」經過多次延宕籌建之臨床醫學中心，又再生變，未能考慮新竹地區殷切需求的高水準醫療。

之後，台聯大系統不再能主導臨床醫學中心之建置，衛生署指定由台大醫院接手。台大醫院於 2012 年 7 月正式提出生醫園區醫院籌設計畫書，幾經更改計畫，於 2017 年元月動土，2019 年 12 月正式成立台大醫學院附設醫院新竹生醫園區分院，有一般病床 500 床及特殊病床 228 床，其規模與台聯大系統規劃的國立新竹醫院幾乎相同，但已不是定位在國家級的臨床醫學中心，而是台大醫學院附屬醫院。

新竹生物醫學園區之籌設與成立，隱含生物醫學界背後之角力，及主管部會政策不定，監察院於 2019 年公告（字號：107 內正 0006），就「新竹生物醫學園區計畫推動延遲案」依法糾正科技部（國科會）、衛福部（衛生署）。

我卸任校長 11 年後，在 2021 年賀陳弘校長任內，清華獲准成立「學士後醫學系」。

拓展國際學術交流與合作

2008 年 8 月擴編國際事務中心為國際事務處後，致力

強化國際學術交流與合作。我每年參與東亞研究型大學協會（AEARU），與其他 16 所大學有定期交流的機會。2008 年 9 月我受邀參加在中國安徽合肥的中國科學技術大學五十週年校慶暨 AEARU 第十四屆年會，發表演講：邁向國際頂尖大學。

2008 年參加 AEARU 第十四屆年會，會員大學校長合照。

　　2009 年 12 月，AEARU 在日本仙台的東北大學舉行年會，17 所會員大學校長及副校長均出席。在此次會議中我被推選擔任協會副會長，預計兩年後，清華校長將接任該協會會長。清華亦利用本次開會期間，與日本東北大學簽訂合作備忘錄。

　　我認為日本學術水準高於台灣，有很多可借鏡與學術合作的機會，又鄰近台灣，便於學術交流，當時清華與日本大學甚少交流。2008 年我兩度率領研發長、學院院長等一級主管，分別拜訪大阪大學、京都大學、名古屋大學及東京大學、筑波大學，簽訂學術交流合約。

第八章 規劃長遠校務發展

2009 年與東北大學井上明九校長簽訂合作備忘錄後合影。

2008 年 6 月與日本大阪大學鷲田清一校長簽訂學術交流合約後合影。

中國則有豐沛的研究學者與學生。2009年初我率領教務長、學院院長等一級主管，與中國科學技術大學、南京大學、上海交通大學、浙江大學簽訂學術交流合約。也拜訪復旦大學，適值該校校長交替，僅作訪問交流，之後，擇期補簽學術交流合約。我上任之前，蘭州大學即與清華有密切教學交流，2009年7月周緒紅校長來訪、簽訂兩校學術交流合約，9月我應邀參加蘭州大學百週年校慶後，兩校交流合作更加密切。

2009年9月我與惠晴受邀參加蘭州大學百周年慶，周緒紅校長致贈紀念品。

1980年代以來，海峽兩岸清華大學交流日漸頻繁，1995年沈君山校長率團訪問北京清華，簽訂「海峽兩岸清華大學交流合作備忘錄」，雙方交往日益熱絡。2009年10月我再次率團訪問北京清華，延續簽訂「兩岸清華大學學術交流與合作備忘錄」暨「兩岸清華大學教師與學生交流協議」，除加強兩校之師生、學術交流外，各自提撥經費，支持兩岸清華共同研究計畫之進行。

第八章 規劃長遠校務發展

2009年10月率團訪問北京清華,與顧秉林校長簽訂學術交流與合作、教師與學生交流合約後合影。

　　由於清華化學、化工等系所長期與印度大學合作,吸引很多印度研究生及博士後研究人員來清華求學或研究,清華是全台聚集最多印度研究生及博士後研究人員的大學。2008年10月26日清華舉辦了一場非常具有異國風情之慶祝印度燈之節（Diwali）晚會,這是台灣第一次辦理Diwali。當天晚上超過300位在台印度籍人士及台灣的嘉賓、朋友們,包括印度台北協會會長（印度駐台大使）史泰朗先生,齊聚在清華園,參加這場難得一見的盛會。

　　我認為可再擴大與印度大學之合作,吸引印度學生來清華就讀。2009年3月30日至4月3日,我率領王偉中國際長及理學、工程、原子科學、電機資訊等學院院長,拜訪德里印度理工學院（Indian Institute of Technology, Delhi）、德里大學（University of Delhi）、安那大學（Anna University）、馬德拉斯印度理工學院（Indian Institute of Technology, Madras）、印度科學理工學院（Indian Institute of Science）,以及參觀Infosys Technologies

Limited 與 Wipro Technologies 兩家軟體公司。此趟印度訪問非常成功，不僅與這幾所大學簽訂學術交流合約及進行實質學術合作與學生交流，教育部進而委請王國際長，同年安排當時吳清基部長訪問印度，這是台灣第一次有部長級官員訪問印度。

2009 年與印度德里大學簽學術交流合約。

吳部長及印度人力資源部 Kapil Sibal 部長會面，當時 Sibal 部長請求台灣派一萬名華語老師前往印度。吳部長返國後，清華正式接受教育部委託，由王偉中國際長排除萬難，在印度成立「台灣教育中心」（Taiwan Education Center in India, TEC），開發印度華語文教材，迄 2023 年已設立 11 個台灣教育中心，超過 12,000 學員接受華語課程，王教授現在仍繼續擔任清華印度中心主任。

在我卸任之前，清華在國際學術交流的簽約大學數目成長 67%，高達 126 所，有實質合作之國際大學與機構超過 75 所，國際學生人數占全校學生 3.6%。

其他四年校務發展成果

除第七章與本章所述四年校務發展成果外，對應五項治校構想，較重要校務發展成果分述如下：

在「**學術卓越：大師，學術卓越環境，跨領域研究**」方面，清華有特聘講座及講座教授共 55 位，配合一百週年校慶，提出百位學術卓越講座募款計畫，預期五年內，學術卓越講座教授達全校教師 15%（2008 年史丹福大學教授中 22% 為講座教授），以全面帶動學術研究，大幅提升清華學術水準。

四年任內，計有 11 位諾貝爾獎得主來校演講，包括 2006 年之 Ivar Giaever 博士（1973 年物理獎）、Thomas C. Schelling 博士（2005 年經濟學獎）；2007 年之李遠哲院長（1986 年化學獎）、Harold W. Kroto 爵士（1996 年化學獎）、江崎玲於奈博士（1973 年物理獎）、James A. Mirrlees 爵士（1996 年經濟學獎）；2008

1973 年諾貝爾物理獎得主江崎玲於奈博士 2007 年來清華演講，與江崎博士伉儷在校長室合影，張石麟副校長作陪。

年之 Alan J. Heeger 博士（2000 年化學獎）、楊振寧教授（1957 年物理獎）；2009 年之 Albert Fert 博士（2007 年物理獎）、楊振寧教授（1957 年物理獎，再次來訪為期九天）、Harald zur Hausen 博士（2008 年生理醫學獎）、Roger D. Kornberg 博士（2006 年化學獎）；2010 年元月江崎玲於奈博士（1973 年物理獎）第二次來清華演講。另各學院共聘請 23 位院士級國際學者擔任講座教授，每年來校一週做學術交流。

透過邁向頂尖大學計畫之拔尖、增能研究計畫，全校約聘人員增加 47% 達 341 人。四年任內，延攬 120 名傑出學者與具研究潛力新進教師，將生師比降至 17：1，並給予較充足的開辦費。

清華執行邁向頂尖大學計畫學術成效亮眼，2005 年至 2009 年 SCI/SSCI 論文成長 45%、高引用論文成長 105%、高品質期刊（*Science*、*Nature*、*Cell*、*Annals of Mathematics* 等）論文大增，

1996 年諾貝爾經濟學獎得主 James A. Mirrlees 爵士 2007 年來清華演講：創業與誘因。

第八章 規劃長遠校務發展

並有多項突破性研究成果。清華論文數、論文被引用總數、每篇論文被引用數成長趨勢及與同類型大學及標竿學校比較如以下兩表格所示：

清華論文數、論文被引用總數、每篇論文被引用數成長趨勢

五年區間	1999-2003	2000-2004	2001-2005	2002-2006	2003-2007	2004-2008	2005-2009
論文數	4,213	4,342	4,730	5,148	5,649	5,962	6,114
論文被引用總數	10,672	11,700	13,394	15,264	18,514	22,456	26,982
每篇論文被引用數	2.53	2.69	2.83	2.97	3.28	3.77	4.41

我國同類型大學及標竿學校 SCI/SSCI 論文比較表

	2008年論文總數	每位教師論文數	HiCi論文總數	每位教師HiCi論文數	HiCi論文百分比	H值(2000~2009)	每位教師H值	2009年度教師數
清大	1,450	2.42	84	0.14	0.8%	71	0.12	600
台大	3,899	1.96	207	0.10	0.7%	102	0.05	1,986
成大	2,560	2.06	95	0.08	0.6%	76	0.06	1,241
交大	1,504	2.13	52	0.07	0.5%	65	0.09	706
中央	990	1.69	44	0.08	0.6%	66	0.11	585
UCI	2,933	2.05	607	0.42	2.8%	183	0.13	1,431
CMU	1,331	2.17	389	0.63	3.1%	149	0.24	613
東工大	2,495	2.17	276	0.24	1.1%	130	0.11	1,148

附註：[1]. 2008 年 SCI/SSCI 論文統計至 2010.1.1，僅計 article, proceedings paper, review, note, editorial material, and letter 論文數；[2]. HiCi 論文總數及 HiCi 論文佔總論文百分比由 ISI-WOS 之 Essential Science Indicators 資料庫取得，統計區間 1999.1.1~2009.10.31。

清華學術整體表現方面,在 2009 年 11 月上海交通大學所公布的世界大學學術排名,清華名列第 297 名,較 2006 年進步 49 名,首度晉升前 300 大。此項世界大學學術排名,對規模較大學校有利,其中「師均比」分數,是其他分項指標得分總和除以教師人數之平均分數,如單就師均比排名,清華世界排名 169,全台第一。2009 年 10 月英國泰晤士報公布四百大全球大學排行榜,清華躍升到 223 名,較 2006 年進步 120 名。清華在「每位教師被引用次數」評比,在兩岸入榜的 18 所大學中,名列第一,全球 133 名,清華表現亮麗,並持續朝向全球百大目標邁進。

在「**高品質教學:釐定教育目標,培育菁英**」方面,推出繁星計畫及率先採取彈性院系並行招生,2008 年已推行至全校七學院。2007 年 7 月成立大學部教育改進工作小組,依據改進小組報告書,2010 年元月完成《國立清華大學大學部教育改進白皮書》。

在教學方面,為提升教師專業成長及學生學習效能,2008 年 8 月成立「教學發展中心」;2007 年通過「專任教師評量辦法」,2008 年首度進行專任教師評量;2009 年新訂「國立清華大學傑出導師獎設置辦法」,以表彰導師的愛心奉獻與提升輔導效能。除此之外,為促進校園與社會接軌,鼓勵學生走出校園,進行各項社會服務工作,並延續 2007 年暑期出隊的國際志工,希望善盡大學的社會責任,更期待在多元的課程與活動中,培育出兼具專業及社會關懷的菁英。

在「**妥善規劃校務:領域完整,改善環境**」方面,除成立校務發展諮詢委員會外,於 2006 年 10 月成立「校務發展規劃顧問委員會」,委請陳文華校務顧問擔任委員會召集人,成員包括各院與校友代表,討論本校短中長程校務發展目標規劃、組織調整、

第八章　規劃長遠校務發展

院系所規劃、校園建築與景觀之規劃、及教學、研究、輔導、服務之評鑑與獎勵準則等議題，以供校務決策之參考，未來將加強其主動規劃與定期追蹤的功能。

四年來，人文社會學院及科技管理學院師資明顯成長，另新成立核子工程與科學研究所、服務科學研究所、系統神經科學研究所。此外，教育部已核准於 2010 學年度設立學習科學研究所及醫學科學系，醫學工程研究所則在教育部審核中，未來五年擬拓展法政、心理與認知、藝術、生醫、能源與環境等新領域。

在產學合作方面，除與台達電子、聯發科技、聯詠科技成立前瞻產業聯合研發中心外，為強化智財保護與運用服務，採取主動服務，大幅增加專利申請件數，2007、2008 兩年清華獲美國專利件數均居全國大學中第一。加強技轉方面，清華連續三年獲國科會頒發績優技轉中心獎勵，技轉金額達 2,000 多萬元，較 2005 年大幅成長 4.1 倍。清華 1998 年創立創新育成中心以來，累計培育 89 家廠商，其中包括 9 家上市櫃公司，產業橫跨晶片設計、無線通訊、化學材料、生命科技等領域，尖峰總市值超過五百億元，清華創新育成中心六度獲頒全國績優創新育成中心獎章之殊榮。

在校園基礎建設方面，包括清華會館、全校步道系統、科技管理學院台積館、行政大樓增建、學生宿舍（學齋、儒齋）、田徑場等多項體育場館整修，均已完工啟用；許多重要的基礎建設，例如全校地下共同管道幹線、學習資源中心旺宏館、教學大樓台達館、1,000 床學生宿舍清齋改建等，亦已順利施工中；而棒球場旁的多功能體育館、成功段學人宿舍、百齡堂住宿區改建為「教師俱樂部」也積極規劃設計中。南校區的開發，已

呈現新面貌，奕園、新南門已完工，有萬坪草原，並籌劃建設清華實驗室、創新育成中心、景觀餐廳及戶外體育設施。其中教師俱樂部與南校區景觀餐廳可提供教師用餐、交換校務及教學、研究創見的場所，我卸任後，可惜教師俱樂部改為「名人堂」，並中止建設景觀餐廳。

至於建置「大學城」之構想，則與新竹市政府、工研院、交通大學、新竹科學園區管理局聯合規劃清華周邊環境，希望共同打造一個擁有多元文化刺激、豐富生活機能及親善活動空間的優質生活圈，並成為新竹市民及遊客駐足的場所。

在「**強化校務經營體質：卓越制度，特色校園文化，強化經營能力**」方面，除因應 2005 年 12 月公佈之大學法修正案，於 2007 年上半年完成組織規程修正外，為提升行政品質與擴大執行成效，推動行政作業流程標準化（SOP），該計畫分二階段進行，第一階段推行到行政單位，已於 2008 年 10 月完成程序書撰寫、校對及定稿；並於 2009 年 7 月完成教學單位標準作業程序書編製。

另外推動職技人員增能計畫，包括提升英語能力，以支援校務發展國際化。並自 2007 年起舉辦國內標竿企業學習活動，落實顧客導向與服務品質，成效頗佳。2008 年 7 月首度由行政副校長率領行政同仁至國外大學參訪，於 2009 年暑假擴大辦理兩梯次參訪日本、韓國等亞洲知名大學，期培養兼具國際視野的行政人員。參訪同仁回國後，屢在工作中呈現創新構想與主動積極任事。

在「**積極籌措經費：充實校務基金，開源與節流**」方面，除於 2008 年成立財務規劃室，聘請專業經理人進行募款及財

務運作規劃與執行外，規劃設立「清華卓越基金」，創造校務基金收益，增加資產衍生價值；籌建創新育成大樓，結合本校之研發成果與資源，協助新創企業發展新技術及新產品，加強智慧財產權管理。於 2006 年成立校友服務中心後，陸續成立校友分會，四年任內校友及社會各界捐助達九億九千七百多萬元。清華為慶祝創校百年、在台建校 55 年，次第展開百位學術卓越講座、清華高等研究院、清華實驗室等捐款活動。節流方面，落實預算執行管制與考核，不斷檢討實施績效，並避免不必要浪費。執行以來，校務基金穩健成長，2008 年 11 月 21 日教育部國立大學校務基金訪視評估委員評語為：「清華校務基金極為穩健」。

順利完成四年校務發展目標

我就任前所擬訂的短程（二年內）、中程（四年內）校務發展目標，幾乎全部於四年任內順利完成。卸任時，行政團隊出版《四年校務綜合報告》，總結四年校務發展成果。

2009 年 12 月 22 日舉行我任內最後一次（第四屆）校務發展諮詢委員會議，出席委員包括王汎森院士、孔祥重院士、伍焜玉院士、李亦園院士、徐遐生院士、郭位院士、黃秉乾院士、曾志朗政務委員、工研院李鍾熙院長、劉兆玄榮譽講座及鄭崇華董事長。此外，亦邀請清華下任校長陳力俊特聘講座教授列席，期能有助於未來校務的銜接。首頁故事報導第四屆校務發展諮詢委員會議，以「為清華未來策略方向掌舵」為題，如下：

2009年第四屆校務發展諮詢委員會議，左起：王汎森院士、伍焜玉院士、郭位院士、陳力俊特聘講座、劉兆玄榮譽講座、陳文村校長、曾志朗政務委員、孔祥重院士、徐遐生院士、黃秉乾院士及工研院李鍾熙院長。

　　陳文村校長除感謝諮詢委員蒞臨指導，並針對清華推動邁向頂尖大學計畫進行簡報。隨後，則依序由林永隆研發長闡述拔尖研究的目標策略、研發能量、推動研究、產學合作及未來展望；唐傳義教務長簡報清華的教育目標、多元化招生、大學部教育改進（發展住宿學院、各類課程改進、提高教學品質、充實圖書資源）及校園與社會關懷等；葉銘泉副校長則就近年清華的組織運作調整及基礎建設成果，分項作深度的介紹與探討；王偉中國際長則由國際處的任務、目標、業務規劃與執行談起，呈現清華的國際化成效。

第八章　規劃長遠校務發展

　　下午議程，則安排基礎科學、工程及人文社會與管理三大領域的分組討論及綜合座談。其中分組討論進行程序，係由各院院長就院概況及未來發展策略作報告，並分別聽取諮詢委員意見及進行雙向交流。而綜合座談時段，則由生科院潘榮隆院長及唐傳義教務長報告「清華大學增設醫學院計畫」及「清華大學與新竹教育大學合校計畫」，隨後委員們則針就上述二大計畫及整體校務發展，提出統整建議。曾志朗政務委員認為，以科管院為例，應打破目前以系所為主軸的發展方向，轉而為以院為主體考量。劉兆玄榮譽講座則表示，很欣慰目前清華仍保有創新的傳統精神，然在面對瞬息萬變的時代，清華應思考並確實掌握未來核心主軸思想；凝聚校友向心力，也是很重要的一環；至於長程而言，整合現有領域並集中力量，將不失為唯一且最好的方法。此外，其他諮詢委員，亦普遍針對合校議題，提出諸多待審酌注意事項。

　　最後，主持人曾志朗政務委員則呼應劉兆玄榮譽講座等委員的發言，對於陳文村校長的四年政績表現，給予最高肯定。近四年來，陳校長不論在提升清華學術表現、改革教學體制、強化行政經營體質、改善校園環境，乃至實施學術卓越獎勵與彈性薪資等，均能不畏阻礙，一步一腳印地完成目標，建樹豐碩，令人敬佩，並在所有諮詢委員激賞的鼓掌聲中，本年校務諮詢委員會畫下圓滿句點。

2010年元月28日清華舉行校長卸任惜別茶會,我感謝四年來清華師生、同仁、校友、以及社會人士對我的協助與支持。在惜別茶會中,擔任教育部考評審議委員會委員的中央研究院劉兆漢副院長提及:「2006年剛推動五年五百億計畫,當大家正倍感壓力地等待成績出現時,清華早在陳校長的領導下,做好完善準備並穩健地出發。」

2010年元月28日校長卸任惜別茶會中致詞。

校長卸任惜別茶會會場,前排左起:國家實驗研究院陳文華院長、竹科管理局顏宗明局長、陳文村校長、中研院劉兆漢副院長、校友會曾子章理事長、劉炯朗校長。

第八章　規劃長遠校務發展

　　大概肯定我在清華校長任內四年之校務發展，台大李嗣涔校長聘請我擔任台大 2011 年度「校務評鑑自評作業評鑑委員會」召集人。2011 年 6 月為期兩天實地訪評，自評項目包括自我定位、校務治理與經營、教學與學習資源、績效與社會責任，以及持續改善與品質保證機制等五項評鑑項目。

2010 年元月國立大學校院協會會長台大李嗣涔校長致贈卸任紀念品。

　　回憶起三十多年前大學時代，領悟出待人處事之道：寬厚包容、積極任事、盡人事聽天命；我奉獻了四年的歲月，為清華邁向頂尖大學盡了心力，迄今回想起來，或許老天有更好的安排。當時還有約十年的學術生涯，我心中正想著，我還可以做哪些事情……。

新竹科學園區行政大樓
Science Park Administration

竹建43 開闢群山

第九章

主持智慧電子國家型科技計畫

2010 年 8 月，國科會李羅權主任委員邀請我擔任「智慧電子國家型科技計畫」（National Program for Intelligent Electronics, NPIE）總主持人。這項國家型科技計畫是「晶片系統國家型科技計畫」（簡稱：矽導計畫）之延續計畫，強調醫療、綠能、車用、資訊、通訊、消費性之電子（半導體/晶片設計）技術研發與應用。這是當時國科會推動的七大國家型科技計畫之一，我剛卸任清華校長幾個月，即為此半導體、晶片設計產業最重要的國家型科技計畫效力。

人才培育支持半導體產業發展

1976 年 3 月，工業技術研究院和美國 RCA 公司簽訂「積體電路技術移轉授權合約」，工研院選派第一批人員，4 月赴 RCA 公司學習及引進半導體製程、晶片設計、測試技術，進而建立量產的商業化示範工廠，這是一項很成功的政府計畫。1980 年 5 月，從工研院衍生成立台灣第一家半導體公司聯華電子，開啟台灣半導體產業的新頁。

歷經四十多年來的發展，我國半導體產業舉世矚目，台積電晶片製造技術領先全球，被稱為台灣「護國神山」。台灣晶圓代工、封裝測試產值均佔全球第一位。台灣晶片設計業也不遑多讓，無晶圓廠（Fabless）晶片設計公司營收全球第二、僅次於美國，根據產業研究機構集邦科技（TrendForce）統計，台灣有三家晶片設計公司：聯發科、聯詠、瑞昱，名列 2023 年全球營收前十強。

除了政府策略支持，大學人才培育正是關鍵，造就半導體、晶片設計產業技術創新與突破。1980、1990 年代大專院校大幅擴

第九章　主持智慧電子國家型科技計畫

充電機、資訊系所，並進一步設立電機資訊學院。1993 年國科會成立「國家晶片系統設計中心」（National Chip Implementation Center, CIC），協助大學晶片設計與系統整合研發。[1] 1996 年起教育部實施超大型積體電路與系統設計教育改進計畫（參見第四章），精進大學晶片設計教育，在在為產業發展注入最重要的人才資源。

從 2003 年至 2010 年，國科會執行兩期共八年矽導計畫，整合國科會、經濟部、教育部經費，由前後任交通大學校長張俊彥及吳重雨主持，以建立矽智財（IP）、整合電子設計自動化（EDA）軟體，從應用晶片（ASIC），經過系統封裝（SiP），轉型到晶片系統（SoC），促進創新半導體產品研發。在第二期矽導計畫結束前，吳校長及其團隊考慮半導體/晶片設計技術的應用面與產業面，進而規劃後續的智慧電子國家型科技計畫。

我恰巧於 1976 年 3 月回國任教於清華，全程見證我國半導體、資通訊產業發展從無到有的歷程。1980 年代，我與工研院電子工業研究所共同研發晶片設計技術，設計出平行處理器晶片及 64 顆晶片（256 PEs）的平行處理系統。1990 年代，擔任教育部顧問室主任，推動超大型積體電路與系統設計教育改進計畫，2000 年代參與矽導計畫，擴充清華電機資訊學院規模，可以說與台灣半導體、晶片設計教育、產業的發展緊密相關。

大概由於我的資通訊專長，曾設計晶片，又規劃過新竹生物醫學園區之生醫科技與產品研發中心，因此被國科會聘為 NPIE 總主持人，任期五年（2011 年～ 2015 年）。在計畫結束之後，

[註 1] 參見 2023 年 12 月國立陽明交通大學出版社出版的《無我心寬：吳重雨口述歷史》。

又擔任後續之研發成果橋接計畫總主持人，為期兩年五個月，直至 2018 年 5 月結束這關乎半導體、晶片設計產業之國家型科技計畫。半導體、晶片設計產業是台灣很重要的關鍵高科技產業，我很榮幸能為台灣半導體、晶片設計產業的人才培育、產業發展盡了一份心力。

NPIE 計畫辦公室與發展目標

2011 年啟動 NPIE，不論在涉及的技術領域，或參與的產官學研機構，均是十分龐大。計畫辦公室組織上設有總主持人、三位共同主持人、執行長、分項召集人，以及專任執行秘書與分項專案經理。NPIE 團隊可謂集學界一時之選，三位共同主持人分別為清華林永隆教授、交大李鎮宜教授及台大陳良基教授（至 2011 年底辭任）。計畫籌辦階段，執行長為清華黃婷婷教授，計畫運作後，因她另有要事轉由清華張世杰教授擔任執行長，另聘請清華張孟凡教授擔任副執行長，協助計畫辦公室之運作。

2011 年 3 月智慧電子國家型科技計畫啟動典禮合照。

NPIE 選定具未來關鍵性的 MG+4C（醫療、綠能、車用、資訊、通訊、消費性）應用之半導體／晶片設計技術研發。醫療電子（Medical）方面，包括高階影像診斷醫材等應用晶片設計技術；綠能（Green）電子則包括高壓電力電子晶片設計、製造與封裝技術；車用（Car）電子方面，包括電動車電力系統與車規等級核心控制晶片；新興資訊、通訊、消費性（3C）電子則強調快速、省電等晶片技術發展。

NPIE 總體目標為：「創造產業躍升之電子整合技術與應用」，預期凝聚產官學研各界的力量、強調建立半導體／晶片設計自主技術能力、培育專業人才及開拓新興應用市場等重點推動方向，以創造我國資通訊及半導體產業未來躍升的成長動能。為達此目標，NPIE 規劃七大分項計畫，並聘請學有專精的學者擔任各分項召集人，各分項計畫目標如下：

醫療電子分項：開發醫療電子共通平台技術、平價化高階電子醫材、建置醫療電子研發商業化架構。

綠能電子分項：研發太陽光電（Photovoltaic, PV）應用電子技術、節能高功率元件和模組技術、以及建立以潔淨能源為主之車用等級晶片自主技術。

4C 電子分項：研發三維晶片（3D IC）核心技術、超低功率／低電壓電路設計關鍵技術、電動車電力系統與車規等級核心控制晶片。

前瞻研究分項：推動學界之智慧電子前瞻技術研發計畫、建置前瞻智慧電子設計／製作及測試環境、以及橋接智慧電子學研成果、專利佈局與產業應用。

人才培育分項：成立 MG+4C 晶片設計教學聯盟與先導型教學平台、發展跨領域課程地圖與教學模式、鼓勵參與國際競賽與開辦國際暑期學校。

產業推動分項：開發新興育成與產業服務模式、協助國內外廠商解決投資障礙、積極招商引進國外團隊設廠或投資。

MG+4C 垂直整合推動專案計畫：建構串聯與異質整合之設計製造環境、研發以台灣主導制定之無晶圓製造廠為主（Fabless Centric）之感測致動（sensor & actuator）元件設計、製造技術。

與分項計畫召集人合照，從左至右：王朝欽教授（綠能電子）、呂學士教授（醫療電子）、張耀文教授（人才培育）、陳文村總主持人、郭峻因教授（前瞻研究）、陳巍仁教授（4C 電子）、簡禎富教授（產業推動）。

廣跨產官學研推動

參與 NPIE 的政府單位眾多，包括經濟部技術處及工業局、國科會工程技術研究發展處、新竹科學工業園區管理局、教育部

第九章　主持智慧電子國家型科技計畫

資訊及科技教育司。參與的法人研究機構，包含工業技術研究院（含生醫與醫材研究所、電子與光電系統研究所、資訊與通訊研究所）、國家實驗研究院晶片系統設計中心、金屬工業研究發展中心、資訊工業策進會等。透過部會協調機制，共同選定發展方向及研發課題。此外，透過國科會智慧電子專案與教育部「智慧電子整合性人才培育計畫」，與各大專院校研發團隊與教學聯盟連結，落實 NPIE 培育人才；另由智慧電子橋接計畫辦公室負責擴大產學合作及學研產業化。

NPIE 推動計畫分為上、中、下游三方面，上游為國科會之前瞻技術研發及教育部之人才培育計畫，中游為經濟部技術處之法人科技專案（簡稱：法人科專）及竹科管理局之 MG+4C 垂直整合推動專案計畫，下游則由經濟部業界開發產業技術計畫（簡稱：業界科專）與產業推動專案所構成。為串連上、中、下游，以 NPIE 計畫辦公室做為政府發展智慧電子領域技術、前瞻研究、人才培育及產業推動之跨部會資源整合與協調平台，提出對整體產業有所助益之具體方案。

NPIE 計畫辦公室推動、管理的工作較重要者如下：

拜訪業界領袖：NPIE 團隊拜會我國半導體與資通訊產業重要廠商，以了解產業發展的技術與人才需求。一方面不僅可以讓業界了解國家科技發展的策略走向，更能透過雙向交流研討，同時審視計畫執行現況、技術水準及因應業界未來需求，進行可行的規劃與調整。五年總計完成國內廠商參訪及機關互訪共 34 次，拜訪之業界領袖包括台達電子鄭崇華董事長、聯詠科技何泰舜董事長、台積電蔣尚義資深副總經理、聯發科技蔡明介董事長、華碩電腦施崇棠董事長等人。

2011 年 9 月 22 日參訪台達電子,請益綠能與醫療電子產業的挑戰與機會等議題,由台達電子鄭崇華董事長親自解說台達電子綠能電子關鍵技術開發,建議綠能電子產業之推動方向。

2011 年 9 月參訪台達電子,由鄭崇華董事長(右二)親自解説。

2012 年元月 18 日拜訪聯詠科技,由何泰舜董事長接待。聯詠科技的產品主軸為影像處理與顯示相關晶片技術,藉此請益 NPIE 4C 電子領域之推動議題,以及未來技術合作及產學鏈結之可能性。

2012 年元月 NPIE 辦公室成員與聯詠科技何泰舜董事長(前排右四)、王守仁總經理(前排左四)合影。

第九章　主持智慧電子國家型科技計畫

　　2012 年 2 月 15 日拜訪台積電，會中業者建議 NPIE 加強推動 CMOS Image Sensor、電源管理晶片、嵌入式快閃記憶體（Embedded Flash）及微機電系統（MEMS）之研發，也促成台積電加強與學界之 3D IC 合作。

2012 年 2 月 NPIE 辦公室成員與台積電蔣尚義資深副總經理（左六）合影。

　　2012 年 3 月 9 日拜訪聯發科技後，NPIE 參考產業需求，將異質多核心處理器應用列為計畫關鍵技術項目之一，並加強培育計算機架構、編譯器及應用程式之人才。

2012 年 3 月拜會聯發科技，與蔡明介董事長（右五）、謝清江總經理（左八）合影。

2014年元月24日,拜會華碩電腦,針對智慧電子領域新興技術、人才培育規畫,以及智慧聯網、雲端運算等新技術的發展,並針對雲端儲存的競爭策略、台灣的競爭優勢以及政府的政策方向進行討論。

2014年元月拜訪華碩電腦,由施崇棠董事長(前排右三)接待。

滾動式調整計畫推動項目:因應科技產業變異快速,NPIE採滾動式策略規劃,自2011年起召開數十次技術交流座談會以及未來展望座談會,擷取各界專家建言,透過NPIE部會協商會議與年度策略規劃會議,陸續調整項目,包含綠能電子分項(經濟部技術處)新增新世代節能寬能隙(Wide Band Gap)碳化矽(SiC)關鍵技術、超低功率/超低電壓電路設計技術等。前瞻研究分項(國科會工程處)新增高階應用處理器系統架構旗艦計畫、前瞻智慧感測技術等。人才培育分項(教育部資科司)新增先進計算機結構及處理器核心課程教材、跨領域應用場域見習等計畫,以及承接前兩期矽導計畫嵌入式系統與智慧電子相關的項

目。產業推動分項（經濟部工業局）新增 MG+4C 各特定領域產業研發聯盟。

推動主軸式前瞻研究：由計畫辦公室邀集專家學者，規劃 MG+4C 之研究主題，透過國科會工程處，公開徵求各大學校院提出相關研究計畫，經審查後核准執行，並進行成果追蹤、查核及考評。為能引領學術界投入智慧電子之政策性創新前瞻技術開發，計畫辦公室另規劃主軸式「NPIE 旗艦計畫」，著重前瞻應用處理器之創新系統架構及軟體設計、前瞻應用處理器與記憶體之新世代 3D 電路元件／架構／技術、低能耗之設計技術、智慧感測技術等關鍵技術之研發。

推動跨領域人才培育：由教育部建置智慧電子總聯盟與五大特色應用教學聯盟，包括 4C 電子、綠能電子、醫療電子、應用設計與高階應用處理器等教學聯盟。每一特色應用教學聯盟由一位電子領域教授及一位應用領域教授共同主持，並設置教學平台中心，統籌各重點領域及跨領域系列課程教材的發展，與跨領域課程／學程的推廣。

連結醫界之合作：因涉及生物科技、醫療體制、產品認證等法規的規範，為確保醫療用電子產品技術發展的可應用性，醫療電子相關的計畫，皆要求須有醫師加入共同主持或與醫院共同合作。例如醫療電子分項之醫電園架構（醫療電子研發商業化），與淡水馬偕醫院育成中心、生技醫藥國家型科技計畫之臨床群組合作，亦結合教育部舉辦實體醫院臨床醫療課程，以增進電子工程人員的醫院臨床體驗。

審查法人、學界及業界科專：各部會主管之法人研究單位，依據 NPIE 之總體規劃範圍提出科技計畫，由計畫辦公室進行綱

要及概算初審,再提交國科會審查。審查重點為技術可行性與 NPIE 總體計畫的規劃項目之契合度,並訂定科技計畫之各分項計畫之優先順序;經細部計畫審查後,決議是否納入 NPIE 列管。

　　審查 MG+4C 垂直整合推動專案計畫:由竹科管理局連結產學研單位的技術研發能量,強調台灣主導制定的無晶圓製造廠為主之感測致動元件設計製造技術,推出 MG+4C 垂直整合計畫,經審查後,納入 NPIE 列管。

　　執行單位訪查:各分項召集人定期召開分項會議,以確實掌握該分項下執行團隊及研究群之進度與研發現況,並視需要訪查執行機構與實驗室。訪查團隊由總主持人或共同主持人及分項召集人組成,並邀請部會署同仁同行,針對執行內容及進度,提出具體建議,以確保執行單位依循總體規劃內容,落實總體計畫目標。

　　NPIE 五年執行期間,共計有 11 次的技術分項查證訪查,如醫療電子分項共計四次到工研院電光所訪查光學同調斷層攝影術(OCT)及超音波技術之產品雛型,並建議促成衍生公司或為廠商提供技術服務。綠能電子分項則三次訪查工研院綠能電子及車用電子技術開發實驗室,當時工研院電動車技術開發實驗室提供訪查試乘,開發完成之 IGBT 高功率晶片已應用於台北捷運(MRT)車輛可關斷閘流電晶體(Gate Turn-Off Thyristor, GTO)模組,做為維護與取代原廠產品之用,為一亮點。又如 4C 電子分項三次查訪工研院 3D 晶片設計之直通矽晶穿孔(Through Silicon Via, TSV)技術、超低功率設計技術,建請開放給國內晶片設計公司及國內學界使用。

　　研發成果推廣:由計畫辦公室辦理成果發表會及學術研討

第九章　主持智慧電子國家型科技計畫

率領 NPIE 共同主持人李鎮宜教授（左一）、林永隆教授（右一）訪查工研院醫療電子計畫，由電子與光電系統研究所詹益仁所長（右二）及生醫與醫材研究所刁國棟副所長（左二）作陪。

會，公開發表學術專題研究計畫、法人科專計畫等研發成果，以促進學術交流與技術擴散。如於 2013 年 10 月辦理 NPIE 計畫總期程期中成果展，為期四天。活動包括專題演講、高峰論壇及 MG+4C 晶片技術展望未來座談會，並在會場實體展示，共展示 31 項醫療電子、車用電子與綠能電子技術之成果。同時，NPIE 計畫亦製作文宣影片「跨領域科技整合、優化生活與環境」來介紹 MG+4C 晶片技術之應用，深受好評。[2]

[註 2] NPIE 計畫製作文宣影片「跨領域科技整合、優化生活與環境」：https://www.youtube.com/watch?v=J5YipRzUxql 介紹 MG+4C 晶片技術之應用，由 NPIE 辦公室執行秘書長江政龍博士編導，臨時演員為辦公室成員。

新創育成推展：透過智慧電子橋接計畫，與南港 IC 設計育成中心合作，主動挖掘具潛力的技術研發團隊，並提供專業的創新育成服務。

產業發展推動：計畫辦公室透過經濟部工業局「智慧電子產業推動辦公室」，推動產業聯盟之成立，以掌握半導體產業市場與未來發展之情報，同時亦加強半導體產業資訊服務。以工業局「智慧電子晶片發展計畫」與「鼓勵前瞻應用主導性新產品開發補助計畫」，輔助產業界開發創新技術。

國際交流與合作：由計畫辦公室規劃國際參訪活動，以了解國際間智慧電子領域重要技術現況、發展趨勢及創新機制，並藉此促成國際間研究計畫、研究團隊或人員互訪、邀請國際重要科技人士來訪、學者專家短期技術指導、在台舉辦國際學術研討會，以及吸引國際公司來台設立研發中心等。國際交流與合作包括美國、日本、中國、以及歐洲的重要學研機構與企業。

在「台北以色列經濟文化辦事處」熱誠邀請下，2011 年 9 月我率領 NPIE 訪問團共 15 人前往以色列，深入了解以色列政府如何支持科技研發，以及其創新育成中心的補助機制，並於交流過程中，挖掘潛在的合作機會。此次以色列之行，拜會了以色列首席科學家辦公室（Office of the Chief Scientist，現已改組為 Israel Innovation Authority）、以色列工業研發中心（MATIMOP）、Intel Israel、Technion 大學、Given Imaging（2015 年被 Metronic 公司收購）、PrimeSense（2013 年被 Apple 公司收購）、CISCO Systems Israel、Tel Aviv 大學。

以色列的優秀人才對於創新與創業抱有高度的熱忱，政府不僅長期支持，同時也願意分擔高風險的研發經費，使得以色列擁

第九章 主持智慧電子國家型科技計畫

有不斷創新的動力。時隔五年，NPIE 團隊參考了當時在以色列汲取的經驗，後續大力推廣創新創業，並於 2016 年推動成立「臺灣半導體產學研發聯盟」。

2011 年 9 月 NPIE 團隊拜訪以色列首席科學家辦公室合照。

2011 年 9 月 NPIE 團隊參訪以色列工業研發中心。

此外，於 2012、2013 年 NPIE 組團考察全球醫療領域規模最大之醫療展 MEDICA，此醫療展每年於德國杜賽道夫（Düsseldorf）舉辦。2013 年 NPIE 與「奈米國家型科技計畫」（NPNT，由交大吳重雨校長擔任總主持人）共同參展，設立 Taiwan National Program Pavilion 攤位，展示兩國家型科技計畫醫療應用電子與奈米技術成果，也是我國首次以國家館的名義在 MEDICA 參展。

NPIE 與 NPNT 考察團於 2013 年 MEDICA 合影。

2014 年我率領 NPIE 訪問團考察全球消費電子規模最大之消費性電子展 CES（每年固定於美國拉斯維加斯舉辦），促成於 2016 年在 CES 展示 NPIE 計畫五年成果。

第九章　主持智慧電子國家型科技計畫

　　自推動初期，NPIE 即強調為經濟類計畫，除技術移轉、技術服務、促進廠商投資與產學合作及衍生產值等指標外，自 2013 年起，新增加三項產業效益績效指標：（一）衍生新創事業或新事業部門。（二）開創國內新興產業鏈。（三）研發成果開創新產品、新市場。

　　NPIE 計畫原預計第一年投入 20 億元經費，並逐年成長，總共投入 124.4 億元，但因為政府預算的不確定性，實際五年只投入 89.5 億元。2015 年結案時，NPIE 各項原訂績效指標皆已達成，並舉行為期四天的全程結案成果展。產業經濟效益方面，至 2015 年底，促成技術移轉及技術服務總簽約金額達新台幣 7 億 6 千萬元，促進研發投資達 131 億元，並促成 16 家 MG+4C 領域新創公司及 6 個新事業部門成立。此外，建立我國自主碳化矽（SiC）產業鏈，建立國內第一條 MEMS 麥克風自動化封裝測試

2015 年 12 月 NPIE 舉行為期四天的全程結案成果展，執行團隊和與會者合影。

生產線。開創新產品部分,包括手持式醫療診斷超音波、高功率碳化矽蕭特基二極體(SiC Schottky Barrier Diode, SiC SBD)、矽中介層 LED、採用 3D IC 技術 TSV 之 DDR3 原型記憶體產品、3D CMOS 影像感測器、電磁式壓感觸控筆、感測定位鼻胃鏡、無線睡眠生理檢測、非接觸式遠紅外線溫度感測計、陀螺儀語音鍵盤遙控器、防偽指紋辨識模組、超薄型側進音微機電麥克風等等成果。這些成果對於引導我國資通訊產業投入 MG+4C 新興應用與產品之成效顯著,亦助益我國晶片設計產值之躍升。數年來,NPIE 均被國科會評為執行績效最優的國家型科技計畫。

規劃第二期 NPIE 計畫

2013 年中,NPIE 執行期程過半,當時已產出相當豐碩成果,並促成多位專家學者成立新創公司,計畫依原定時程須於 2015 年底結案。縱觀當時以台灣半導體產業雄厚實力,應可邁入下世代應用發展重點,如智慧聯網(AIoT,又稱:人工智慧物聯網)、穿戴科技、雲端應用、5G 通訊。另一方面,國際間產業發展情況,卻已產生劇烈變化,如韓國、中國正傾全國之力積極推動半導體產業,考量半導體產業為我國非常重要的產業,NPIE 乃有規劃後續計畫之構想。

自 2013 年下半年起,身為計畫總主持人,我陸續敦請時任台灣半導體產業協會(TSIA)盧超群理事長、工研院徐爵民院長、國科會林一平副主委、台大陳良基副院長及清華吳誠文副校長等,一同與 NPIE 團隊成員評估並商議持續推動第二期 NPIE 計畫之初步構想,強調半導體產業政策推動層級的提升及國家級智

慧電子創新育成體系的建置,期盼能強化醫療、綠能及車用電子關鍵技術,更拓展穿戴式、高階手持感測裝置、以及 5G 與 AIoT 應用之前瞻晶片與系統研發。

歷經近一年與各部會及相關單位研擬共識,計畫辦公室以「智慧電子國家型科技計畫後續規劃構想」為主要議題,向各界請益,並進行一連串密集的拜會行程,其中包括於 2014 年 4 月 30 日拜會甫上任的科技部首任部長張善政,取得他的認可,期凝聚產官學能量,共同向政府提案規劃第二期 NPIE 計畫。

緊接著,在 2014 年 5 月 27 日舉行之 NPIE 指導小組會議中,計畫辦公室提出五項後續規劃建議:(一)推動具指標性國家級半導體科技計畫,研發前瞻、先導性產業技術。(二)擴大產業界出資參與產學合作研發,強調學術研發成果落實產業化效益。(三)持續培育高階研發人力與跨領域管理人才,以助益產業持續擴張,並鼓勵創新創業。(四)推動創新之科技計畫管理機制,全面採取所有各部會徵求、審查及考核機制。(五)審慎評估現有法規效能與適用性,建構完善育才、留才及科技研發環境。

當時(2014 年)台灣半導體晶片產值預估為 2 兆元(實際為 2.2 兆元),NPIE 第二期計畫設定了一很有挑戰性的高標,預估 2020 年台灣達 3 兆元半導體晶片產值,成為「全球半導體與系統應用產業中心」。

約三週後(6 月 18 日),科技部突然召開臨時會議,由張善政科技部長及蔣丙煌科技政委主持。雖然 NPIE 各項成果效益皆達標,且 2012、2013 年整體成效評比為所有國家型科技計畫第一名,科技部卻告知停止規劃第二期!開完會後沒有會議紀錄,迄今我仍納悶科技部喊停的原因。

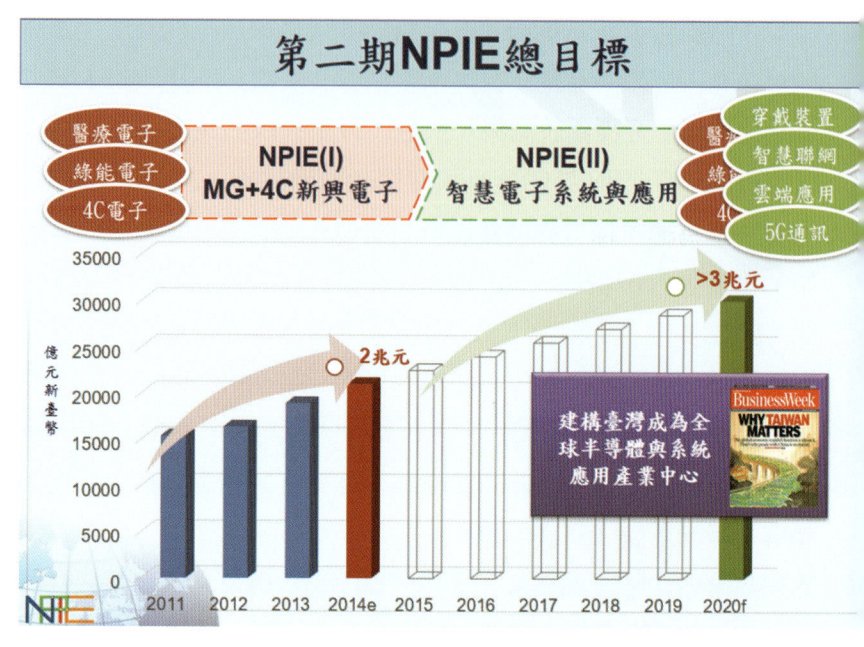

2014 年規劃第二期 NPIE 總目標：建構台灣為全球半導體與系統應用中心，產值達 3 兆元。

事後，我猜測當時行政院改推各部會主導之「雄才大略計畫」，2014 年國科會改組為科技部後，成為一獨立部會，削弱了跨部會協調的能力，當時進行中的跨部會國家型科技計畫一一終止。國科會朱敬一主委曾在 2012 年 12 月第九次全國科學技術會議宣示，為「台灣科技的轉型」，終止跨部會國家型科技計畫，推出以個別部會主導的雄才大略計畫。然 2016 年政權更替，此計畫短暫實施、成效有限而走入歷史。

歷經一年的努力，很遺憾第二期 NPIE 相關規劃仍依照科技部指示終止，正式啟動退場規劃作業，改由各部會各自規劃後續科技發展藍圖與方向。

第九章　主持智慧電子國家型科技計畫

主持智慧電子研發成果橋接計畫

　　計畫辦公室團隊於退場規劃中，擬定「擴大運用智慧電子國家型科技計畫跨部會研發成果，發揮產業經濟效益，落實社會民生應用」為總目標，規劃於 NPIE 屆期後，推動成果盤點分析、產學橋接、人才培育及國際交流等工作。此構想與初步規劃內容，於 2014 年 9 月獲科技部 NPIE 退場規劃審查會議審查通過，之後提報 2015 年 4 月 NPIE 指導小組委員會議通過，並決議於 2016 年開始進行「智慧電子研發成果橋接計畫」（NPIE Bridge Program，又稱：NPIE 橋接計畫）。科技部支持此研發成果橋接計畫，接續推廣與精進 NPIE 的研發成果，惟少了經濟部與教育部的參與。

　　NPIE 橋接計畫為期兩年，執行期間自 2016 年至 2017 年底止，後延期至 2018 年 5 月結束。我延聘原 NPIE 執行團隊，包括共同主持人林永隆教授及李鎮宜教授、執行長張世杰教授，及部分分項召集人擔任 NPIE 橋接計畫分項召集人。橋接計畫以產學合作、技術移轉以及學界新創公司為主要目標，持續擴大推廣過去學界前瞻技術成果，透過辦理全國性策略座談、產學媒合會、國際性會展及國內外技術交流活動等方式，積極促成學界技術橋接至產業化應用。

　　當時我國半導體產業已逐漸受到來自中國、韓國之衝擊，國外大廠亦紛紛來台灣設立研發中心網羅人才，我國半導體產業已感受延攬人才不易所帶來之挑戰與危機。有鑑於此，計畫辦公室規劃延續 NPIE 已形成之半導體領域研發團隊，配合科技部推動之「鼓勵企業參與培育博士研究生試辦方案」，吸引更多優秀學

生進入晶片設計領域博士班就讀,並於畢業後進入產業界。NPIE 多年來已與國際間重要半導體產學研界建立交流網絡,為避免既有成果於 NPIE 結案後逐漸流失,規劃由 NPIE 橋接計畫辦公室承接相關既有國際事務,延續國際合作與強化歐盟鏈結計畫。

NPIE 結束後,各部會雖然持續規劃進行智慧電子相關工作,但是,隨著指標性國家型科技計畫退場,不僅學界憂心台灣半導體產業創新後繼無力,產業界也感受到人才缺口帶來的隱憂。為此,2015 年初,NPIE 與 TSIA 共同研擬未來可行的主軸技術產學合作推動方案。規劃以產業界為主體,仿效美國半導體產業協會所創立之半導體研究聯盟(Semiconductor Research Corporation, SRC)維運模式,持續推動半導體學術與產業技術之研發。

橋接計畫執行第一年,歷經一番波折,臺灣半導體產學研發聯盟(Taiwan IC Industry and Academia Research Alliance, TIARA,又稱:產學桂冠計畫)於 2016 年 4 月 28 日正式成立,並舉行「開發產學研之大力量,拓展新技術商機」產學座談會,

2016 年 4 月 TIARA 聯盟成立大會暨座談會。

第九章　主持智慧電子國家型科技計畫

與會者包括時任科技部部長徐爵民、台灣半導體產業協會理事長盧超群、台積電資深副總經理孫元成等人，皆表示 TIARA 將扭轉近年來台灣半導體嚴重人才缺口的困境。TIARA 維運漸上軌道，截至 2017 年 9 月為止，已招收企業團體與教育學術團體會員共計 33 席，其中企業團體會員包含台積電、聯發科及聯電等公司，教育學術團體會員包含台大、交大、清華及中央研究院。產學桂冠計畫致力於半導體新型產學合作及培育國內產業所需之高階人才，成效已然彰顯，迄今仍然持續運作。

2016 年底，NPIE 橋接計畫形成產學合作共 62 案，吸引產業界投入產學研發。此外，成功輔導三個學界（清華、中正、南台科大）新創團隊，入圍參與全球最重要消費性電子展 CES 之

2017 年 7 月深度學習電路與系統設計技術暑期課程合照，由 NPIE 橋接計畫與科技部 AI 創新專案計畫合辦。

Eureka Park 2017 年新創特展，為我國學界新創之舉。另持續發掘 10 個具新創潛力之學界研發團隊，輔導參加國內外會展，以及因應人工智慧科技迅速發展，協助科技部推動人工智慧相關專案計畫，如「AI 創新專案計畫」。

回顧與展望

縱觀 NPIE 及後續研發成果橋接計畫執行期間，凝聚產官學研各界的力量，強調培育高階人才及前瞻技術與應用之研發，開拓 MG+4C 新興應用市場，達成「創造產業躍升之電子整合技術與應用」總體目標。NPIE 橋接計畫於 2018 年 5 月結案，於 9 月印行《前瞻技術・橋接未來——智慧電子國家型科技計畫成果回顧》一書，做為七年五個月 NPIE 計畫之總結。

回顧推動 NPIE 時，確認 MG+4C 之應用與技術關鍵性，至今影響深遠。過去學界、產業界對醫療電子著墨不多，由於 NPIE 的推動，現今台灣廠商已開發手持式醫療診斷超音波、感測定位鼻胃鏡、生理訊號監控、人工視網膜晶片、癲癇閉迴路控制晶片等多項醫療感測技術，且熟悉通過 FDA 認證的程序。又如車用電子與綠能電子應用需要高功率元件，NPIE 支持工研院開發 Si-IGBT 及 SiC SBD 功率模組，以及推動車用電子元件之車規 AEC-Q100 認證，如今台灣已建立自主的碳化矽（SiC）產業鏈，台灣廠商已將這些功率模組導入電動車（EV）和光電（PV）系統綠色能源應用。

此外，NPIE 也大力支持學界與工研院之 3D IC 技術研發及專利佈局。早在 2012 年 3 月，NPIE 辦公室舉行「NPIE 與台積

電對 3D IC 設計深入對談」，會中邀請時任台積電技術研發副總經理孫元成與國科會微電子學門領域相關教授，集思廣益為半導體關鍵技術提出發展策略，當時建議 NPIE 成立專案計畫，負責整合學界研發力量與業界合作。如今 3D IC 設計、封裝技術，如台積電之 CoWoS，已成為延伸摩爾定律壽命的關鍵技術。

為期七年多的 NPIE 及後續研發成果橋接計畫，不僅開發 MG+4C 電子之應用與技術，也引導學界踏入新興電子領域、培育許多晶片設計高階人才，累積了如今半導體、晶片設計產業的成長動能。

2016 年新政府上任後，國家發展委員會推出「5+2 產業創新計畫」（亞洲‧矽谷、綠能科技、生醫產業、智慧機械、國防航太、新農業及循環經濟），作為驅動台灣下世代產業成長的核心。此產業創新計畫，獨缺半導體產業，我臆測主政者認為半導體產業已是一發展很好的產業，因此不須列為產業創新計畫之一。當時因 NPIE 國家型科技計畫已結案，產業界、學界非常憂心，半導體產業與學界將缺少政府科技經費的支援。

記得 2016 年 12 月初召開的科技部第十次全國科學技術會議上，台積電張忠謀董事長質疑，為何 5+2 產業創新計畫沒有包括半導體產業？張董事長之質疑發揮效力，另也由於 NPIE 及後續橋接計畫持續推動，半導體產業獲編列科技預算持續支持，不久，政府再加上數位國家創新經濟、文化科技創新及晶片設計與半導體前瞻科技，成為 10 大產業創新計畫項目。

因應人工智慧科技迅速發展，帶動了全球產業之蛻變，政府於 2017 年大力推動人工智慧相關專案計畫，如科技部推動之「AI 創新專案計畫」及「智慧終端半導體製程與晶片系統研發專案計

畫」（又稱：半導體射月計畫），在在證明以半導體產業為基礎之智慧電子技術與應用有其重要性，以及持續推動之必要性。

根據工研院產業科技國際策略發展所統計，台灣半導體晶片產值在 2020 年首破 3 兆元，達新台幣 3.22 兆元，正如 2014 年 NPIE 規劃第二期時預估。2021 年成長驚人，達 4.08 兆元。其中晶片設計業 2014 年產值為 5,763 億元，2020 年產值達 8,529 億元，2021 年更成長 42.4% 達 1 兆 2,147 億元。

當年第二期如果能執行，說不定三兆元產值可提前達成！台灣還能更進一步在半導體優勢基礎上，結合資通訊產業優勢，跨部會促成產學研共同合作，培育產業亟需的科技人才，建構多樣、較完整的系統應用產業，如醫療感測技術、節能與車用電子元件、AI、智慧聯網、5G/6G 等系統應用產業。

半導體產業是台灣很重要的產業（2022 年占台灣 GDP 比重 21%，出口占比 39%），近年來，已然成為驅動全球科技產業發展核心。隨著人工智慧快速發展，尤其是 2022 年生成式人工智慧（Generative AI）之崛起，更成為各行各業突破創新之動力。放眼未來，晶片與生成式人工智慧已是國際公認的下一波工業革命的關鍵科技。然而，國家型科技計畫已落幕，多年來產學研界期盼能再凝聚共識，形成一國家級半導體科技計畫，以確保台灣半導體 / 晶片設計產業在全球舉足輕重的關鍵地位。

2022 年 7 月科技部改制為國家科學及技術委員會（多了「及技術」三字，仍簡稱：國科會），欣聞 2023 年 9 月新國科會審議通過跨部會之「晶片驅動台灣產業創新方案」（簡稱：晶創台灣方案），規劃未來 10 年（2024 年～2033 年），共 3,000 億元經費執行。晶創台灣方案第一期預計自 2024 年啟動，為期 5 年，

以晶片結合生成式 AI 等關鍵技術,並以四大布局,帶動各行各業全產業發展,包含結合生成式 AI 及晶片帶動全產業創新、強化國內培育環境吸納全球研發人才、加速產業創新所需異質整合及先進技術、利用矽島實力吸引國際新創與投資來台。

相信產學研各界樂見其成,希望政府審慎規劃此方案,借鏡過去二十多年來執行國家型科技計畫之經驗,誠盼此方案能落實跨部會齊心協力,提升產學研界研發能量,創新半導體/晶片設計技術與應用,培育下一世代所需人才;不要成為匡列預算、部會主管各自撥款的「國家型科技計畫」。

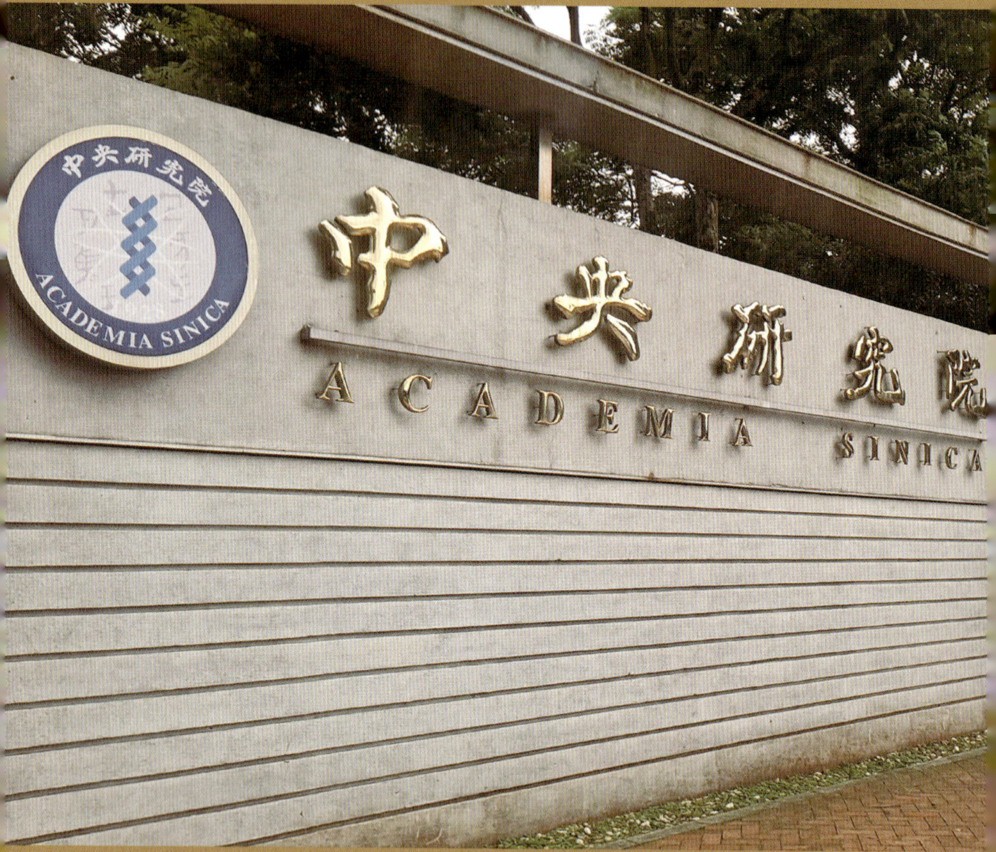

中央研究院
ACADEMIA SINICA
中央研究院
ACADEMIA SINICA

第十章

回歸教學研究

2010年2月卸下清華校長職務後,我回歸教學、研究的學術生涯。

除了教學研究之外,我仍持續負責籌劃新竹生物醫學園區之生醫科技與產品研發中心,此為校長任內留下來、承國科會委託的任務(期間:2009年10月~2010年3月)。籌備過程中,我廣邀國家衛生研究院、工業技術研究院、國家實驗研究院、新竹科學工業園區管理局等單位專家,以及清華、交大等大學教授參與。3月底完成中心規劃草案,研擬中心之定位、組織架構、營運模式、園區三中心(臨床醫學中心、生醫科技與產品研發中心、產業及育成中心)互動模式、連結周邊法人合作模式、發展時程、經費編列、經濟效益等規劃。

4月中,我耳聞國科會對生醫園區規劃有不同想法。8月國科會督導生物醫學領域的張文昌副主委特地到清華大學向我致歉,表示清華籌備生醫科技與產品研發中心之階段任務已完成,擬轉交給國家實驗研究院繼續籌備,由新竹科學園區管理局負責整體生醫園區之建設。九個月後,生醫科技與產品研發中心籌備處於2011年5月在生醫園區成立,邀請馬英九總統為其揭牌,行政院吳敦義院長致詞,我也受邀參加。爾後,國科會主委幾經更替,中心籌劃延宕多時,如今我在網路上搜索不到該研發中心之組織架構與營運模式,既使正式成立,恐已不能與當時籌劃的規模相比。

擔任力旺電子董事

因卸下行政職務,力旺電子徐清祥董事長於2月底邀請我擔

任該公司之董事，至 2015 年辭任。徐董事長於 2000 年創立力旺電子，當時我擔任清華電機資訊學院院長，徐董事長則為電資院電子工程研究所所長。他於 1981 年清華電機工程系大學部畢業，1987 年取得美國厄本那—香檳伊利諾大學電機工程博士後，於美國 IBM 華生研究中心（Thomas J. Watson Research Center）擔任研究員，1992 年回母校電機工程系任教。創業之前，徐董事長已是研究表現極為優秀的學者，在 1996 年及 1998 年連續獲得國科會兩屆傑出研究獎。

徐董事長以在半導體元件方面之專長，發明利用邏輯製程即可製作之非揮發性記憶體（Non-Volatile Memory, NVM），不須要加任何光罩生成 NVM 的元件和矽智財（IP core），免除昂貴的先進製程之光罩成本。力旺電子主要產品為嵌入式非揮發性記憶體，經營模式類似安謀公司（ARM），提供可重覆使用的半導體矽智財模組，讓晶片設計公司加速設計製造晶片。力旺電子是非常成功的公司，於 2011 年元月正式上櫃交易。

詹姆斯·華生訪問清華

2010 年 4 月 1 日諾貝爾生理醫學獎得主「DNA 之父」詹姆斯·華生（James D. Watson）博士來訪清華大學，為當年國內一大盛事！

早在 1980 年代，我已注意到，由於華生發現 DNA 雙螺旋結構，促成生物科技蓬勃發展。我大約 1990 年左右讀了 1968 年華生所寫的《雙螺旋》（*The Double Helix*）一書，敘述他與同儕發現 DNA 雙螺旋結構的歷程。

清華生命科學系江安世教授主持的腦科學研究中心，是清華拔尖研究計畫重點支持的研究中心，他曾在華生博士主持的冷泉港（Cold Spring Harbor）實驗室當訪問學者，後來，清華腦科學中心與冷泉港實驗室有實質合作，江教授與華生熟識。我在校長任內，由江教授引介，2009 年 11 月具名去函、邀請華生來清華訪問；第二年，在卸任校長兩個月後得以實現。

　　華生在清華生命科學院演講：Pursuit of The Double Helix（追尋雙螺旋），介紹他的研究生涯及如何發現 DNA 雙螺旋結構，極富啟發性，我上了一堂難得的生物課。他為清華生命科學院二館演講廳命名為「Dr. James D. Watson Hall」主持揭牌儀式，清華並頒予他「榮譽特聘講座教授」頭銜。

　　4 月 2 日華生博士到台北陽明大學發表相同主題的演講，4月 3 日回新竹，在清華大禮堂演講：Becoming a Scientist（成為科學家），除了大學校院、研究機構的學者專家及學生外，尚有醫院、生醫產業從業人員，最特別的是有來自中學的師生參加，三場演講總共吸引三千多人出席。

與詹姆斯·華生伉儷合影。

第十章　回歸教學研究

頻繁的受邀、參訪及遊覽

卸任校長職務後，有更多時間與家人相處，以及參與國際交流。

2010 年 3 月我受聘為中央研究院主題計畫審查委員，趁中央研究院移師美國舊金山灣區召開主題計畫審查會議，我與惠晴一起赴美，順道拜訪睽違兩年多的親友、同學。7 月受邀到波蘭 Gliwice 參加「國際工程教育會議」（ICEE），地點在當地西里西亞科技大學（Silesian University of Technology）。我與惠晴同行，我們第一次到波蘭，順道先重遊德國法蘭克福，這是我們蜜月的地點之一。

波蘭 Gliwice 是一人口二十萬的工業城市，大會安排到蕭邦曾去過的 Ojców 國家公園旅遊，到位於 Poznań 之聖伯多和聖保主教座堂（Archcathedral Basilica of St. Peter and St. Paul）聽音樂會，及當地特色歐式餐廳 Chata Polaka 晚宴，享受美食，歡樂跳舞，盡興而歸。會議中，我們與幾位教授租車到奧斯威辛（Auschwitz）集中暨滅絕營，憑弔第二次世界大戰中、納粹統治德國時，被殺害的無辜百姓。

2010 年 7 月到波蘭參加國際工程教育會議，順道旅遊留影。

如第四章所述，ICEE 源起於 1994、1995 年我在教育部顧問室主任任內、召開的兩屆國際工程教育研討會，我是 ICEE 的國際指導委員會（International Steering Committee）委員。2003 年 6 月教育部顧問室協助、促成「中華工程教育學會」（IEET）之成立。由於 ICEE 及 IEET 都與教育部顧問室有淵源，IEET 組團參加 ICEE 備受矚目與禮遇。在會議中，我與王偉中國際長發表一篇有關清華產學合作成果的論文。會議後，我與惠晴到華沙搭機，轉往捷克布拉格旅遊。

2010 年 8 月，國科會李羅權主任委員邀請我擔任智慧電子國家型科技計畫總主持人，再加後續之研發成果橋接計畫總主持人，從 2011 年元月開始至 2018 年 5 月，為期七年五個月。如本書第九章所述，此國家型科技計畫為台灣半導體、晶片設計產業培育高品質晶片設計人才、研發創新晶片技術與應用，我花了很

2010 年 7 月與國際工程教育會議創辦人 Win Aung（後立者）及中華工程教育學會首任理事長魏哲和教授（右）合照。

多心力規劃與執行此國家型科技計畫，很欣慰此計畫為 2020 年以後新一波的台灣半導體、晶片設計產業發展儲備人才及展開嶄新的應用方向。

9 月我受廈門大學邀請為「南強講座」，主講「台灣資訊通訊產業發展現況與未來展望」，會後與惠晴遊覽鼓浪嶼及福建漳州土樓，我的祖先約兩百多年前由漳州金浦縣渡海來台定居，此趟廈門之行，接觸到的風土人情，特別親切。

受香港城市大學郭位校長之邀，回程先轉往香港，在該校計算機科學系進行學術交流，郭校長是低我兩屆的清華核工系校友。惠晴對香港不陌生，無數次在香港轉機到歐洲，卻是第一次到香港旅遊。郭位校長在沙田跑馬場內餐廳設宴款待，我們搭山頂纜車，遊覽了尖沙咀、維多利亞港。

應北京微軟亞洲研究院之邀，我在 10 月份參加上海微軟亞洲研究院教育論壇及 21 世紀計算會議，會後與惠晴遊覽了上海的徐家匯商區景點及上海灘。應浙江大學楊衛校長之邀，從上海搭高速鐵路到浙江杭州，與浙江大學資通訊系所作學術交流。我與惠晴遊覽了西溪國家濕地公園，晚上觀看張藝謀導演的杭州西湖水上白蛇傳。

隨後，我們轉往北京，接受北京微軟亞洲研究院洪小文院長的邀請做一星期的訪問。微軟亞洲研究院創立於 1998 年，是微軟在美國本土之外規模最大的研究院，有超過 200 名全職研究員、工程師，也招收實習生，還吸引許多頂尖訪問學者，我擔任清華電資院院長時，即與該研究院進行過學術交流與合作。當時，該研究院在電腦視覺、自然語言處理和雲端運算已有很好的研究成果，近年來更在人工智慧、機器學習等科技發展扮演重要角色，

孕育許多中國重要的人工智慧公司。由於我曾多次到北京，已參觀過許多景點，訪問期間，惠晴獨自參加遊覽團，參觀了紫禁城、頤和園、天壇等景點，盡興而歸。

在國科會的推薦下，2010 年 12 月我接受加拿大國家研究院（National Research Council）邀請為傑出訪問學者（Eminent Visiting Researcher），在位於加拿大首都渥太華研究院總部進行一星期的訪問研究，交換資通訊研究成果，促成該研究院學者回訪台灣。

參加北京清華百年校慶

2011 年是國立清華大學於北京建校一百週年，在我校長任內，即已成立百年校慶專案小組，開始籌劃一系列慶祝活動，包括出版在新竹建校以來的清華回顧叢書。

我校長任內，兩岸大學交流頻繁，從 2005 年開始，每年舉行「海峽兩岸大學校長學術交流活動」。2006 年 7 月上任校長職務第一年，我與惠晴參加在雲南昆明舉行的第二屆大學校長學術交流活動，之後每年都持續參加該學術交流活動；此外，在東亞研究型大學協會，我也每年遇見北京清華顧秉林校長，因此與顧校長漸熟稔。

2010 年 10 月到北京微軟亞洲研究院訪問時，我與惠晴一起拜訪顧秉林校長，他當面邀請我們來年到北京，參加清華建校百週年校慶。2011 年初，我與惠晴接到顧校長貴賓邀請函，同時，新竹清華校方也指定我代表學校向顧秉林校長致賀北京清華的校慶。

第十章　回歸教學研究

2006 年 7 月參加在雲南昆明舉行的第二屆海峽兩岸大學校長學術交流活動，首次見到顧秉林校長伉儷。

　　兩岸清華同時於 4 月 24 日舉行校慶大會，新竹清華邀請總統、行政院院長及立法院院長親臨校慶大會致詞，北京清華則於當日上午在北京人民大會堂盛大舉行校慶大會，中國國家主席、國務院總理等領導人、及國際知名大學校長等共約八千人與會，並在北京清華園中舉行校慶文藝晚會，隔天我與惠晴參觀了校園、新校史館。

　　我在電機資訊學院院長任內，於 1998 年首次參訪北京清華大學，當時北京清華還不是一所很現代化的大學。今昔相較，十多年間，北京清華校務經費大增，師生平均經費已超過新竹清華，校園增添了許多新建築，呈現嶄新風貌，學術研究有很大的進展。2012 年我參加在南京舉辦的海峽兩岸現任及卸任大學校長學術交流活動，遇見顧校長，得知北京清華當年校務經費約 18 億美金，

相較新竹清華約 60 億台幣，師生平均經費高達新竹清華三倍，可與國際頂尖大學相比擬。

2011 年我與惠晴受顧秉林校長（左二）之邀，參加北京清華百週年校慶。

2011 年參加北京清華百週年校慶後，與惠晴參觀北京清華新校史館。

獲頒 IEEE 計算機學會泰勒·布斯教育獎

2011 年 2 月我接到國際電機電子工程師協會計算機學會（IEEE Computer Society）的信函，通知我獲頒 2011 年「泰勒·布斯教育獎」（Taylor L. Booth Education Award），得獎事蹟為「對台灣及全球性計算機科學教育的貢獻，並且在各個層面推動計算機網路教育」（For contributions to computer science education in Taiwan and worldwide, and for promoting computer networking education at all levels）。IEEE 是全世界最大的學術團體，會員近 40 萬人。該協會當時共有 39 個專業學會，計算機學會會員約 8 萬 5 千人，為該協會會員數最多的專業學會。泰勒·布斯教育獎是該學會最高榮譽的教育獎、也是最重要的獎項之一，每年頒授一位在計算機及資訊科學與工程教育有傑出貢獻的學者，除了頒予獎牌，另頒 5,000 美元獎金。

我感到非常榮幸，能成為我國首位獲頒此項大獎的學者。IEEE 計算機學會特別於 2011 年三月學會會刊 *Computer* 報導：

> 陳文村在台灣尚無資訊通訊產業時，即回國任教於國立清華大學，他見證及貢獻台灣的發展，成為科技重鎮。他協助創立清華大學資訊科學系及創辦電機資訊學院。從 1988 年至 1992 年，陳文村擔任台灣教育部科技顧問，協助發展「台灣學術網路」，為台灣第一個網際網路，也是發展台灣公用及商用網際網路服務的基礎。從 1992 年至 1996 年，陳文村擔任教育部顧問室主任，改善中小學資訊基礎建設，推動資訊、通訊、超大型積

體電路設計教育改進計畫,大幅改善大學的研究環境及教學課程。陳文村於 1994 年成為 IEEE Fellow,1999 年由於在平行處理及計算機網路的研究成就,獲頒 IEEE 計算機學會 Technical Achievement Award,他是台灣教育部終身榮譽國家講座。[1]

IEEE 計算機學會會長 Sorel Reisman 頒予 2011 年泰勒・布斯教育獎。

很高興我在資通訊學術研究與教育長期的努力獲得國際肯定,台灣資通訊之成就也受到國際高度重視。我與惠晴受邀參加 IEEE 計算機學會於 2011 年 5 月 25 日在美國新墨西哥州阿爾布開克市(Albuquerque, New Mexico)舉行的頒授晚宴,並接受

[註 1] "Chen, Hescott Win Society Education Awards", *Computer*, March 2011, pp. 71-72.

公開表揚,及作授獎演講。當晚接受表揚的還有技術成就獎、傑出企業家獎等得主,傑出企業家獎頒給 VMware 創辦人 Diane B. Greene,她也是柏克萊加大計算機科學傑出校友。

會後我們到新墨西哥州首府聖塔菲(Santa Fe)旅遊,參觀了聖塔菲廣場、喬治亞·歐姬芙博物館(Georgia O'Keeffe Museum),也對峽谷路(Canyon Road)沿途上的藝廊印象特別深刻,是盡興的一日遊。

於參觀新墨西哥州首府聖塔菲之峽谷路沿途上的藝廊。

參加政大頒授劉炯朗校長名譽理學博士盛典

2011 年 6 月 4 日我應政治大學吳思華校長之邀,參加頒授劉炯朗校長名譽理學博士盛典,並對碩、博士研究生畢業典禮做貴賓致詞。

劉校長為國際知名之計算機科學家,對於即時系統、積體電路輔助設計、組合最佳化、離散數學等領域,做出傑出的貢獻。劉校長共發表了二百多篇論文、八本專書,其中1985年McGraw Hill公司出版的《離散數學基礎》

2011年6月應邀在政大碩博士畢業典禮貴賓致詞。

(Elements of Discrete Mathematics),已經成為經典教科書,先後被翻譯為中文版、日文版、印尼語版。劉校長獲得的學術獎項和榮譽包括1998年IEEE電路與系統學會技術成就獎、1999年IEEE即時系統技術委員會技術成就獎,於2000年,當選為中央研究院院士。

劉校長在教學和教育方面的傑出貢獻,也得到很大的肯定,先後得過1992年IEEE計算機學會泰勒·布斯教育獎,及1994年IEEE教育勳章,為IEEE頒授的最高教育榮譽。劉校長培育英才無數、桃李滿天下,計算機學界諾貝爾級的圖靈獎得主姚期智博士就是劉校長的得意門生。

在清華大學四年任內,劉校長為了提升台灣科技產業世界競爭力,2000年成立了科技管理學院,為台灣首創以「科技管理」為教學研究重點的管理學院,也向台積電文教基金會募得當時最大一筆捐款1.8億元,籌建科技管理學院大樓台積館。劉校長格外重視營造一個開放的學習環境,2001年向旺宏電子募得3億

元,籌建學習資源中心,中心包括圖書館、國際會議廳、遠距教室及校行政中心,提供即時、新穎與便捷之整合型學習資源服務。

劉校長不僅是國際知名的傑出計算機科學家、教育家,多年來悠遊於寫作、演講,並從 2005 年 10 月開始,在新竹 IC 之音廣播電台,主持《我愛談天你愛笑》廣播節目,節目開播以來,歷久不衰。內容包括科普分享、教育與人生、人文地理、歷史人物、詩詞文學、愛情婚姻等等,劉校長以博學多聞、幽默風趣,深入淺出地將科學與人文巧妙結合,引發熱烈迴響,深受社會大眾的喜愛。劉校長面對知識總不失赤子之心,仍熱愛求知,不斷學習,劉校長常說:「當自己是一本可以打開的書時,就隨時可以寫入有趣的事件。」

初識劉校長於 1980 年代,當時我任清華計管所所長,到厄巴納—香檳伊利諾大學訪才,受到他盛情招待,記得當時下雪,

2011 年 6 月參加政大頒授劉炯朗校長名譽理學博士典禮。

他暖心地送我一件羽絨大衣禦寒。1998 年 2 月劉校長就任清華校長，即任命我為電機資訊學院首任院長。此後我多了一位貴人與知心的長輩，在我教育行政、學術生涯中，給予許多鼓勵與支持。我在校長任內，聘劉校長為清華校務諮詢委員會委員，他對於清華校務提供許多寶貴的建言與協助。

2009 年 3 月，劉校長在得知我清華校長續任同意投票沒通過後，即於隔天早上特地來校長室慰問，並安排會見當時行政院劉兆玄院長，希望我卸任後繼續為教育、科技做出貢獻。

從 2008 年起，劉校長提名我參與中央研究院院士選舉，共六次獲選為院士候選人，劉校長在院士會議為我的院士提名簡報，由於屢受一位院士的阻撓，一直未成功當選，事後劉校長總是很樂觀地告訴我：「我們下次再來！」

2020 年 11 月 7 日劉校長因故動手術，很意外地逝世，令人惋惜與難過，我則痛失一位深為景仰、知心的長輩與摯友。

轉職中研院資訊科學研究所

卸下清華校長職務後，我完全離開清華的行政事務，當時我 61 歲，應還有約十年教學研究的學術生涯。以當時的學術環境，須積極尋求校外的經費資源，與校內外的合作機會。作為卸任校長，在校內我不便過問校務運作，也不便利用校內資源。然而，如果要爭取校外資源，往往也需要校內資源配合。回歸清華資工系後，我已不似以往可無牽掛、無顧忌到校外爭取資源，做更前瞻的教學研究。

2011 年 6 月底，時任中央研究院副院長劉兆漢校長打電話給

第十章　回歸教學研究

我,邀請我擔任中研院資訊科學研究所所長遴選委員會委員。我腦中閃出一個念頭,或許我該轉換跑道,到新的環境做學術研究。劉副院長擔任首屆台灣聯合大學系統校長時,我擔任首任研發系統副校長,兩年多裡,因校務幾乎每一、兩星期見面,彼此非常熟悉。通完電話,我約劉副院長碰面,表達我到中研院資訊所任職的意願。

我對中研院資訊所並不陌生,如第三章所述,從 1987 年我擔任資訊所發行的學術期刊 *Journal of Information Science and Engineering* 編輯與總編輯,前後長達 11 年,每季至少一次到資訊所參加或召開編輯會議。我也時常到中研院參加主題計畫、年輕學者著作獎等審查會議,並擔任中研院學術諮議委員會委員數年,審查中研院研究員之聘任與升等案件。

大約 2011 年 10 月中,劉炯朗校長打電話給我,他受清華陳力俊校長之託,轉達清華慰留我之意,我方知中研院已完成我的特聘研究員聘任程序,過程中,劉副院長沒有要我提供研究員聘任的申請資料,從聘任的程序,可看出中研院對我相當禮遇。

事實上,當我接到劉炯朗校長的電話後,我還不很確定是否接受中研院聘任,畢竟我在清華已任職超過 35 年,很習慣清華的教學研究環境,家人也習慣居住於新竹,可說是在新竹生了根。而且我剛接任智慧電子國家型科技計畫總主持人,如果轉職到中研院,仍須考量許多因素,並妥當安排許多事情。

2012 年元月初,資訊所許聞廉代所長到清華拜訪我,說明資訊所概況,歡迎我加入資訊所,詢問我需要哪些配合事項。隨後我拜訪劉兆漢副院長,徵詢他的意見。同時,清華陳力俊校長邀請我與劉兆玄前校長、劉炯朗前校長餐敘,表示慰留之意。

元月 17 日中研院翁啟惠院長打電話給我，邀請我到中研院任職，告知聘任條件，並答應提供充裕研究資源，讓我擴大研究能量。2 月初我參訪資訊所及拜會許聞廉代所長及中研院彭旭明副院長，彭副院長及許聞廉代所長還特地帶我參觀中研院（舊）大門對街的學人宿舍，中研院很周到地設想我未來在中研院的工作與生活環境。考量清華資訊系研究團隊及智慧電子國家型科技計畫已有妥適安排，以及家人的支持，清華人事室林妙貞主任還特別為我分析在清華與中研院退休利弊，我決定轉職中研院資訊所，職位為「特聘研究員」。

　　3 月 6 日我特地到中研院拜會翁院長，告知我的決定。9 日收到中研院的聘函，預計於 3 月底到中研院報到。

　　我跟翁院長同年出生，同年大學畢業，他台大農化系畢業，我則畢業於清華核工系。翁院長 2006 年 10 月 19 日接任中研院院長，我於同年稍早接任清華校長職位。翁院長就任第一星期，即接受我的邀請，在 10 月 21 日蒞臨清華，雙方廣泛研討中研院

2008 年清華聘請翁啟惠院長為清華特聘講座教授，在校長室合影。

與清華進一步合作事宜。清華與中研院淵源甚深，除各領域研究合作外，更共同開設國際學程。

2008年5月翁院長應聘擔任清華特聘講座，成為清華合聘教授，再次到訪。翁院長學術成就卓著，屬於世界級學術指標學者，他成功以酵素技術大量合成複雜多醣物，帶領醣分子研究成為生化熱門領域，此次翁院長特發表專題演講：醣分子科學研究的進展。

同年6月14日，翁院長再次蒞臨清華，擔任畢業典禮貴賓。並以「學術研究與社會責任」為題發表演說，分享他的人生經驗：因為興趣，勾勒出美麗的前景，懷抱夢想；也因為興趣，支撐他經歷過無數的風雨，而能屹立不搖。翁院長強調，除了學術研究外，更重要的是：對人類的責任感。

任中央研究院特聘研究員

清華資訊工程系金仲達主任為我辦了溫馨感人的惜別會，我曾在這裡開啟教學研究的學術生涯，將從任教36年的學系離職。不過我沒有真正離開，我每星期還會回來做研究、指導研究生，還會跟同仁見面……。

2012年3月27日我到中研院資訊所報到，院方如翁院長所承諾，挹注充裕研究經費。我以資訊所為平台，與年輕一輩優秀學者合作，組成「智慧感測與網路」（Intelligent Sensing and Networking）研究團隊，共同做學術研究。研究團隊包括中研院資訊所、資訊科技創新研究中心研究人員，以及清華、台大、交大、中山等校師生，專注在感測網路、高頻寬行動通訊、智慧聯

網創新應用研究。與 1990 年代我在清華的研究團隊規模、盛況相較,有過之而無不及。

任職中研院期間,就像在清華教學研究一樣,工作時程可自由安排。我通常每星期一回清華與研究生討論研究進度,及參加與許健平教授共同主持之書報討論,星期二早上主持智慧電子國家型科技計畫(NPIE)之週會或月會,在中研院期間,我可兼顧主持 NPIE。星期二下午回中研院資訊所上班,每星期定期由研究團隊(包括博士後研究員、與各大學合作指導的博士研究生)報告研究進度,經常參與實驗室研究進度討論的同仁,有資訊所楊得年研究員及資創中心王志宇助理研究員,我特別感謝楊得年研究員給予研究團隊許多指導與指引研究方向。

我在中研院任職六年二個月,產出許多具體成果,與台大、清華、交大、中山等大學教授以及中央研究院研究人員組成「智慧型感測網路」與「後四代(Beyond 4G)行動通訊」兩個研究團隊,每季定期舉行會議,共同從事前瞻資訊通訊研究,協助學術界及產業界共同發展創新的資訊通訊科技,我也在中研院資訊所建立台灣第一部軟體定義網路(Software Defined Network)實驗平台。

自 2014 年起,研究團隊每年召開「前瞻通訊網路研討會」(Frontiers of Communications and Networking Workshop),共舉辦過四屆研討會,每屆邀集約一百位學研界、產業界專家參與,擴散中研院研究成果至學研界、產業界,這得特別感謝清華通訊工程研究所洪樂文教授與交大資訊工程系曾煜棋教授的精心籌劃。

此外,我協同中研院資訊所及資創中心研究員,參與交大、清華之科技部「軟體定義網路產學大聯盟」計畫,合作公司包括

中華電信、智易科技等網通公司。在中研院的日子裡,培育了許多博士後研究員、碩博士研究生,共撰寫超過 100 篇學術期刊、會議論文,其中包括三十多篇頂尖期刊論文,會議論文大多發表於網路通訊具指標性的國際會議,其中 7 篇為頂級國際會議 IEEE INFOCOM、IEEE ICDCS 論文。

2017 年 5 月在美國亞特蘭大參加 IEEE INFOCOM 國際會議合照,推薦清華電機系張正尚教授(左二)獲得 IEEE INFOCOM Achievement Award,另分別與中研院資訊所楊得年研究員(右二)及交大林靖茹教授(右三)共同發表一篇論文,右一為台大資訊系蔡欣穆教授。

參與學會、董事會、基金會活動

教育認證是教育改進的一環,世界名校行之有年,2003 年教育部政策支持成立專責機構,推動工程教育認證。此項教育認證工作,緣起於一群熱心的工程教育學者,在我擔任教育部顧問

室主任任內，推動工程教育改進方案，以及於 2003 年與台大楊永斌教授等學者奔走推動，教育部顧問室遂邀集大學工程校院主管舉辦「2003 年工程教育研討會」，討論籌設「中華工程教育學會」（Institute of Engineering Education, Taiwan, R.O.C.，簡稱 IEET）。同年 6 月正式成立，時任國科會主委魏哲和被選為首任學會理事長，楊永斌教授擔任秘書長，以推動大學院校工程教育認證。

從 IEET 成立之初，我即積極參與學會運作，曾擔任學會理事、常務理事、監事。2004 年 IEET 啟動台灣大專院校的工程教育認證，另推動與國際工程教育認證制度接軌。2007 年 IEET 成為國際工程教育認證協定 Washington Accord 會員，順利推動國內工程系所與國際接軌，其畢業生的學歷也因此受國際認可。2009

2011 年 3 月主持 IEET 工程認證執行委員會，最終確認 2010 學年度認證結果，左一為李祖添副召集人（時任台北科技大學校長）。

年 IEET 成為國際資訊教育認證協會 Seoul Accord 會員，IEET 另辦理技術教育、建築教育認證，及與國際認證協會接軌。IEET 是非常成功的教育認證機構，國內 85% 大學工程系所參與認證，還拓展到境外認證。

2008 年 8 月至 2015 年 7 月，我出任 IEET 工程認證執行委員會（Engineering Accreditation Commission, EAC）召集人，2010 年 8 月至 2015 年 7 月，出任資訊認證執行委員會（Computing Accreditation Commission, CAC）召集人；認證執行委員會的任務是最終確認每個系所的認證結果。很欣慰，在教育部顧問室任內，從 1993 年開啟台灣工程教育先機，往後二十多年間，我為工程教育盡了一點心力。

此外我在中國電機工程學會擔任理事、監事、常務理事，兩度擔任獎勵委員會主任委員，以選舉傑出電機工程教授、傑出電機工程師。2022 年起，擔任為期三年的學會會士（Fellow）遴選委員會主任委員，主持遴選學會會員最高榮譽之會士。

2012 年 8 月我應資訊工業策進會張進福董事長之邀，擔任資策會董事共六年。如第三章所述，1979 年 7 月資策會成立之初，我即被聘為技術諮詢委員會委員，持續擔任技術諮詢工作近 17 年（1979 年 8 月～1996 年 6 月）。我亦曾擔任創新前瞻指導委員會委員四年餘（2000 年 10 月～2004 年 12 月），細算來，前後與資策會結緣達 27 年之久。

我所認識的資策會，是由一群為台灣資通訊產業技術、社會發展打拚的專家、工程師組成的機構，尊重專業，不涉政治，極少受政治干擾，四十多年來為資通訊科技、產業、社會做出很多貢獻。

2022 年 8 月「數位發展部」成立，資策會改隸為數發部所屬財團法人，我擔心會限縮當年李國鼎政委策進「資訊工業」之初衷。然而，時代在改變，仍殷切期望資策會再為台灣資通訊產業技術、社會發展，做出更多貢獻。

2007 年迄今，我擔任財團法人吳健雄學術基金會董事，該基金會為紀念華裔物理學家吳健雄博士，由楊振寧、李政道、丁肇中和李遠哲四位諾貝爾獎得主，於 1995 年 9 月發起創立，宗旨在推廣科學教育，尤其在於培植及激發青少年學生的科學才能。學會主要活動為每年暑假舉辦的「吳健雄科學營」，以高中生為主要參加對象，並每年選出「台灣傑出女科學家獎」得主。另舉辦高中女生科教巡訪，邀請台灣傑出女科學家獎得主，及知名的資深女教授前往高中訪問演講，鼓勵女學生投入科學領域。參加基金會董事會，我特別感念在清華大二那一年獲得吳健雄獎學金一百美元，是當時相當十個月生活費的獎學金。

2007 年迄今，我亦擔任財團法人吳大猷學術基金會董事，該基金會為紀念中央研究院吳大猷前院長，由楊振寧、李政道、李遠哲、沈君山、吳葆之等五位科學家於 2000 年 10 月發起成立。學會主要活動為每年暑假舉辦「吳大猷科學營」，以大學生為參加對象，另外，每兩年選出「科普著作獎」得主。

子女成材、赴美留學

2013 年兒子學瀚、女兒學琳分別申請到美國爾灣加州大學（University of California, Irvine）碩士學程及杜克大學（Duke University）博士學程入學許可，於 2013 年暑假，赴美留學。我

與惠晴陪同他們到美國大學報到,並協助將住宿、生活安頓下來,讓他們得以專心求學。

孩子們對出國並不陌生,有很多機會隨我們到歐美、日本開會、旅遊,也曾兩次到美國上暑期英文進修班,留學生涯的展開對他們來說,並無適應的問題,只有來自媽媽的牽掛。此次赴美留學,離開我們身邊較久,我們安頓好女兒,臨別時,惠晴淚灑機場;安頓好兒子,臨別的夜晚,看到兒子緩步走回住宿處的背影,我們萬般不捨。

在他們兄妹的成長過程,我雖忙於公務,但他們和我還是有極深的親情,這一直是我感到安慰的地方。很欣慰他們都留學有成、擁有專業,分別在矽谷科技公司及華盛頓之美國國家衛生院,開始第一份工作。

2015 年學瀚獲得爾灣加州大學碩士學位。

2019 年學琳獲得杜克大學博士學位。

　　我非常感謝惠晴擔負大部分養兒育女的責任,讓我在教學、研究的學術生涯中,無後顧之憂。婚後,她原本在新竹科學園區實驗中學有一份安穩的工作,但我忙於教學研究,又擔任行政工作,以致家事、教育兒女大部分由她承擔,讓她分身乏術,不得不犧牲自己所愛的教學,辭去教師的工作,迄今我猶感歉疚。

緬懷 Chittoor V. Ramamoorthy 指導教授

　　2016 年裡,最大的不捨,就是恩師 Ram 教授去世。
　　2015 年 12 月,Ram 教授的博士畢業生、爾灣加大 EECS 系許承瑜教授通知我,Ram 教授生病,在美國聖地牙哥加大桑頓醫院(Thornton Hospital)住院。Ram 教授的女兒 Sonia 是聖地牙哥加大醫學院教授,就近照顧。我與惠晴特地趕往聖地牙哥探望,

當時他神智清明，很高興見到我們，但說話已很吃力，次年 3 月 9 日逝世，享壽 90 歲。

Ram 教授於 1926 年 5 月 5 日出生於緬甸仰光（他生日的前、後一天正巧是兒子學瀚與我的生日），父親是英軍軍醫。他先後在印度和美國求學，包括在印度馬德拉斯大學獲物理學和紡織技術學士學位，在美國柏克萊加大獲機械工程碩士，以及在哈佛大學獲得了電機工程碩士及應用數學博士學位。

2008 年 Ram 教授來清華訪問，在校長室合影。

在哈佛大學就學期間，Ram 教授還同時於 1956 年至 1967 年在麻州的霍尼韋爾（Honeywell）公司計算機部門工作，參與開發第一個霍尼韋爾數位慣性導航系統。隨後，他是艾倫·圖靈（Alan Turing）的美國合作者 Joseph Eachus 博士手下的三名工程師之一，

Eachus 博士曾到英國布萊切利園（Bletchley Park）參與圖靈的密碼團隊，設計破解德國密碼的 Enigma 密碼機。之後，Ram 教授加入了奧斯汀德州大學，擔任 EECS 系教授，並曾擔任 EECS 系主任。1972 年秋季受聘到柏克萊加大 EECS 系計算機科學組任教，於 1993 年退休。

Ram 教授的研究成果跨越了計算機科學的幾個重要領域，包括平行程式的最佳組織和排程，增強分散式系統可靠性的技術，安全關鍵系統的測試。他對提高安全分散式即時嵌入式系統的可靠性，具有重大的研究貢獻。例如，1970 年代初期，Ram 教授和他的學生（我是其中一位）開發了一個自動化的測試生成和評估系統，該系統發現了美國陸軍保障導彈防禦系統（Safeguard Missile Defense System）中的幾個程式設計錯誤，也在 NASA 太空梭結構測試設施中使用，以嚴格測試太空梭系統。

Ram 教授指導了 73 名博士生，他們隨後擁有傑出的職業生涯，包括三名大學校長、一名副校長、多位院長及講座教授，以及一位 IEEE 計算機學會的主席。1970 年代初期，他建立了軟體工程學科，曾擔任 *IEEE Transactions on Software Engineering* 總編輯，並且是 *IEEE Transactions on Knowledge and Data Engineering* 的創始總編輯。

由於他傑出的教育和研究成果，Ram 教授獲得了多個著名獎項，包括 IEEE 計算機學會榮譽榜獎（1974 年）、IEEE 計算機學會特殊教育獎（1978 年）、IEEE 泰勒·布斯教育獎（1989 年）、IEEE Richard E. Merwin 傑出服務獎（1993 年）、以及 IEEE Tsutomu Kanai 獎（2000 年）。

為了表彰 Ram 教授對社會的教育和研究貢獻，柏克萊加大

第十章　回歸教學研究

EECS 系在 1997 年設立了 C.V. Ramamoorthy 傑出研究獎，以獎勵對計算機科學和工程新研究領域做出傑出貢獻的學生。在 2006 年，設計與過程科學學會（Society for Design and Process Science, SDPS）創建了 Ramamoorthy-Yeh 捐贈基金，以支持國際跨學科和變革性的科學研究、教育和知識傳播。[2]

我在 1973 年 2 月加入 Ram 教授的研究團隊，是他早期的博士研究生之一。他的辦公室就在研究生實驗室隔壁，常來實驗室跟學生喝咖啡，聊學研界、產業界的逸事，他跟學生很親近，也很照顧學生。

Ram 教授指導我做軟體工程的研究，給我充分的支持，讓我經濟上無後顧之憂。我在博士論文致謝詞中除了感謝 Ram 教授之外，將博士論文獻給父母，感謝父母養育之恩，寫下：

> Finally and most importantly, I dedicate this dissertation to my parents who earn their living with sweat and blood in a remote farming field of Taiwan, bearing the great hope that their children can see better days. Their unselfish financial support and constant encouragement through my twenty years of education are hereby affectionately acknowledged.

Ram 教授知道我出身農家，常關心我父親、問起台灣鄉下家裡狀況。多年後特別跟我提起，他讀到這段獻詞非常感動。

[註 2] Benjamin W. Wah, "In Memoriam: Chittoor V. Ramamoorthy, PhD 1926-2016," *IEEE Transactions on knowledge and Data Engineering*, Vol. 28, No. 6, JUNE 2016, pp. 1354-1355.

1976 年回台任教後，Ram 教授一直很關心我的學術生涯，也在我的追求學術卓越之過程中，在適當時機，推薦我獲得 IEEE Fellow（1994 年）、IEEE 計算機學會的技術成就獎（1999 年）與泰勒·布斯教育獎（2011 年）。Ram 教授也很關心我的一對兒女，稱呼他們是他的孫兒、孫女（grandson, granddaughter），我也敬重他一如自己的父親一樣。

1994 年帶家人遊覽柏克萊加大，與 Ram 教授在學生活動中心前的 Sproul Plaza 廣場合影。

Ram 教授最令我感動的是，2006 年元月在我到教育部清華校長遴選委員會簡報的前三天，他寄給我近二千字的電子郵件〈面談注意事項〉（Notes for the Interview）。他提醒我：「遴選委員將尋找新的想法、理念、領導特徵，最重要的是你的願景，使清

華大學在世界大學中排名盡量提升。你要提出一個願景，希望清華大學從現在起 5 年、10 年、20 年後成為甚麼樣的大學，願景對於領導職位非常重要。設定一標竿大學，強調柏克萊加大是一很好的標竿（公立）大學，因為清華大學是一所國立大學……。」

從中央研究院退休

我在中研院經歷一段豐碩、難忘的研究日子，2018 年 5 月底我滿 70 歲，按公務體系規定，我須屆齡退休。我到中研院基因體研究中心翁啟惠院長辦公室辭行，感謝他鼎力支持。翁院長感謝我對中研院之貢獻，很訝異轉瞬間就過六年。他也感嘆現行公務聘任、退休制度的不公平，對在國內終身奉獻的學者，屆齡強制退休，對國外聘請的學者則較無年齡限制……。

2018 年 5 月於中研院資訊所退休茶會中，與部分同仁合影，我的右邊是許聞廉所長。

主持了七年五個月的智慧電子國家型科技計畫及後續的研發成果橋接計畫正巧也於 2018 年 5 月結束。

　　退休後，我與惠晴搬回新竹，我繼續主持在清華資訊工程系之計算機網路實驗室，保持與中央研究院研究員及大學教授合作，另也申請科技部（國科會）專題研究計畫之經費支持，延續計算機網路相關研究工作。

2018 年碩博士生為我慶祝生日及退休合影。

　　2020 年初發生百年首見的新冠（Covid-19）疫情，從當年元月底，我幾乎每天緊盯疫情在台灣及全世界的蔓延、擴展，關注台灣、世界各國的防疫措施與對社會各層面的影響。2021 年我帶領網路實驗室研究生，利用深度學習與邊緣運算設計預防新冠病毒社交距離及人流控管系統，獲得第二十一屆「旺宏金矽獎」優勝獎。

第十章　回歸教學研究

　　另我也密切注意新冠疫苗的發展，全世界加速研發疫苗，尤其美國傾全國之力支持疫苗開發，以 mRNA（信使核糖核酸）技術，史無前例地在一年內，莫德納生技公司以及輝瑞與德國 BioNTech 兩公司合作分別開發出高功效的新冠疫苗。匈牙利裔美籍生技科學家 Katalin Karikó 及美國醫學家 Drew Weissman 因為在 mRNA 疫苗研發上卓越的貢獻，而獲頒 2023 年諾貝爾生理醫學獎。

　　2021 年 9 月 19 日是我搭機赴美留學 50 週年，勾起許多在柏克萊加大留學的回憶。我在臉書（Facebook）社群平台，發表簡短感言。之後欲罷不能，讓我提起筆（及敲打電腦鍵盤），寫下 1976 年學成後回台任教、數十年來的回顧，陸續完成二十多篇臉書貼文，因而有記錄一生歷程的想法，催生了這本書的出版。

獲頒 2022 年清華傑出校友

　　卸任校長職位 11 年後，2021 年 12 月我接到清華原子科學院李敏院長通知，我被選為 2022 年「清華傑出校友」，因事先不知被推薦，甚感意外。清華傑出校友遴選排除校內現任專職人員，我因已退休，非專職教師，才有資格被原科院推薦到清華傑出校友遴選委員會。我被選為傑出校友，是為表揚我四十多年來在資訊、通訊的學術成就及擔任四年校長對母校之貢獻，祝賀詞如此寫著：「陳文村先生戮力奠基台灣學術網路發展，提升清華學術水平，卓然拔萃，對母校人才培育多所貢獻，足為楷模，榮任傑出校友，實至名歸。」

2022年由甫上任的高為元校長頒予清華傑出校友獎，適值新冠（Covid-19）疫情猖獗，人人戴口罩。

　　1970年我畢業時，清華教師約100位、學生700位，梅園兩旁龍柏樹不及肩膀高。五十幾年來，梅園兩旁龍柏樹枝葉繁茂、挺拔高聳，當時的系館、圖書館都已被新建物取代，清華校園風貌煥然改觀。由於與新竹教育大學合校，清華教師近1,000位、學生17,500位，成為台灣第一所設有教育學院、藝術學院的綜合研究型大學。

　　於2022年5月1日校慶大會，由甫上任的高為元校長頒予傑出校友獎，我在致詞時特別提及，清華欣欣向榮，已建立很好的基礎；清華已頗具規模，但學術研究與一流大學還有段距離、仍有很大努力的空間。

　　1976年初任教職，迄今超過48年，當時的清華同事都已退休，連我擔任計管所所長時聘任的十位教授，只有一位教授還在

第十章　回歸教學研究

2022 年清華傑出校友頒獎典禮後，與高為元校長合影。

任教。後浪推前浪，年輕一輩教授已完全接班，他們有更豐沛的教學、研究環境與資源，接觸面更多元，有更多的學術生涯發展面向。走在校園裡，看到的學子仍跟以前一樣的青澀、年輕、有活力。我則仍保有研究實驗室，繼續指導新一代的研究生……。

洪琪雯　攝

第十一章

學術生涯之回顧與省思

在我赴美留學之前，台灣還是一個農業社會（1970 年 GDP 為 393 美元）。1976 年 3 月學成回國到清華任教時，台灣的大學教學、研究環境很不理想，給予教師的資源，如儀器設備、研究生人力，非常有限，學術研究水準有待提升；台灣只有勞力密集產業（1975 年 GDP 為 979 美元），沒有資通訊、半導體等高科技產業。我見證台灣教學、研究資源之匱乏，科技產業草創階段之艱辛。

在清華任教之初，我專心於教學與研究，作拓荒的工作，培育未來資通訊產學所需人才，也尋找對產業、社會有益的研究方向。從任教初期延續博士論文之軟體工程領域，之後轉換到計算機網路相關研究。當時沒有資通訊產業，也就沒有資通訊產學合作，只有資訊應用產業服務，產學合作單位無一是資通訊公司。

梅園中之梅亭，由清華大學部 1970 級四個系畢業同學捐贈大理石桌椅。

回國半年後，1976 年 9 月施振榮等人創立宏碁電腦公司，主要業務為代理微處理機晶片。直到 1980 年代 IBM 個人電腦採開放架構，給台灣帶來發展資訊產業的機會，宏碁電腦才加入 IBM 相容個人電腦的代工產業，成長為全球性資訊公司。

此外，由於時任經濟部部長孫運璿等人有遠見地提出台灣發展積體電路政策，1976 年 3 月工業技術研究院和美國 RCA 公司簽訂積體電路技術移轉授權合約，工研院團隊引進 RCA 半導體技術，建立半導體製造示範工廠，開啟半導體產業先機。1980 年衍生聯華電子，為台灣第一家半導體公司。

歷經台灣教育、產業轉型

1970 年代末期，政府擬將台灣從勞力密集產業導向技術密集產業，1978 年李國鼎政務委員協助孫運璿行政院長擬定〈科學技術發展方案〉，特別重視扶植高科技產業及人才培育。根據此方案，1979 年李政委成立資訊工業策進會，我被聘為資策會技術諮詢委員；1980 年 12 月國家科學委員會徐賢修主任委員成立新竹科學工業園區，奠定台灣日後高科技產業發展的基礎。1980 年代中期以後，資通訊、半導體公司紛紛成立，包括 1986 年友訊、1987 年瑞昱及台積電、1988 年廣達及智邦、1989 年華碩與合勤等公司。

發展高科技產業，最重要的是科技人才培育。1980 年代初，教育部擬定〈加強培育及延攬高級科技人才方案〉，根據此方案大學大幅擴充資通訊、半導體相關系所，擴增大學重點科技系所招生人數、積極延攬及培育師資、獎勵優秀教師；1986 年國科會接續設立研究獎勵制度，以獎勵教師研究、提高大學學術研究水準。

1980、1990 年代，在台灣資訊教育人才短缺，學術資源匱乏的環境下，我擔任十多年行政主管，歷任研究所所長、研發中心

主任、學院院長,為清華建立起完整電機資訊教育體系;從 1988 年 7 月起七年七個月,擔任教育部科技顧問及顧問室主任,建置大學校際學術網路,推動大學科技與人文社會教育改善計畫、中小學資訊化,全面提升台灣教育品質;1990 年起超過 14 年,我主持經濟部與國科會輔導產業技術開發計畫之技術審查委員會,開創政府補助民間企業產業技術研發之先例,促進高科技產業之發展,研發成果創造了兆元產值。

1994 年 9 月行政院成立教育改革審議委員會,當時行政院連戰院長邀請中央研究院李遠哲院長擔任召集人。在李院長號召下,聚集教育界、社會各界菁英,齊為台灣教育提出許多教育改革方案。我躬逢其盛,親身感受各界人士的教育改革熱忱。

1996 年第五次全國科學技術會議決議,為提升研發效能,創造新技術,由國科會推動國家型科技計畫。我受邀參加了電信國家型科技計畫,是國科會第一個跨部會的國家型科技計畫。於 1998 年 8 月開始執行,為時五年,我先後擔任寬頻網際網路組共同召集人及總計畫共同主持人。

參與追求卓越教學、研究

1990 年代末期,台灣的大學教育已打下基礎,以培育高科技產業、社會所需人才。1999 年元月教育部根據行政院《教育改革審議委員會總諮議報告書》之重點項目「追求高等教育卓越發展」,推動大學學術追求卓越發展計畫,引導大學發展重點方向,且促進學術競爭,期全面提升大學學術水準,為期四年,總經費 100 億元。2003 年 8 月,國科會延續教育部大學學術追求卓越發

展計畫之成果，鼓勵國內研究人才之合作交流及資源整合運用，以鞏固優勢學術領域，推出大學學術追求卓越發展延續計畫，四年總經費共 30 億元。

於 2000 年 4 月我擔任四年教育部大學學術追求卓越發展計畫「下一世代資訊通訊網路尖端技術與應用」總主持人，從 2004 年 4 月起擔任四年後續之國科會大學學術追求卓越發展延續計畫「下一世代資訊通訊網路尖端技術與應用（II）」總主持人，兩計畫共八年，我帶領清華、交大教授獲致許多創新研究成果。

教育部在 2005 年為了提升國內研究水準、扶植世界級的頂尖大學，給予重點大學經費補助，推出邁向頂尖大學計畫，此計畫兩期共十年（2006 年～2016 年），預計總經費約 1,000 億元，

2007 年 11 月國際知名藝術家新宮晉動能雕刻公共藝術：無聲的對話，「將自然的訊息，翻譯成視覺上可以感受到的動能。」（高見成 攝）

實際執行時，因政府預算短缺，總經費僅約 900 億元。教育部補助十幾所大學，大幅改善大學基礎建設，提升學術研究水準及教學品質。2006 年我就任清華大學校長，提出治校理念與構想，執行清華第一期邁向頂尖大學計畫。

2018 年教育部再推出「高等教育深耕計畫」，涵蓋高教、技職體系各大學，以全面性提升大學教學品質、學術水準，促進高教多元發展。教育部以五年為一期，逐年審查核定，不再僅以推動數所研究型大學邁向頂尖大學為目標。

迄今大學仍面對高教資源配置不盡理想的困境，如教育部編列高教經費成長遠低於 GDP 成長（2015 年至 2022 年七年間台灣每人 GDP 成長高達 43.2%，而 2016 年至 2023 年七年間高教經費卻成長有限，僅達 12.7%），台灣高教經費佔 GDP 比率低於 OECD 國家（2019 年公部門高教經費佔 GDP 比率僅有 0.5%，遠低於 OECD 平均標準 0.9%～1%）。[1] 另外，教育部對大學還未鬆綁，如大學成立系所、招生人數、調整學費都須教育部層層審核。與先進國家之頂尖大學相較，台灣的大學學術水準還有段距離，亟待政府、產業及社會人士挹注更多資源，學術界本身還有很大的努力空間。

快速成長的資通訊產業

由於個人電腦普及、網際網路、全球資訊網與行動通訊盛行，自 1990 年代末期以來，台灣資通訊產業快速成長。

[註 1] 台灣高等教育產業工會，〈回應行政院有關高教經費佔 GDP 比例之說詞〉，2023 年 10 月 18 日。

國科會第一期電信國家型科技計畫結束後,2003年再推第二期計畫,經過兩期電信國家型科技計畫及後續網路通訊國家型科技計畫的帶領下,台灣通訊產業從1998年1,141億元新台幣產值,迄2014年已發展為兆元產業。

2000年代台灣資通訊科技產業已具國際重要地位。McGraw-Hill出版發行的周刊 *BusinessWeek*(於2009年底被彭博新聞社Bloomberg收購)每年發布資訊科技一百大公司(INFO TECH 100),2009年最後發表的資訊科技一百大公司,可預期美國佔絕大多數公司,如亞馬遜、Oracle、IBM、蘋果、HP、微軟等達43家,台灣僅次於美國,佔有10家,包括英業達、廣達、緯創、宏碁、宏達電、華碩、鴻海、台積電、仁寶、新普,其次為南韓、中國、印度、日本分別佔6、5、4、3家。台灣以不到美國十分之一人口的國家,在全球資通訊科技產業具有舉足輕重的地位,讓世界刮目相看,殊為不易。這多靠大學培育充沛且質優的人才、台灣具備完善資通訊基礎建設與產業聚落、政府提供產業租稅優惠,以及旺盛的民間企業活力、與國際大廠建立緊密的分工合作夥伴關係等方面的努力。

技術領先的半導體產業

2003年至2010年,國科會執行兩期晶片系統國家型科技計畫,以建立矽智財、整合電子設計自動化軟體,從應用晶片,經過系統封裝,轉型到晶片系統,促進創新半導體產品研發。

2011年至2015年我擔任智慧電子國家型科技計畫(NPIE)總主持人,強調醫療、綠能、車用、資通訊、消費性(簡稱MG

＋4C）等應用之晶片設計技術，NPIE 數年被國科會評為執行績效最優的國家型科技計畫。NPIE 計畫辦公室自 2013 年下半年起，歷經一年的努力，規劃第二期 NPIE，設定一很有挑戰性的高標，預估 2020 年第二期 NPIE 結案時，台灣達 3 兆元半導體產值，成為全球半導體與系統應用中心。

2014 年適值政府組織再造，國科會更名為科技部，很遺憾 2014 年 6 月科技部指示終止第二期 NPIE 規劃。我擔任後續科技部支持之智慧電子研發成果橋接計畫總主持人，為期二年五個月。

2016 年政府政黨更替，規劃推動 5+2 產業創新計畫（亞洲‧矽谷、綠能科技、生醫產業、智慧機械、國防航太、新農業及循環經濟），起初忽略半導體產業。面對產業界質疑，政府始於 2017 年初新增數位國家創新經濟、文化科技創新及晶片設計與半導體前瞻科技，是為我國 10 大重點產業。

近年來，台灣半導體產業舉世矚目，台積電晶片製造技術領先全球，台灣晶片設計業也不遑多讓，無晶圓廠（Fabless）晶片設計公司總營收全球第二、僅次於美國。

根據工研院產科國際所統計，正如 2014 年 NPIE 規劃第二期時預估，台灣半導體產值在 2020 年首度破三兆元，達新台幣 3.22 兆元。2021 年大幅成長，達 4.08 兆元。其中晶片設計業 2014 年產值為 5,763 億元，至 2020 年六年間產值成長 48.0%，2021 年在一年間更成長 42.4%，達 1 兆 2,000 多億元。

當年第二期 NPIE 計畫如能執行，台灣應能在半導體優勢基礎上，結合產學研資源共同合作，建構多樣、較完整的系統應用產業，如醫療感測技術、節能與車用電子元件、AI、智慧聯網、

5G/6G 等系統應用產業。

科技政策與落實牽涉到經濟部、教育部等部會的職掌，終究不只限於科技部，2022 年科技部再改制為國家科學及技術委員會（仍簡稱：國科會），以利協調其他部會。距 2018 年 NPIE 計畫結案，睽違五年，新國科會再次提出跨部會、國家級晶片驅動台灣產業創新方案（簡稱：晶創台灣方案），2023 年 11 月行政院院會通過，為期十年（2024 年～ 2033 年），總經費 3,000 億。第一期五年規劃以台灣半導體製造與晶片設計之優勢，利用晶片與生成式 AI 技術發展應用在各行各業的創新解決方案。誠盼此方案能落實跨部會合作，齊心協力將台灣打造為半導體、資通訊科技及其應用的技術領先重鎮。

但台灣產業還得面對全球地緣政治的挑戰，面對人才短缺的困境……。

清華邁向頂尖大學

1976 年我回國任教時，清華全校共 8 個系所，分設三學院：理學院、工學院及原子科學院，教師一百多位，大學生約一千五百位，仍是規模很小的大學。

在歷任校長主持下，清華迄 2006 年在新竹建校五十年，陸續增設人文社會學院、生命科學院、科技管理學院、電機資訊學院及相關系所，成為 7 學院、17 學系、20 獨立研究所，全校教師五百多位，學生一萬一千多位的研究型大學。

2006 年起，我擔任四年清華校長，全心盡力落實先前提出的清華願景、治校理念與構想。將秘書室擴編為秘書處，擴大或強

化校務規劃、校友聯繫、公共事務、國際事務、財務規劃之功能。陸續成立校務發展諮詢委員會、校友服務中心、公共事務組、國際事務處、財務規劃室。

任內建立教師薪階制度及實施彈性薪資。合併材料科學中心與奈米微系統中心為奈微與材料科技中心；新設生物醫學研發中心、人文社會研究中心、基礎科學研究中心，以推動拔尖、增能研究計畫，提升及追求卓越學術研究。

清華積極與國內重要研究機構合作，包括中研院、國衛院、工研院、同步輻射研究中心、國科會所轄各國家實驗室、動物科學所、食品科學所、生物科技中心、核能研究所、榮民總醫院、長庚醫院、馬偕醫院等，任內促成與台達電子、聯發科技、聯詠科技等產業界知名公司成立前瞻產業研發中心。另與卡內基美隆大學、Cold Spring Harbor Lab.、RIKEN 等國外研究單位合作，以擴增清華與國際研發鏈結。

2008 年 4 月揭牌的慈塘生態園區，由生科院張子文院長捐資興建，以紀念母恩。

在教學方面,推動繁星計畫及不分系的院學士班招生制度,成立大學部教育改進工作小組,全面改善專業及通識教育內涵。擷取世界頂尖大學住宿學院之精神,設立清華學院,以培育文理兼修、氣質高雅、氣度恢弘之未來社會領袖菁英。

在校園基礎建設方面,包括清華會館、全校步道系統、科技管理學院台積館、學生宿舍(學齋、儒齋)、奕園及田徑場等多項體育場館整修,完工啟用;許多重要的基礎建設:全校地下共同管道幹線、學習資源中心旺宏館、教學大樓台達館、1000 床學生宿舍清齋改建等,在任內順利施工中;南校區的開發,已呈現新面貌,有萬坪草原,並籌劃建設清華實驗室與創新育成中心。

因應 2005 年〈大學法〉修訂,完成校組織規程修正;完成校行政單位及各院系所之行政作業流程標準作業程序(SOP)編製。於 2008 年成立財務規劃室,聘請專業經理人進行募款及財務運作規劃,四年任內校友及社會各界捐助大幅成長,近 10 億元。

任內逐步落實治校構想,並有許多創新校務措施,獲得教育部考評委員的最優等肯定。2008 年初邁向頂尖大學計畫第二梯次審議結果,獲得往後三年,每年 12 億元補助,較第一梯次每年增加 2 億元補助,是所有獲選補助學校中,增加額度及幅度最高者。

任內亦規劃長遠校務發展,包括領域擴充,規劃與新竹教育大學合校,以擴增教育與藝術領域,以及擴展清華生物醫學研究能量。為讓整體學術研究更上層樓,籌劃清華高等研究院,以及加速國際學術交流、國際合作。

很欣慰 2009 年 12 月在任內最後一次校務發展諮詢委員會議中，諮詢委員對於我任內的評價：「四年政績表現，給予最高肯定」。清華已打下很好的基礎，唯仍需高教經費挹注，校友與社會人士之支持與贊助，以及清華師生的努力，才可能躋身世界頂尖大學之林。

追求卓越學術研究

除了產業服務、教育行政工作外，四十多年來的學術生涯，最重要的還是教學、研究。回國初期，延續博士論文軟體工程領域教學研究，1980 年代初，轉向計算機網路。有幸躬逢 1990 年代網際網路、全球資訊網及行動通訊普及，影響社會各個層面，教學研究主題緊密結合數據通訊（Data Communication）及電信通訊（Telecommunication）發展軌跡，包括 1980 年代的區域網路、1990 年代的寬頻網路與無線網路、2000 年代的行動計算、2010 年代後的人工智慧物聯網與邊緣運算……。

從中央研究院退休後，我回清華資訊工程系繼續研究工作。四十多年來，我帶領研究團隊發表國際期刊與國際會議論文三百多篇，迄今指導完成 29 位博士、177 位碩士及 6 位博士後研究員，其中四位博士生畢業任教職後，曾得過國科會傑出研究獎，還有許多畢業生擔任教育界、產業界要職。

很欣慰教學、研究獲國內外獎項之肯定，包括三次國科會傑出研究獎（1990 年～1995 年）、IEEE Fellow（1994 年）、教育部學術獎（1994 年）、IEEE 計算機學會技術成就獎（1999 年）、教育部國家講座（2001 年）及終身榮譽國家講座（2004 年）、

以及 IEEE 計算機學會泰勒·布斯教育獎（2011 年）。

清華成功湖經一年整治湖岸、湖面，2023 年 5 月竣工，再現風華。整治工程總經費 7,500 萬元台幣，包括大學部 1970 級四個系同學於畢業 50 週年（2020 年）募得之 1,100 多萬元，成功湖休憩區取名為：1970 園。

高等教育與產業、社會

四十多年來，台灣大多數大學實施教學評量、學生回饋制度，也成立教學發展單位，協助教師改進教學成效。1980 年代國科會設立傑出研究獎等獎勵措施，激勵教師做前瞻研究；教育部 1990 年代充實大學研究教學設備，2000 年代以後陸續推出邁向頂尖大學計畫及深耕計畫，台灣高等教育無論在教學、研究方面都有長足的進步。

但是一所大學要達到學術卓越、成為國際一流大學很重要的還是：要有「大師」傳承立論、主持學術研究；國際一流大學有大師與傑出教師，已是其學術卓越最顯著的表徵。在我校長任內，清華設立講座及特聘薪階制度、實施彈性薪資，以肯定及獎勵教師的學術研究表現，2008 年獲得晉階為特聘、講座、特聘講座的教師佔全校教師的 12.8%。猶記得五十年前，在柏克萊加大 EECS 系求學時，授課的大多數教師不但書教得好，而且學有專精。國內的研究型大學，如台大、清華、陽明交大、成大，與國際頂尖大學相較，學術研究水準還有一段距離。

近十年來，高等教育界已不談邁向頂尖大學，改談高等教育深耕，似已沒有當年的高瞻遠矚、雄心大志。台灣的高等教育環境仍待改善，如教師薪資在國際上沒有競爭力，很難延攬優秀、大師級的教師，政府投資高等教育不足，跟不上國家 GDP 的成長。事實上，教育部對十幾年前邁向頂尖大學計畫的十幾所大學補助的經費，並沒有成長。

四十多年來，高等教育培育許多人才，成為產業、社會進步的動力，如今台灣產業世界舉足輕重，也創造可觀收益，社會相對富裕、有餘力奉獻。除了政府投資高等教育須跟上國家 GDP 的成長、趕上 OECD 國家投資高等教育之 GDP 比率外，產業界與社會應也是適當回饋大學的時候，讓台灣高等教育更上層樓，讓大學有大師及傑出教師傳承立論，培育出更優秀的人才；創新科技與發現知識，促成產業、社會更為進步；高等教育與產業、社會互動形成良性循環，以讓大學提升到世界頂尖的水準。

第十一章　學術生涯之回顧與省思

從農村到學術殿堂

回顧七十多年人生，從二戰後貧瘠的鄉下農家，憑藉父母及家人的庇護與支持、師長的教導、朋友的指點與協助，我一步一步經歷二十年求學的路程，找到自己求學問的自信，發現自己興趣所在。在美國柏克萊加大的學術殿堂受教育，拓展了國際學術視野及對先進國家社會的了解。

學成後，我旋即回台任教於清華學術殿堂，當時台灣仍處於戒嚴，兩年後台美斷交。在那政情風雨飄搖、資源相對匱乏的年代，竭盡所能做好教學、研究工作。四十多年來，我在教育界埋首耕耘，一步一腳印，為學術厚植基礎，為產業、社會培育人才，也看到對教學、研究、產業、社會有些許的影響與貢獻。

1976 年回國前，絕大多數柏克萊加大博士畢業生選擇留在美國工作。我決定回台應聘清華教職，當時無法想像能看到台灣成為已開發、民主開放、科技產業在世界舉足輕重的國家。根據行政院主計總處統計，2023 年台灣的人均 GDP 為 33,299 美元，與 1976 年我剛回國任教時相較，成長逾三十倍！四十多年來我何其有幸，在台灣教育、產業、社會轉型與成長中，能夠參與並貢獻了一份心力。

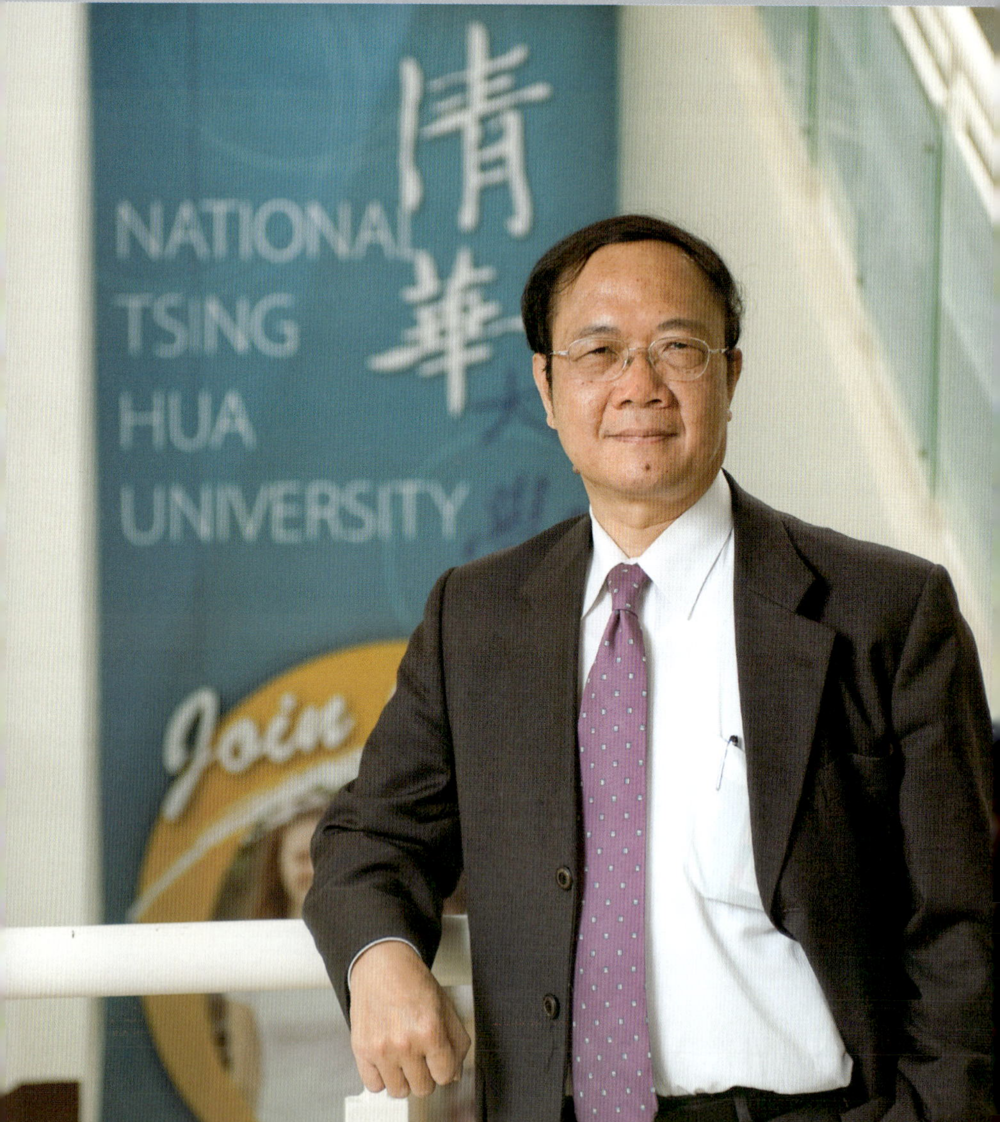
清華
NATIONAL
TSING
HUA
UNIVERSITY

附錄：

陳文村大事年表、榮譽

陳文村大事年表

1948 年	5 月	出生於台灣台中大肚鄉。
1954 年	9 月	入學大肚國民小學。
1960 年	9 月	入學省立清水中學初中部。
1963 年	9 月	入學省立台中第一中學高中部。
1966 年	9 月	入學國立清華大學核子工程學系。
1969 年	11 月	母親因車禍過世，享年 64 歲。
1970 年	6 月	獲國立清華大學核子工程學士。
1971 年	9 月	赴美國柏克萊加州大學攻讀核子工程系博士。
1972 年	4 月	轉柏克萊加州大學電機工程與計算機科學系。
1973 年	10 月	獲美國柏克萊加州大學電機工程與計算機科學碩士。
1976 年	3 月	受聘國立清華大學應用數學研究所副教授。
	6 月	獲美國柏克萊加州大學電機工程與計算機科學博士。
1977 年	8 月	受聘國立清華大學計算機管理決策研究所副教授。
1979 年	8 月	升任國立清華大學計算機管理決策研究所教授。
1980 年	10 月	赴美國柏克萊加州大學電機工程與計算機科學系當訪問學者，六個月。
1983 年	8 月	任國立清華大學計算機管理決策研究所所長，共五年，至 1988 年 7 月。
1987 年	7 月	與蔡惠晴女士結婚。

1988 年	2 月	父親過世,享年 84 歲。
	5 月	長子學瀚出生。
	7 月	任教育部科技顧問,共四年一個月,至 1992 年 7 月。
	7 月	卸任國立清華大學計算機管理決策研究所所長,任內變更研究所名稱為資訊科學研究所,通過成立大學部。
	8 月	任國立清華大學自強科學研究中心綜合計畫處處長一年。
1989 年	8 月	任工業技術研究院電子工業研究所訪問專家一年。
1990 年	8 月	長女學琳出生。
	11 月	任經濟部暨國科會輔導產業界開發產業技術計畫「技術審查委員會」共同召集人、召集人,共十四年五個月,至 2005 年 3 月。
1992 年	8 月	任教育部顧問室主任,共三年六個月,至 1996 年 1 月。
	12 月	創始 IEEE 平行與分散式系統國際會議(ICPADS),並擔任籌劃委員會主席,至 2018 年卸任。
1994 年	8 月	創立國立清華大學電腦與通訊科技研發中心,並擔任中心主任,共十年七個月,至 2004 年 2 月。
1998 年	2 月	任國立清華大學電機資訊學院首任院長,兩任共六年,至 2004 年 1 月。

1998 年	8 月	擔任國科會「電信國家型科技計畫」寬頻網際網路召集人、共同主持人,至 2003 年 7 月。
2003 年	8 月	升任國立清華大學清華電機資訊講座教授。
	11 月	任台灣聯合大學研發系統副校長,共兩年三個月,至 2006 年 1 月。
2005 年	1 月	任經濟部科技顧問,任期四年,至 2008 年 12 月。
	1 月	任行政院科技顧問組顧問,共一年六個月,至 2006 年 6 月。
2006 年	1 月	任國科會「基因體醫學國家型科技計畫」指導小組委員,共五年。
	2 月	任國立清華大學校長,任期四年,至 2010 年 1 月。
	7 月	任行政院科技顧問,任期四年,至 2010 年 6 月。
	8 月	升任國立清華大學清華特聘講座教授。
2007 年	1 月	任財團法人吳大猷學術基金會董事迄今。
	1 月	擔任經濟部科技專案績效考評委員會召集人,任期三年,至 2009 年 12 月。
	1 月	教育部學術審議委員會常務委員,任期兩年,至 2008 年 12 月。
	9 月	任財團法人吳健雄學術基金會董事迄今。
2008 年	8 月	任國家實驗研究院董事,共三年五個月,至 2011 年 12 月。
	8 月	擔任中華工程教育學會工程認證執行委員會召集人,共七年,至 2015 年 7 月。

2009 年	1 月	擔任國科會「網路通訊國家型科技計畫」指導小組委員，共五年。
	4 月	任工業技術研究院董事一年。
2010 年	8 月	擔任中華工程教育學會資訊認證執行委員會召集人，共五年，至 2015 年 7 月。
2011 年	1 月	擔任國科會「智慧電子國家型科技計畫」總主持人，暨後續「智慧電子研發成果橋接計畫」總主持人，共七年五個月，至 2018 年 5 月。
	1 月	擔任國科會「生技醫藥國家型科技計畫」指導小組委員，共六年。
2012 年	1 月	任台灣聯合大學系統講座教授共三年，至 2014 年 12 月。
	3 月	轉任中央研究院資訊科學研究所特聘研究員，至 2018 年 5 月退休。
	4 月	任國立清華大學孫運璿講座教授，至 2021 年 3 月。
	8 月	任資訊工業策進會董事，兩任共六年，至 2018 年 7 月。
2015 年	1 月	教育部學術審議委員會常務委員，任期兩年，至 2016 年 12 月。
2021 年	4 月	任國立清華大學清華榮譽講座教授迄今。

榮譽

1984 年　第一屆傑出資訊人才獎

1984 年　IEEE 計算機學會 Distinguished Visitor，主講：區域計算機網路（1984～1985）

1987 年　國防部國防科技成效獎

1989 年　中山學術文化基金會技術發明獎

1990 年　國科會 1990 年、1992 年、1994 年傑出研究獎（1990～1995，共三次）

1994 年　IEEE 計算機學會 Distinguished Visitor，主講：寬頻通訊網路（1994～1997，共兩任）

1994 年　IEEE Fellow

1994 年　教育部學術獎

1996 年　傑出人才發展基金會傑出人才講座（1996～2001）

1996 年　國科會特約研究人員（1996～2001）

1999 年　IEEE 計算機學會 Technical Achievement Award

2000 年　潘文淵文教基金會研究傑出獎

2001 年　第五屆教育部國家講座（2001～2003）

2002 年　國科會傑出特約研究員獎

2003 年　中華民國資訊學會資訊榮譽獎章

2004 年　IEEE 計算機學會 Distinguished Visitor，主講：無線通訊網路（2004～2006）

榮譽

2004 年	台灣積體電路設計學會特殊貢獻獎
2004 年	中華民國科技管理學會院士
2004 年	第八屆教育部國家講座（終身榮譽）
2006 年	美國柏克萊加州大學計算機科學傑出校友獎
2008 年	設計與製造科學學會（SDPS）C. V. Ramamoorthy Distinguished Scholar Award
2010 年	教育部友善校園傑出首長獎
2010 年	加拿大 National Research Council 傑出訪問學者（Eminent Visiting Researcher）
2011 年	IEEE 計算機學會 Taylor L. Booth Education Award
2014 年	跨領域學習與高等研究學院（ATLAS）Fellow 暨 Ramamoorthy and Yeh Transdisciplinary Distinguished Achievement Award
2018 年	IEEE Life Fellow
2018 年	IEEE 中華民國分會終身成就獎
2019 年	中國電機工程學會首屆會士（Fellow）
2022 年	國立清華大學傑出校友

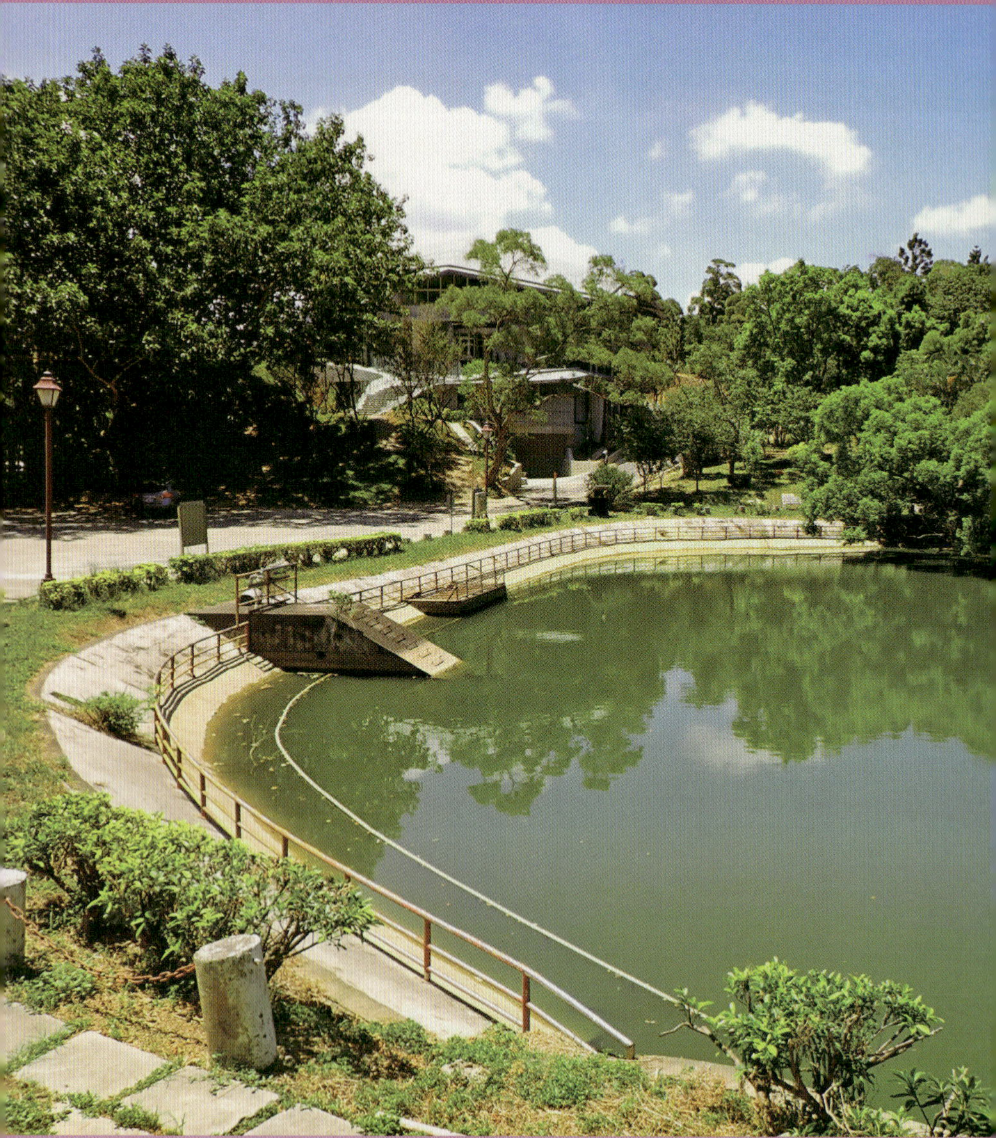

編後語：

訪談紀要

吳淑敏執筆

一個農家的孩子，成長於缺乏教育資源、社會資源的偏鄉，學成後又回到資源匱乏的台灣學界，他如何成為一位享譽國際的卓越學者？在訪談陳文村校長人生中的重要工作夥伴之前，我有許多的好奇等待著解答。

拓荒的學者

曾任元智、暨南國際大學校長，也曾是科技政委的張進福表示：「我和陳文村都在台灣科技剛開始開墾的年代回到國內；因為美國的工作條件好很多，可以說是沒人要回來。」他猶記得，當時台灣常停電，空氣污濁。「那個時候，台灣的教授並沒有一定要發表論文，年資到了就會升等。以台大電機系為例，當時幾乎沒有人在 IEEE 的期刊上發表過論文。我們這一批回來的人，才開始有相關的論文發表。」

回來台灣之後，他們分別進入台大、清大，從副教授開始。「當年做系主任，常常要去美國延攬人才；因為台灣排名前段的大學畢業生都去美國留學。在學校做行政是苦行的工作，沒錢、沒設備，教育部一年就給二、三十萬經費。我們可以說是正處在披荊斬棘的年代，做拓荒開墾。」他說，陳文村在清大，一有資源就成立研究中心，利用執行計畫的機會去培養人才：「我們都是做事的人，不是天花亂墜型的人。」

影響深遠的學術成就

翻開陳文村在國內外眾多的得獎記錄，他的學術成就為何？

交通大學終身講座教授曾煜棋表示：「基本上，學界都認同陳校長在網路通訊技術領域貢獻最大。他在台灣網通界的角色，可以說是網路開創之父。」

曾煜棋說明，台灣網路的發展可以分成三個階段，陳文村都有關鍵影響。第一階段，從 1985～1995 年，是有線網路的時代。陳文村是台灣最早開授區域網路、無線網路課程的學者；當時台灣不了解網路，主要是從書本學習。陳文村在 1982 年開始建構網路實驗室，是台灣最早取得 Ethernet 網卡，親自帶領學生去解析、把 Ethernet 解密，可說是一個炸彈級的東西。「當時來自企業界的學生很多，也有很多博士生跟隨他。因為他的教導，後來有一些新創企業投入，像友訊、智邦，也因此發展、茁壯起來。」

第二階段約從 1995～2005 年，是發展無線網路（Wireless Lan），一直發展至今。當時教育部推追求卓越計畫，希望大學的研究能在世界上佔一席之地。陳校長帶領清華、交大兩校的老師，連續通過兩期卓越計畫，長達八年，讓兩校相關的研究從實驗室的等級，得以跨越到研究中心的等級。曾煜棋說明：「卓越計畫通過率低；當時陳校長在清大創立通訊工程研究所以及電通中心，成為清大的特色領域，也正是第二代無線通訊的開始。他領導兩校的教授，從觀念上、技術上，帶領有線、無線網路整合，是蠻重大的突破。他帶領大家從使用者的角色思考，網路最後應該要相連、相通。陳校長是開創新領域的人，他在跨異質網路的整合很強，相關標準一直制定出來，打下蠻重要的基礎，影響台灣網路技術從點到面的突破與擴展。卓越計畫不只是發展元件，還必須把元件組起來成為真正的設備，可以對外展示。我們團隊一起，大家很努力，常常熬夜，跨校區合作、溝通很順暢。

現在台灣網路通訊很厲害，源頭的研究就是從這裡開始。」

第三階段，約從 2000 年代 iPhone 出來、開始發展行動手機網路至今。曾煜棋表示，此階段台灣的網路發展朝智慧化，不只是傳輸工具，傳輸的資料變得比通道（channel）更重要。2006 到 2010 年間，陳文村擔任清華校長的階段，開始邁入 AI（人工智慧）時代。未久，他主持智慧電子國家型科技計畫及橋接計畫。「陳校長在學術研究上，從點到面到國家型科技計畫，選擇精兵團隊，在網路領域一路經營、擴大，並且真正影響了相關產業的發展。」曾煜棋如此結論：「他把教學、研究做良好的結合；他的腦中有一個開創的信念，是一個很典範的教授。」他說，早期台灣教育界不了解如何做研究、發表論文；陳校長是把研究觀念、方法和態度帶回台灣的重要學者之一。

曾煜棋說明，網路通訊領域很少往純學術做研究，它強調世界標準，一定是往產業走：「過去主要是由政府投資經費給學校，卓越計畫剛開始的時候，校級的研究中心很少；現在大企業紛紛投錢到大學，成立研究中心的情形很熱絡。陳校長在那麼早之前就開始做，很有遠見，而他做研究，不只是論文發表，他一直就是想做到產業效益。」

清大特聘講座教授張正尚教授分享：「我回台時（1993 年），陳校長已是國際知名的學者。陳校長早先是做平行處理研究，是台灣第一個做出平行處理模型的人，第一個做出實際機器（硬體）的人，是這個研究領域先驅。現在 Nvidia 就是用平行處理，只是早在 30 年前，沒有網路，看不到平行處理的威力。網路起來，才有大量數據（data），才需要大量處理，平行處理技術才起來，才能做 AI、超級電腦。」

中研院資訊所研究員楊得年表示：「與陳校長的研究工作中，我們攜手探討了通訊網路領域的重要技術和前沿議題，尤其是針對 5G 和 SDN（軟體定義網路）方面的流量排程和資源配置最佳化。」他強調這一系列的研究有堅實的理論基礎，不僅在學術界獲得認可，同時也在系統實踐和產學合作中取得了顯著的成果。如學術發展方面，已在對學術領域產生顯著影響的國際會議及期刊上發表，從 2015 至 2020 年，每年皆有論文發表在通訊網路領域中最頂尖的 IEEE INFOCOM 會議，並在 2016 年獲得 Best In-Session Presentation Award 的殊榮。產業發展方面，已成功將技術轉移給英業達（全球網路行業的創新領導公司之一）。楊得年結論：「這些成果展現了我們的研究在學術界的卓越水準，同時也在實際應用中產生了實質的效益，提升國內通訊網路產業在國際的競爭力。」

當年擔任中研院資訊所所長許聞廉分享：「陳校長執行計畫很有原則性，他很樂意提拔年輕人，除了經費，也有研究上的指導；中研院本來就有很多優秀的研究員，在陳校長的幫助下，對學術表現大大助益。他在中研院常常舉辦重要的技術會議，全國相關領域的教授、專家都會來參加。」

跨界領導的科技管理者

醉心於學術研究的學者，少有願意投入科技行政，因為當中的協調折衝，十分耗費心力。陳文村踏入公共政策領域，始自擔任教育部科技顧問。

張進福在擔任教育部第四任科技顧問室主任時，想邀請電機

資訊相關背景的顧問:「我認為陳文村對公共行政有深厚興趣,因此邀請他。」張進福清楚記得,陳文村是很認真的一位,每周都會出席科技顧問室會議。「當時我拜託他規劃、開創新的電機資訊相關教育計畫。」後來,陳文村成為第六任顧問室主任。

清華講座教授、創意電子創辦人之一的林永隆分享陳校長擔任教育部顧問室主任的往事。「他聘我當顧問,主要是為了晶片設計部分的工作;當時,他一直想推動全國積體電路設計的教育,想向行政院爭取預算,找我、陳良基(台大)、沈文仁(交大)一起規劃,也帶我們去行政院拜訪;可惜沒有獲得太多支持。我們提的『VLSI 設計教育改進計畫』只獲得試辦計畫的支持,金額少了很多。」(陳校長事後安慰三位教授:能成立政府計畫案、獲得編列經費最重要,未來執行時可調高計畫金額。)他還清楚記得審查人曾說:「你們培養這麼多人,會不會未來沒有工作?」林永隆表示:「我很佩服陳主任,他是有遠見的人,他本身是學通訊,但看到晶片設計的重要性,就去積極推動它能實現。這個試辦計畫也是教育部推動積體電路設計教育的開端,對人才培育貢獻很大,因此,積體電路設計學會(2004 年)還特別頒給他『特殊貢獻獎』。」

教育部藍曼琪副研究員是在陳文村顧問室主任任內聘用的人員,她跟著林永隆顧問,參與規劃「超大型積體電路與系統設計教育改進計畫(第一期)」。她記憶猶新:「因為當時的科技政委不太喜歡這個案子,他親自帶我們一次又一次去行政院敲門,連續兩、三年去爭取經費。」在鍥而不捨的努力下,終於通過四年計畫,從 1996 年 8 月開始,她說:「陳主任為 VLSI 設計教育開了頭,可惜 2 月他就離開顧問室了,但是,開這個頭很重要!」

藍曼琪進一步說明，這個計畫使得半導體設計課程在大學校院普及，為台灣培育了一批又一批的半導體設計人才。從第一年僅有的一千萬經費，就同時推動教學計畫、教材發展、人才培育等面向的工作；在教學課程、內容、方法，做質的提升，擴大到各大學，學生可以獲得系統化的教育，是我國最早的 VLSI 相關的人才培育計畫。當時也有賴國科會 CIC（晶片設計製作中心，後更名為：晶片系統設計中心）的合作，讓學習和產業現況結合，VLSI 的教育基礎因此建立起來。

　　此外，林永隆特別強調，在此計畫經費下，從 1998 年開始推動「全國大學校院積體電路設計競賽」，2024 年已是第 27 屆，如今每年都有超過 1,000 位學生參賽，也對全國大學院校晶片設計教育影響深遠。

　　「我能從零開始參與規劃，一路看到它是非常成功的計畫，對台灣科技產業功不可沒，對我而言，是很寶貴的經驗。」藍曼琪認為，當時顧問室的顧問們來自學界，及國科會當時連結的學界老師，都有很高的熱情和承諾，因此，在如此有限的經費中，能有很成功的成果。

　　第一次踏入全國教育政策的領域，陳文村即能預見了半導體產業發展所需要的人才，提前從高等教育裡採取行動。似乎陳文村在公共政策的卓越秘訣：建構願景、勇於任事、不畏困難與挫折。

　　這樣的秘訣，也同時體現在承接政府輔導業界開發產業技術計畫之技術審查委員會的工作（先後來自經濟部工業局與技術處、科學園區管理局），為政府對產業界技術與產品創新上的投資，寫下一個個成功的案例。

在 2011 年接下智慧電子國家型科技計畫（NPIE）總主持人時，他帶領跨法人、學界，再一次展現領導的長才。

現任陽明交大副校長、NPIE 共同主持人李鎮宜表示，當時計畫目標是希望將台灣的硬體優勢應用到其他領域：「可惜政府只支持了一期。不過，在 NPIE 的計畫執行過程當中，培育了許多人才，正好承接台灣這一波的產業發展需求。」

「每一波台灣的產業發展，要有支援的政策，須結合產官學研各界，而且，和培養人才很有關聯。台灣半導體製造加設計已超過 4 兆多產值，要再往上提升，勢必需要更多人才投入。」李鎮宜表示，NPIE 計畫就是希望能培養半導體設計的高階人才，可以有能力定義產品架構。此外，NPIE 計畫開始具遠見地提前佈局的技術研發：「如車用電子，需要高功率元件，過去學術界很少投入高頻、高壓、高電流的元件設計。又如 3D IC，陳校長提早十幾年看到這些發展的趨勢和需要，開始得早；因為 3D IC 省電、又快，如今正是產業的顯學。」

NPIE 執行長、現任工研院電光所所長張世杰認為，今天半導體產業大噴發，正是當年培養這麼多人才，促成現在的產業發展盛況。「陳校長是高瞻遠矚的人，NPIE 推動時，確認 MG ＋ 4C 應用與技術，至今仍有深遠影響。像 3D IC，當時大家都嫌太早。我記得陳校長四處奔走，呼籲政府支持第二期 NPIE，很可惜沒有成功。政府現在要推晶創台灣方案，其實也是有賴當年 NPIE 培養的人才為種子。」

張世杰進一步說明，3D IC、汽車電子，都是從 NPIE 做為研發的起始點。以汽車電子為例，現在台灣有蠻多做汽車電子的業者，但是當年沒有人做，也沒有學界做研究。又如現在工研院做

3D IC 封裝產線，未來學校如果要做 prototype（雛型產品）都可以來找工研院支援。這些工作可以追溯到在 NPIE 建立的基礎，現在才能開花結果。

當年規劃 NPIE 的交大吳重雨前校長表示：「陳校長主持 NPIE 十分認真，他是很嚴謹的人，找專家學者一起來幫忙規劃、執行。那段時間培養了很多人才，後來業界能成立許多 IC 設計相關的公司，和這些培育的人才習習相關。他是一個執行力很強、認真監督、要求很嚴格，絕不馬虎的主持人，他是一個對國家、產業發展很有使命感的人。」吳重雨的研究也在 NPIE 計畫中持續進展：「當時我的團隊做人工視網膜晶片、癲癇晶片，在 2016 年之前，移轉衍生出去成立一家新創公司，相關的技術源頭就是 NPIE 計畫。今（2024）年，癲癇晶片就要在台北榮總做人體測試了。」

擔任 NPIE 的 4C 分項召集人的交大陳巍仁教授表示：「陳校長對於 NPIE 的願景，是希望電子應用透過智慧化更貼近生活（Better Life, Better Environment）。即智慧電子是為生活服務，讓人們的生活品質可以更好。」他認為，因為陳校長有豐富歷練，對相關配套、組織，做了十分完整的規劃；在如何建立國際佈局時，就會考慮不同學校、不同老師，可以一起貢獻的地方。「高科技產業最大的資產是人，如何讓人才能源源不絕，才是產業持續發展的關鍵。國家型科技計畫讓團隊沒有後顧之憂，可以安心、專心在研發工作，很大的貢獻就是在研發端，做好人才配套，從學界、研發法人到產業都能在主軸上鏈結，產生很好的效益。」陳巍仁有感於政府的政策思維，一般認為國家型計畫時程到了，退場是正常。「然而，對特別產業的 Niche（利基），必須有不

同的考量,繼續支持,才能持續發展。」

現任清華執行副校長、負責 NPIE 產業推動工作的簡禎富教授表示:「陳校長在推動工作上有一大優點:做事有制度、做系統性推動。嚴格上,他不是做半導體研究領域的人,而是以校長的高度,做系統面、結構上的展開。陳校長從年輕,即受到李家同、毛高文、沈君山、劉炯朗等校長的青睞,自有過人之處,他做事很有系統觀,有全方位的觀點。」他分享在 NPIE 的國外考察行程:「我對以色列印象最深刻,討論跟交流收獲很多,蠻震撼的。記得參觀以色列理工學院(Technion – Israel Institute of Technology)電機系,該系有很多人在半導體界很有名,他們的主任/院長說,他們系上教授有一半是 IEEE Fellow;但是,另外一半做研發做得比較好,他們是做以色列的國防。」在這次參訪後,簡禎富就不再刻意參加國外學會的活動,希望更專注在了解、解決台灣的問題,即產學、產業、工廠製造。

交大終身講座教授林一平表示,他在擔任 IEEE 台北 Section(中華民國分會)的理事長時,設立終身成就獎,陳文村是第一屆三位得獎人之一。他說:「陳文村是台灣在網路、電信方面主要的推手。」

林一平表示,陳文村校長看得到產業脈絡,對於輔導業界開發產業技術計畫,他建立了很好的機制,像技審會,幫助業界研發能往實現的路上走。後來台灣有很多計畫審核就模仿這個模式,產業的上中下游就形成了。他認為:「陳校長在學術上的核心技術做得很深,他很重視學術要落地、影響到業界發展。他強調研究量能要能夠落地,真正在產業界實現。」

領導將才，開創新局

翻閱陳文村在清華校長短短四年任內的成果，從校園看得見的諸多建設，到影響校園文化的制度革新、行政創新，可謂是全方位的開展。更令人訝異的是，整個行政團隊幾乎和陳文村校長是第一次合作。為什麼這麼多清華教授，願意投入一個這麼「拚命」的團隊？

曾任工學院院長、副校長、及國家實驗研究院院長的陳文華認為：「陳文村有君子風範，做人敦厚、誠懇。」因任行政職已久，他想休息，仍留任半年，讓講座制度更完善，後來他擔任校長校務顧問，主要是擔任校務發展規劃顧問委員會召集人，出面找了陳力俊、陳信雄、李家維、校友許明德、金聯舫等人，提出的建議供校長參考，如討論清華要成為一流的大學，要有怎樣的校園？

擔任行政副校長的葉銘泉，主要負責督導人事、總務，會計、校園規劃、營運等工作，他表示：「陳校長很信任我，能授權。」葉銘泉眼中，陳校長是苦幹實幹的人，做了很多大事。他記憶猶深，在爭取五年五百億計畫（邁向頂尖大學計畫之俗稱）第二階段經費時，校長親自做簡報：「他會聽大家的意見，不厭其煩地修改簡報，反覆練習，以致當天審查能掌握簡報時間、分秒不差！清大也是當年獲得增加經費比例最高的大學！」

王茂駿曾任徐遐生校長的研發長，在徐校長提出五年五百億計畫時，參與共同規劃。陳校長將秘書室擴大為秘書處，邀請王茂駿擔任主任秘書，並繼續執行五年五百億計畫。王茂駿表示：「改組後的秘書處，人才比較多，除了原先的功能外，更容易推

動新的政策。」對於由秘書處主辦的校務發展諮詢委員會,王茂駿特別指出,這些重量級的人物,除了可以給學校宏觀的建議:「委員們因深入了解清華,對清華有感情,在各個領域可以幫忙、支持清華。這是很寶貴的隱形助益。」

王茂駿注意到陳校長頻繁地注意學校各面向的表現、指標。「他對數字敏感,各項數據琅琅上口,據此做校務創新與管理工作。他能全面掌握校務,並不偏廢,不論校園環境、學生面向、激勵老師,都很重視;他也重視學校的生態環境,任內曾支持出版兩本有關學校生態的專書。」他眼中的陳校長,對清華有理想、有完整的中長程發展計畫,對邁向頂尖大學有使命感。

時任研發長的林永隆透過推動拔尖、增能研究計畫,提升教授們的研究水準,提及:「有的學校的作法是由校長決定補助的對象和金額,或是流於吃大鍋飯(大家分一分,其實金額太少,做不了什麼突破的研究)。陳文村校長卻完全放手給我們執行,不曾干涉。校長、副校長和我討論方向後,整個過程是完全公平、公開、透明,我們決定公開徵求教授的研究計畫提案,並送交校外相關領域的專家審查;結果,也有資深的教授沒有通過,年輕的教授拿到支持,不過,從一個資料可以看到這個辦法的成效。四年間,我們補助了 83 個計畫,當中有 21 位曾獲得國科會傑出研究獎,後來,這些受補助的教授中,又新增加 27 位得到傑出研究獎。可以說證明了當年的審查、補助是有到位。」

林永隆回憶四年執行五年五百億計畫時表示,「陳校長很勤快,四年中完成了很多事,整個團隊都是十分忙碌。他是一個一有好的想法(idea),就會努力去達成,他的行動力很高。在五年五百億計畫的執行過程,他做了很多基礎、重要卻不討好的工

作，如全校共同管道的建設工作。曾有一位校友說過一句話，只有他願意做這樣的事，一般人都只想做有光環的事。」

現任清華執行副校長簡禎富曾擔任副研發長並主持第一任產學合作計畫。他表示，當年原本各大學都有做產業的資源，但是清華當時做得較少。「陳文村校長重視產業，我在擔任產學合作執行長時，建立機制，做一些全校整合的工作，如人員薪資、職等、頭銜、職務等設計。」當時清大育成中心是位在前門附近的建築約 1,000 坪，由於各主管都有獨立的辦公室空間，可以供新創企業租賃的空間就不多了；因此，簡禎富放棄執行長專屬辦公室，再調整其他人的空間。調整之後，空出來的一個大空間，他首創「可租一張桌子」的作法，「後來非常成功的 Accupass 即是在清大育成中心租桌子開始創業之路，創辦人是來自交大和台科大的學生。」

簡禎富建立產學機制，將各系不同的流程、規定，重新整理，讓教授們有共同標準、流程可以依循。第一年清華成效不好，後來，經努力強化後，還獲得「大學產業經濟貢獻獎」。

因清華育成中心空間非常搶手，陳文村校長決定興建清華後山的「創新育成中心」大樓，也由簡禎富提出營運規劃書（Business Plan），向學校校務基金借錢，朝對外租賃、自償辦理。

2008 年 8 月陳校長正式設立「國際事務處」，由王偉中教授擔任第一任國際長，統籌對外全球業務；此前他曾借調到國科會國際處兩年。

「我在陳文村校長任內，四年內一共簽了 21 國、126 個學校（姐妹校），當中只有 12 個約是續約或加簽交換生、合作項目，

締約的對象都是該國一流的重點學校。」王偉中侃侃而談國際處另外一件重要的工作，就是開啟台、印教育上的合作之門。2009年3月底4月初，由陳校長率團第一次到印度進行學術訪問，簽了印度最好的五個學校，開啟學術合作。那一年，王偉中進一步安排教育部吳清基部長訪問印度，這是我國第一次有部長訪問印度。當時印度人力資源部 Kapil Sibal 部長在會面時，請求台灣派一萬名華語老師前往印度！返國後，清華大學正式接受教育部委託，在印度成立台灣華語教育中心。

王偉中表示，過去曾有其他大學申請到印度成立華語教育中心，但都做不起來；教育部覺得清大責無旁貸，但是給的資源很少。「我們都有熱情和使命感，陳校長願意支持，在教育部資源之外，又給我們師資、辦公室的支持。透過清大，如今已在印度設置了11個台灣華語教育中心。」當年清大約有40位印度學生，現在則超過200位，還有30多位前來清大做博士後研究。如今，有台商請華語中心幫忙在印度求才，或協助印度員工來台之前，先學華語，或訓練即將外派印度的台灣員工先瞭解印度。王偉中強調，這些成果有賴於早在十幾年前，陳文村校長全力支持，開始播種、耕耘。

公共事務組組長林宜敏是從總務處的工作擢升。在她眼中，陳校長是一個前瞻、有遠見的人：「在他之前，清大的文宣很弱，教授們也是做十分、講三分，很怕曝光。校長任內，將清大的網站和出版工作，做了很大的改善。」林宜敏說明，清大網站先前由電算中心負責，內容的更新是被動的，陳校長則要求以「首頁故事」的篇幅，每三天更新，報導全校的創新事務、研究，多年下來，留下了學校發展的寶貴記錄，對學校的形象與對外溝通，

有很大的助益。林宜敏分享：「他希望讓國際上更了解清華，發行全國大學第一份英文 Newsletter，每季出版、報導清華的主要事蹟、研究突破，增加國際交流。」

「過去清大重視研究，較不重視教學和行政，陳校長則重視行政革新，強調 SOP，讓決策過程更為精準、正確。我覺得 SOP 很重要，對清華有長遠的影響，如今也都開花結果。」林宜敏說：「我對陳校長非常感謝，他認為行政是後勤工作，影響研究和教學，捨得投入資源讓行政人員國際參訪、學習。」林宜敏表示，時至今日，清華和國際間大學的行政人員仍有相互拜訪學習，如東京大學、澳門大學、蘭州大學，都有人員相互進駐，在融入工作中交流、學習。

校園公共建設大幅改善

陳校長對母校的愛，吸引了多位教授願意加入他的團隊，像總務長林樹均、校園規劃室主任李雄略。

早先清華的建築是由總務處管理，有蓋大樓的需要，才去找錢、找地。在 2004 年某一次校務會議上，有人提到：「學校是不是應該有一個 master plan？」當時劉炯朗前校長剛徵收了南校區（景觀還是一片墳墓）；徐遐生校長請李雄略協助做校園規劃。2005 年徐校長成立校園規劃室，由李雄略擔任主任。他說：「我們把學校完整地調查，整體規劃建築、綠地、道路……的所在，包括需要多少錢去興建。」

陳文村校長上任後，在五年五百億計畫支持下，藍圖就走入了實踐。「陳校長曾問我一個問題：『南校區徵收的土地不蓋房

子,會不會被批評太浪費?」我的解釋是,環保局已限定整個南校區只能蓋 4 萬 8 千坪,因此,透過 6 樓、8 樓的平均分配,之間有好的棟距、停車場,把綠地集中,就可以保有河流、大草坪、森林,也能保留地面上原有的人文景觀。」

李雄略說明,最挑戰的地下管道建設,源自行政院推動下水道系統,營建署要求每個縣市做污水處理再放流。

清華校園是後高前低,後面是海平面 87 公尺,光復路校門口是 53 公尺。李雄略建議全校園做,可利用地勢的重力來回收生活污水。「且,清華做的更進階,將地下污水、自來水、電力、光纖網路,統一佈建,未來要維修、汰換,都在管道內完成,不再須要挖馬路。但是,在已開發完成的校區內很不容易,尤其接後面南校區過程中,會經過兩條河流,必須要挖非常深。此外,必須保持好的坡度,讓水可以順利流下來。」他分享:「陳校長對弱勢很尊重、很照顧,要求大道兩邊都有人行道,輪椅要能推,盲生可以走,不要太陡峭,讓腳踏車容易騎行,必須緩升、緩降。」在恢復路面過程,一起修整路面,坡度做變化、改善,拓寬大草坪旁的排水溝。即坡度、人行道、排水,在此工程中一併改善。可說是清華極重要的基磐建設,他說:「全台灣只有清華大學做地下共同管道。」

林樹均教授在感受到校長對母校的強烈熱情和使命感,答應接下「吃力不討好、事事被抱怨」的總務長工作。四年間,清華校園裡建設工程不斷,校長的決策、支持更顯重要。

「陳校長看到清大許多運動設施都破舊不堪,像足球場、排球場、籃球場,球場地面凹凸不平,棒球場上特殊比例的沙土也被風吹掉大半。」當時正好有五年五百億的計畫,總務處編列了

八千多萬預算優先做維護整修;沒想到,教育部表示五年五百億的預算不能用來支付運動設施的整修。「校長就改以校務基金來進行。陳校長對外努力募款,也讓校務基金能大大擴充。」

興建教學大樓(台達館)也是總務處的大事。林樹均說:「我還記得電資院資訊系學生增加了三倍,使用空間卻一樣,十分擁擠!」此外,學習資源中心(旺宏館)也是在陳校長任內正式開工。

林樹均表示,當時這兩棟建築在營建工程發包時,因為物價一直漲,一直流標、發包不出去。因進度落後,教育部要求清大做減價或減項來辦理招標。「因清華的空間已不夠用,不可能減項。教育部希望有進度,要我們考慮用工程會的特約廠商,先採購鋼筋、混凝土……我則考慮到未來若有工程品質疑慮時,責任歸屬困難。」

他記得招標作業不只三次流標,七、八個月間壓力很大。「我們夠堅持,校長也願意挺,能頂下外來壓力、支持我們的看法。後來物價穩定下來,我們再一次發包,台達館、旺宏館兩個工程整整省了三億多台幣!」林樹均很開心:「台達館有九千坪,是無中生有;旺宏館在全清大最精華地帶,有一萬坪,屬公共空間。現在新的台達館,材料系佔兩層、奈微所佔二分之一層,其他空間歸電資院使用。旺宏館也沒有聽到什麼使用者的抱怨。」

林樹均表示,地下共同管道應該算是任上最辛苦的事,因為是全校師生同時在使用校園、一邊進行施工,特別是女生宿舍前的馬路封起來時。他說:「當時曾考慮開關便道,最後在評估安全性後作罷。」

另一件困難的事，就是做清華建築物的耐震補強。因為 1999 年 921 大地震後，教育部要求各校檢查、評估建築物的耐震。林樹均引以為豪：「清華是全國做得最確實的大學，我們請台北市土木技師公會前來評估建築物的耐震度是否合格，整整有三十幾棟需要做結構補強；補強後，又找台灣省土木技師公會來評定是否施作正確。其中教師宿舍的補強，教育部不補助，全靠校務基金來做。」

創新教育內涵

2006-2008 年任學務長、後擔任清華校長的賀陳弘教授表示，學務處負責課堂外的事，如通識課程、媒介推廣實習、服務學習、住宿、交換學生、就業輔導等等，在陳文村校長任內，有創意、有發揮，新創的業務包括國際化、國際志工、住宿書院（當時名為清華學院）。

舉例來說，「服務學習」過去主要讓學生參與校園打掃工作，但賀陳弘認為，應達到真正服務及社會參與的目的，如透過與馬偕醫院合作，學生在服務中，學習到更深的社會關懷和生命教育。

「原本清華只有國內志工，陳校長任內才開始推國際志工。」賀陳弘表示，國際志工推動之初，是由學校主動連結、找到可服務的國外地點，先創造可能性。如東非肯亞，是他想到天主教的網絡，找到服事當地的需要；他也連結到佛教組織在印尼的義工需求；尼泊爾則是連結到一位在當地做了十幾年慈善工作的台灣女性。「清華曾經一年出去六個國際志工團，

早年也有去中國。」

賀陳弘認為，國際志工的經驗對學生的啟發效益很大，他表示：「前國際志工團團長江玉敏，剛獲 2024 年清華傑出校友；Gogolook 創辦人之一的鄭勝丰曾參加肯亞志工；鄭勝丰曾表示志工經驗對他的創業很有幫助，因為從組隊、找資源、到海外聯繫的執行規劃，可謂是：運籌惟幄、決勝千里的實踐。」

「文村校長重視住宿學習，組團到美國長春藤名校（哈佛、耶魯、麻省理工）觀摩他們的住宿書院與大學部教育，看到了很多可能性。由於清華學生住校比例高，長期聚集，若能組織化、課程化，也可以是重要的教育場域，陳校長希望在清華以正式的書院發展。」賀陳弘說，推動此工作需要資源，正好有五年五百億計畫資源，「清華學院」就先以計畫型式推動起來。

台灣的學生宿舍一般就是提供房間、衛浴等基本生活住宿環境，幾乎所有空間都是隔成一間間房間和公共浴廁。耶魯大學的住宿環境則是很豪華，有閱覽室、展覽空間……因此，要推住宿學習，首先就需要提供公共空間來進行住宿學習活動。賀陳弘表示，清大收的學生住宿費主要用來支付水、電、維修，以及配置服務的齋媽和生活管理輔導的教官；「所幸正逢五年五百億計畫剛開始，有額外的資源來做，我先將兩個齋改變設計，至少闢建一個公共空間可以做交誼；此外，需要聘住宿導師，相當程度都住在宿舍和學生一起，並支持相關活動。」當時清華一年有一千七百多位大學新生，清華學院名額有限，學生要事先申請、經過審核，學院也會有導師規劃的活動，住宿生必須參與，運作起來，如同有規範、有紀律的高強度社團。

「住宿學院是很正面的事，至今屹立不搖，學生可以得到

不同面向的成長。這個住宿書院的作法,除了清華,台灣只有政大、東海大學仍認真在做推動,不過只有清華已體制化,穩定下來。」賀陳弘分享,在國外名校的住宿書院,有總導師制,可說是書院的精神象徵,代表了學術、思想等方向。牛津、劍橋已成立 500 年,許多的制度已是內化的文化。「許多大學名校畢業生相遇,不是問你是那個系畢業的?反而是問你是哪個書院的?」

參與推動住宿學院的唐傳義教授回想,因為在住宿場域做學習,需要錢,也需要人,當時大家並不看好。「一般台灣學生的學習經驗其實蠻窄化,陳校長希望住宿學院可以扭轉,能培養學生自我對話、獨立思考與團隊合作,並具備社會關懷與全球視野。清華學院在 2008 年暑假後付諸實施,第一年有 150 位新生參加,可以說是啟動了一個新的嘗試。」唐傳義做了一年清華學院執行長,他說:「清華學院可說是量身訂做的雙軌人才培育工作,結合生涯探索、服務學習、社會探究與跨界探索等四類課程,培養學生有利他精神、注意社會脈動、也能學習找到解決方法。」

繁星計畫是集體創作才能在清華出現這個計畫。因為徐遐生聘了彭森明教授回來,他在美國教育部國立教育統計中心做了 29 年高等教育研究,研究了五、六十年的學生資料,發現影響大學生學習成就的最大因素,排名第一的是學生在高中的學習成就,在相對同儕的 ranking。賀陳弘表示:「有一回,徐校長問了一個問題:『為什麼只看一張考試卷的成績決定錄取哪些學生?』這是一個哲學性的問題。當時我和唐傳義、周懷樸教授(前教務長)經常在一起討論,團隊提出一個可行方案,參考彭教授的研究,繁星入學方案就交給了教育部。因當時教育部推十二年國教,希望從金字塔轉到多元發展,繁星入學方案就順利過關。」

陳文村校長任內第一年正是繁星計畫實施的第一年，外界有許多質疑。「文村校長能認同繁星的理念，頂住壓力，繼續支持。當時我們到全國各校去說明，我記得中山女中一位教師說：『我聽懂了，就是我們排名前面的高中會吃虧。』現在繁星已在全國性落實。台灣有400多所高中，過去能進入清大的高中，只有二十幾家高中，現在則有八、九十個高中有學生能入學清大。」賀陳弘認為，這對許多偏鄉的高中教師和學生是很大的激勵，帶動整體的教育與學習動力！

唐傳義教授認為，陳校長對清華有一個重要的貢獻，就是在大學部奠定基礎的教育改革。「他上任之際，清華學生人數已經增加到近12,000餘人，其中大學部學生約5,900人。」陳校長深感大學部教育的重要，指示成立「大學部教育改進工作小組」，對學生的校園生活、人格養成、通識教育及基礎課程，進行全面性的檢討，規劃改進的方向。唐傳義說：「陳校長能掌握時代脈動、人才需求。清華是研究型大學，往往先設研究所；一般而言，教授重視論文發表，比較想教研究生。陳校長很強調對大學教育的深耕，因為大學教育做好，就有更多的優秀學生可以選擇，進入研究所時也能很好地接軌，正是有助於清華成為研究型大學。」

連任意外受挫

時任校務顧問的陳信雄教授指出，「陳校長希望我留任副校長，我以已經任期太久懇辭，他聘我為校務顧問。」

除了爭取教育部五年五百億計畫有很好的成績，陳校長向企

業募款也有好成果。「陳校長任期內,學校經費比往年寬裕,校務得以快速發展。2006年陳校長成立校務發展諮詢委員會,邀請國內外著名學者專家組成,每年對校務發展方向提供諮詢。他的任內不論在硬體建設、組織調整、制度改革、國際化等的推動都有很大進展。」

陳信雄表示,陳校長推動的重大校務不勝枚舉:「我舉出一般人可能不重視,但我覺得很重要的兩件事:地下共同管道的興建及財務規劃室的成立。」他指出,地下共同管道是很重要的基礎建設,但是在已開發的校區興建地下共同管道是很麻煩的事,道路開挖會影響交通。有一些師生以此批評陳校長,就像大城市捷運施工的交通黑暗期批評市長。「此外,清華自實施校務基金開始,對外募款並未設專責單位。2008年陳校長成立財務規劃室,聘請人脈豐沛的校友會理事長許明德為主任,積極展開對校友及企業募款。」財務規劃室成立後,陳校長任內的募款大幅成長。

然而,普遍受到好評的陳文村校長,在連任校長的過程卻失利。

李雄略自認地下共同管道是他在校園規劃室工作中最大的貢獻。但是,他認為地下管道施工期的不便,是校長連任失敗的原因。李雄略敬佩地說:「我觀察陳校長,沒有連任之後,他能處之泰然,在剩下的任期內,一樣努力完成他的治校願景,不會怨天尤人。他是有雅量的領導者,能夠承擔責任,也能接受不如人意的結果。」

葉銘泉扼腕:「很多教授不清楚校長的貢獻,而有一些誤解,實在很冤枉。當年校監會做意見調查是不太客觀,當時特別加註、

強調負面意見,經抗議才刪除,又有不實消息流傳。陳校長在外面為清大奔走,爭取經費、爭取支持,花很多時間和外界交流;管理上,他信任同仁,授權,不會插手管太細的事,讓同仁的創意可以發揮。」他表示:「很可惜的是,陳校長上任時已將清華八年的發展藍圖很詳盡的規劃出來,並且反覆check。沒有連任成功,實在是清大的損失。」

賀陳弘分析,清華從在新竹建校,校長是由官派,再由校長派任所長、系主任,一直到劉兆玄校長為止。台灣民主化之後,打破威權、大學法頒佈,他認為:「其實我們並不熟悉大學運作的機制,大家覺得校長要監督,但是在摸索過程中,我覺得是過猶不及,有些事是須要溝通,而不是對抗,文村校長也在當中受到不公平的對待。當時有些個人化的評語、惡語,而非體制下的評價,卻成為對校長的評論,甚至對外發佈,我認為是不合適的,不只傷害了校長,也是傷害了校譽。從解嚴、到反威權、到大學自治,正處於大家學習的過程,而文村校長正好碰到這個過程。」

陳信雄認為:「陳文村當了一任校長,大幅提升清華大學國際聲譽。我在想,如果陳文村校長能做兩任校長,將對清華有更大的貢獻,也會在清華大學退休,終身奉獻母校,那將是一個更美好的故事。」

以身作則、一心為清華

中研院院士、曾任職清華大學的台大朱國瑞教授説:「所有清華校長中,陳校長是最沒有架子的一位。」曾經在清華教師宿舍成為鄰居的朱院士認為:「他是一個很努力研究的學者,另一

方面，他也努力爭取資源；不論做研究或做校長，他都爭取資源。他替學校默默耕耘，做了很多事。他為人很低調，但是很活躍，關係非常多，學校的成長，是須要靠校長爭取資源，他是真正全心為學校打拚，因此學校在他的任內就會更好起來。」

校長室秘書李香鈴從新竹縣政府甄選進到清華大學，就一直在總務處、秘書處等行政單位。陳文村校長上任後，葉銘泉主秘希望她擔任校長室祕書。

「陳校長是清華在台復校 50 年來第一位本省籍校長，很多本省籍同仁感到與有榮焉。他沒有顯赫的家世背景，全憑自己一步一腳印，踏實努力。」李香鈴表示：「他自律甚嚴，我曾聽說他大學四年間，連每週大草坪升旗典禮，他都不曾缺席。」

李香鈴剛接秘書工作時，只處理公務信件，如來自國科會、教育部，不會去拆他的私人信件。後來才了解，校長幾乎是完全授權、信任，不僅是書信，電子信箱，也放手秘書協助處理。「這件事讓我印象深刻。足見校長公私領域，是正派、公開，容人檢視的。」

「校長每天一早便到校長室，很晚才返回宿舍。共事以後，我真心覺得，校長就是心心念念在清華。他兢兢業業，都在思考如何讓清華更加卓越，他很愛清華，很重視清華的榮譽。」她清楚記得，在他任內，清華大學的國際排名大幅提升！

「校長推動工作，就是全心推動，每一個階段都設有明確的目標，珍惜地運用時間。」李香鈴分享：「上任第一年他前往美國接受柏克萊加大頒獎，還有一回赴美與學者開會，這兩次出差美國，都是今天出門、翌日與會，後天就返台，一抵達台灣就直接進辦公室上班！」

李香鈴觀察，校務行政工作十分繁瑣，願意投入的教授一般是比較熱心，而且教學、研究、行政等方面的能力強，必須能兼顧。「校長用人唯才，像陳文華副校長擅長研究學術發展，陳信雄顧問及葉銘泉副校長行政嫻熟。他經常找主管們開會商議，能廣泛聽取大家的意見，他充分授權，講話簡潔，秘書處行政同仁做事也不敢怠慢。」身為秘書工作，貼近校長的行程，作息跟著校長；「我謹記：校長是做大事，我們是做小事，要把小事做好，讓校長可以順利做大事。」她訓練自己對每件事都要很仔細，在下班後，都會在腦子裡 review 校長的行程及當中必須做好的細節。

　　「陳校長是清華、也是柏克萊加大的傑出校友，也是一位卓越、成功的學者。一般教授要很努力去爭取及申請研究計畫，但校長水到渠成，擁有很多的研究計畫在進行。」她看到陳校長觸角深且廣，和電通產業界等很有關聯，為學校研究發展帶來不少資源：「他培育出許多在學界、業界發展都十分傑出的學生。」

　　由於經常協助安排相關會議，她看到陳校長任內花了很大的心力，去推動台聯大系統在新竹生醫園區的規劃。「我想，如果他能再做四年校長，也許有機會實現。」李香鈴感到，如果由四所國立大學一起經營生醫園區，在學術研究和產業發展應該是很棒的一件事，而不只是一個單純的地區醫院。

　　王茂駿主秘對陳校長的領導如此下註腳：「陳校長一直有很多新的想法，大家也認同是很重要的事，加上他能尊重、授權、支持，校務推得有聲有色，大家也很開心。」有趣的是，這個陳校長的行政團隊，未久紛紛成為大學的校長，像王茂駿任東海大學校長、唐傳義任靜宜大學校長、賀陳弘任清華校長。

陳文村在清華大學四年校長任內，以身作則，他全力為學校服務的熱忱，吸引了一群優秀的人才願意加入；他能知人善用，全力給予支持，激勵了每個夥伴盡情發揮、追求卓越的表現；他能連結國內外的專家學者，提供諮詢與建議；他積極向企業界、校友推銷清華的願景，帶進更多的資源……從繁雜而創造力十足的工作中，我似乎體會到他的卓越領導的秘訣；在連任受挫後，仍能盡力在剩餘的任期內完成治校願景，「人不知而不慍」的氣度贏得團隊尊敬。

提攜後進、內蘊深情

內斂的陳校長，往往不易讓人認識到他深情的一面。

林宜敏和王茂駿都分享過陳文村在清大念書時的師生情。在他大三時，教應用電子學的唐明道教授，卻在陳文村留學期間，因車禍英年早逝。三十餘年後，升任清華校長的他，仍邀王茂駿一起前去探望唐師母，也請林宜敏帶他前往十八尖山，探訪老師的紀念碑（原墓園已由家人遷葬）。

曾任翔威國際總經理的劉龍龍是在1976年考進清華大學應用數學所，正好是陳文村剛學成回國的第一年。「陳校長當年教演算法，我們讀的是原文書，不了解的地方，上課經他解說，就豁然開朗！」他和一位同學看上陳校長，覺得他又年輕又厲害，找他當指導教授。他的第一個工作經陳文村介紹、推薦進入資策會；三年後，他辭去工作，再次考進清華大學計管所博士班，又找陳文村當指導教授。他清楚記得，當時陳校長還是單身，有時晚上12點會到研究室來檢查設備，問學生們有沒有什麼問題？

「我是他指導的第一個博士生，畢業後，資策會想找我回去。陳校長問我想回資策會或是到學校教書？當年念資訊出路很好，我請教老師的意見，他真的回去認真想了好幾天，認為我應該回資策會，和業界比較接近。」後來，劉龍龍在台灣留學生考試中得第一名，到 UC Berkely 博士後研究一年，也是陳校長介紹的。

曾任中央大學副校長的黃興燦是陳文村的第一位碩士生，後來也由他推薦進入大眾電腦當工程師。「大眾電腦當時主要是代理 PRIME 電腦，當時台灣對電腦了解很少，使用者碰到問題就會回頭來找代理商協助，我就帶領團隊深入研究 OS、driver……。」黃興燦表示，這段工作經驗對他幫助很大，因為電腦科學是兼顧理論和應用；兩年多以後，他到馬里蘭大學留學，三年就順利拿到博士學位，破了學校的記錄，也是因為這段工作經驗的幫助。一畢業，陳老師就找他；因此，學成第一個工作就是回到清大資科系擔任副教授。

劉龍龍分享往事：「他訂親的時候，我們都已碩士畢業，但是學生全部出動做招待，可想見他對學生有多好！除了疫情期間，我們師生每年都會聚一次。他對所有人、所有學生都很照顧，碰到別人的惡意對待，就算有私下抱怨、不平，但是他不會搞事，報復回去。」幾年前，學生們一起打了一個小金牌送陳校長，上面寫著「吾愛吾師」。「在我們的心裡，一日為師，終身為父，雖然他只大我們幾歲，我們心裡永遠尊敬他，因他把我們訓練出來，一直照顧我們、導引我們。」劉龍龍如此感性地說。

陳文村樂於提攜後進，在他爭取到的計畫經費裡，絕大部分用來支持年輕教授的研究需要。清華大學張正尚特聘講座教授表示，因為陳文村的支持，他得以進入光交換機研究。此外，他對

推舉後輩也不遺餘力,曾煜棋教授的教育部國家講座、張正尚教授的 IEEE INFOCOM 成就獎和教育部國家講座獲選,都有陳校長背後的鼓勵與支持。

中研院研究員楊得年也分享:「雖然他不常用言語表達自己的關懷,但相處時間一久,每個人都能深深地感受到他溫暖的性格,讓大家的心能夠凝聚在一起。」楊得年表示,在陳校長的栽培及鼓勵下,許多畢業生不僅在國際名校繼續深造,有人投身學術界,亦有多人進入業界,如聯發科、台積電等頂尖企業。

全心全意投入研究,盡力培育下一代人才,並支持他們發展,似乎正是陳文村校長能在網通研究領域打下一片天地,並開創台灣產業效益的卓越秘訣。

在朱國瑞眼中,陳文村是心地很善良的人,會照顧人。「升任校長後,陳文村搬到校長宿舍。有一次,他在校園中無意中碰到我,那時我因為生病,可以說是骨瘦如柴。沒想到,校長立即幫我安排了台大最好的醫生,一直要秘書打電話給我,要我去給這位醫生治療。這件事讓我印象深刻,校長的工作何其繁重,他對一位六十幾歲的老教授,不是什麼有影響力的人士,他是自動的關心,如此真心關懷一位老教授、老朋友。」

朱國瑞肯定地說:「陳文村校長為人敦厚。」他表示,陳文村的學術成就非常大,可以說台灣重要的獎都得過、一得再得,國際學會的獎項也得了至少五個,在台灣少見!在 1990 年代擔任教育部科技顧問及顧問室主任時,推動了許多高等教育重要的政策,如促成台灣互聯網(Internet)。

劉炯朗校長多次提名陳文村為中央研究院院士,朱國瑞院士認為:「以他的成就,絕對應該當選。但是一直有一位國外的院

士在每一次院士分組討論時都反對他，因此，他的得票就吃虧。他在院士選拔中因這位國外院士而屢屢挫折，沒能獲選院士，我從來沒有聽過他對這位院士有什麼批評和怨言。這樣的修養少見，為人寬厚，他個人的修養很不容易！連我都抱怨了，他不抱怨。」

李香鈴特別想表達陳文村校長背後寶貴的力量：「校長夫人蔡惠晴女士嫻淑、文靜、典雅，落落大方，她將校長照顧得無微不致，令人非常敬佩。當時他們的一雙子女還在求學、考試階段，夫人扛起兒女教育的責任，讓校長得以無後顧之憂，一心沉浸在校務的發展。校長上任後，夫人甚至辭掉教職，回歸家庭。他們的婚姻美滿，值得稱羨！」

卓越是精神、價值與行動力

「風流倜儻、人見人愛等這類的形容詞，不會用來形容陳校長，因為他是一個處事嚴謹、重視倫理，謹言慎行，身、口、意都收攝很好的學者。」李香鈴肯定地說：「但是，長久相處下來，肯定可以看到校長的赤子之心。」

不論是學術界的長輩、同儕、後輩，或是業界、研發機構的朋友，對陳文村校長的評價，一致是：真誠、追求卓越、堅持、自律甚嚴。

回顧他四十餘年的學者生涯，追求卓越正是日常的實踐，是他的信念、工作的價值、態度，以及積極、努力不懈的行動力。也正是如此真實的榜樣，帶領一代代的年輕學者，一起創下精采的貢獻。很榮幸得以透過訪談、編輯的工作，得以一窺一代宗師的胸懷。

國家圖書館出版品預行編目 (CIP) 資料

追求卓越之路——從農村到學術殿堂 / 陳文村 著 . --
初版 . -- 新竹市 : 國立清華大學出版社, 2024.10
448 面 ; 15×21 公分
ISBN 978-626-98531-4-4（平裝）
1.CST: 陳文村 2.CST: 自傳
783.3886   113009901

追求卓越之路——從農村到學術殿堂

作　　者：	陳文村
發 行 人：	高為元
出 版 者：	國立清華大學出版社
社　　長：	巫勇賢
執行編輯：	劉立葳
採訪編輯：	吳淑敏
校　　對：	羅惟馨
封面設計：	陳思辰
美術設計：	洪琪雯、陳思辰
地　　址：	300044 新竹市東區光復路二段 101 號
電　　話：	(03)571-4337
傳　　真：	(03)574-4691
網　　址：	http://thup.site.nthu.edu.tw
電子信箱：	thup@my.nthu.edu.tw
展 售 處：	紅螞蟻圖書有限公司 (02)2795-3656
	http://www.e-redant.com
	五南文化廣場 (04)2437-8010
	http://www.wunanbooks.com.tw
	國家書店 (02)2518-0207
	http://www.govbooks.com.tw
出版日期：	2024 年 10 月初版
	2025 年 3 月初版二刷（修訂）
定　　價：	新台幣 650 元

ISBN 978-626-98531-4-4　　GPN 1011300894
本書保留所有權利。欲利用本書全部或部分內容者，須徵求著作人及著作財產權人同意或書面授權。